六朝人物

陳書良◎著

目錄

【楔　子】

六代豪華，春去也，更無消息。空悵望，山川形勝，已非疇昔。王謝堂前雙燕子，烏衣巷口曾相識。聽夜深，寂寞打孤城，春潮急。

思往事，愁如織；懷故國，空陳跡。但荒煙衰草，亂鴉斜日。玉樹歌殘秋露冷，胭脂井壞寒螿泣。到如今只有蔣山青，秦淮碧。

——薩都剌《滿江紅．金陵懷古》

「偏好」與「積習」，應該算是人之常情吧。拿我來說，於詩，則嗜讀杜少陵；於詞，則深愛姜白石；於古人，則激賞六朝人物。東鄰詩僧大沼枕山曾讚歎道：「一種風流吾最愛，六朝人物晚唐詩。」我卻不太欣賞晚唐詩歌。這是「偏好」。至於「積習」，則喜歡圍繞古代人物，寫些出入文史的札記。

我曾給自己的書齋撰聯云：「鎮日觀書，歷萬里關河，千秋人物；片時倚枕，對一簾殘月，四壁蟲聲。」由於自己研治文史，每日與「千秋人物」神遊，覺得有些人可恨，可恨到扼腕憤慨；有些人可愛，甚至想追攀交遊。後來讀《幽夢影》，張潮說：「我不知我之前生當春秋之季，曾一識西施否？當典午之時，曾一看衛玠否？當義熙之世，曾一醉淵明否？當天寶之代，曾一睹太真否？當元豐之朝，曾一晤東坡否？」我讀之深以為然，因為自己在閱讀中確實經常產生千秋渴慕。而且，我以為，鄉先賢郭嵩燾講得好：「世須才，才亦須世。」人物與時代之間，存在著謎一樣的關係。大致來說，戰國時人一般狡黠，漢朝時人一般質樸，宋明時人在理學的支配下一般活得很疲累，六朝時人則一般生性「樂曠」。

所謂「六朝」，指的是三世紀初到六世紀末，綿延於江南的三國吳、東晉、宋、齊、梁、陳六個小朝廷，它們都以建康（吳名建業，今江蘇南京）為都城。本書所論之六朝正是這一時間段，而不限於習慣上所謂的「江南」地域。這三百餘年是一個重大變化的歷史時期：戰亂頻仍，分裂割據，四野荒蕪，死亡枕藉，這是一個方面。另一方面，西漢以來，經過漢武帝、董仲舒等人慘澹經營構築起來的儒學大廈，正處於風雨飄搖的境地，哲學重新解放，文學逐漸獨立，思想非常活躍，無論經濟、政治、軍事、文化和整個意識形態，都經歷著繼先秦以來的第二次大的轉折。

我以為，這個時期意識形態各個領域的變化（或轉折）不約而同地形成了一個以人性為中心的共同主題，呈現出蓬勃的生機。以往，個人的命運不過是被編織在「君臣父子」儒教綱常中的一個微不足道的部分，從生到死，走的都是別人為你設計安排的道路，個人的價值只有在驗證了某種禮教信條的時候才能體現。而六朝時人在這樣山崩海嘯的巨變中，以其特有的才情風貌，悉心探求，大膽摸索：什麼是人的生活？真正的人應該具有何種品格和資質？他們在尋找著自己，呼喚著自己，在中國人性解放史上，翻開了具有劃時代意義的一頁。六朝文化的精髓就是人性高張。儘管這種人性高張，多數以奇好怪癖的形式出現，但構成了魏晉六朝三四百年奇異的社會生活風景線。這是六朝人物強烈魅力之所在。

魏晉六朝政治異常黑暗，環境異常險惡。六朝士人一方面因生的留戀而引發了對情的極度重視；另一方面，又因生的短暫，而視生命為虛妄，對生命進行自戕，走向了放蕩縱欲的極端。託名戰國列子實則晉人所著《列子・楊朱》就認為人無論窮達富貴，都面臨共同的死亡命運，最終黃土一抔，同歸腐臭，因而主張「恣耳之所欲聽，恣目之所欲視，恣鼻之所欲向，恣口之所欲言，恣體之所欲安，恣意之所欲行」，提倡縱情享樂的自然主義的生命觀，為士人的放浪形骸提供了哲學基礎。於是縱欲之風大盛，並在元康年間臻於極致。其間，「飲食男女」這一項「人之大欲」更是發展到可驚可怖的地步。《晉書・胡貴嬪傳》記載，晉武帝後宮差不多有一萬姬妾，同時得寵的很多，武帝不知跟誰睡覺好，常常坐上羊車，任它走去，走到哪個姬人住的房間停住，就在那裡安歇。宮人們於是在門上插上竹葉，房前地上灑上鹽水，來招誘拉車的羊。這是男性玩弄女性，劉宋的山陰公主女性玩弄男性也毫不遜色。《宋書・前廢帝紀》云：

山陰公主淫態過恣，謂帝曰：「妾與陛下，雖男女有殊，俱托體先帝。陛下六宮萬數，而妾惟駙馬一人。事不均平，一何至此！」帝乃為主置面首左右三十人。

肉欲的追求溢於言表，真不知人間羞恥二字。所謂「面首」就是男妾，發明此職並首創此詞者就是這位山陰公主。皇家帝室如此，世家大族貴遊子弟因而也競相效仿，愈演愈烈。據《宋書・五行志》記載，晉惠帝元康年間，貴遊子弟常常披散頭髮、赤身裸體聚在一塊飲酒，相對與婢妾性交，發展到群交。有誰反對，還會招來他們的辱罵和譏諷。《抱朴子・疾謬篇》也記述了當時貴遊子弟放蕩不檢的行為，他們結黨合群，攜手出遊，有時不向主人通報就闖入堂室，覷看人家女眷，肆無忌憚地說長道短，評論美醜。有時女眷們藏避不及，被他們發現了，還牽扯出來圍觀。《世說新語・任誕》注引鄧粲《晉紀》記載，有一次王導、周顗等一班朝士到尚書紀瞻家觀賞歌舞，紀瞻有個愛妾會唱歌，周顗想姦淫這個女子，就在大庭廣眾中「露其醜穢」，還沒有一點羞愧之色。後來有人告到皇帝那裡，皇帝竟下詔原諒了周顗。在大庭廣眾中想與人家的愛妾私通，真可謂色膽包天。「露其醜穢」應該還有具體內容，想是淫穢太甚，屬於《金瓶梅》一類性描寫的濫觴，不便形諸筆墨了。據載，周顗「少有重名，神采秀徹」，時稱能「清我邦族」，是個較知禮的名士。名士尚且如此，則世風可想而知了。這個時期，男寵現象亦稱鼎盛，《宋書・五行志》說：「自咸寧、太康以後，男寵大興，甚於女色，士大夫莫不尚之，天下咸相仿效，或有至夫婦離絕，怨曠妒忌者。」有此「愛好」者有陳文帝、石崇、桓玄、謝惠連等名人，只要檢閱一下這個時期的史籍，只要留意一下這個時期大量的「孌童」詩，即可獲知大概。總之，魏晉六朝時代狎昵「孌童」，已由前代的僅為君主貴族特殊階層所玩好，演變成了全社會一般民眾的普遍嗜好，浩蕩南風，掃過社會各層面三教九流各式人等的婚床。

這時候，偉大民族的文化沉積發揮作用了。從某種意義上說，人性高張，特別是一些癖好也可視為這種淫靡世風的反彈。這些傑出的六朝士人標榜「情之所鍾，正在我輩」，他們放縱情感，醉心藝術，肆意山林，陶冶情性，對生活真諦及藝術境界的追求，便以「癖」的形式呈現，蔚然成為與淫靡、醜惡有本質不同的魏晉風度。這正如在嚴重感染的病體中，注入了大劑量的抗生素一樣，有效地抑制住了病菌的蔓延，使得亂世中產生的衰弊陵夷及對「飲食男女」野獸般的追求，於無聲無息之中得到了抑制。六朝士人的癖好，不論是山水、藝術、飲酒、服藥、穿著、風貌，都洋溢著盎然的生氣，以展示自己的內心世界為目的，都有一種哲學體驗和美學探求的意義，使人之為人，達到了歷史上從未有過的新高度。

我以為，六朝士人「癖」的背後，還包含有對事功、對藝術一往情深的追求。魏晉六朝當然是亂世，唯其是亂世，黎元擾擾，才需要有一批以整頓乾坤、保護華夏傳統為己任，奮不顧身的傑出人物。魏晉六朝當然是一個文學藝術空前繁榮的時期，然而造成這種繁榮局面，需要有一批熱愛生活、醉心藝術、執著追求的文學家和藝術家，需要專注一物、心無旁騖、如癡如醉，醉心要醉成癖好，方有可能進入審美的境界。《世說新語》等典籍中就記載了許多六朝士人熱愛生活、醉心藝術、奇好怪癖的故事。如本書所敘竹林七賢的嗜飲，嵇康的愛好鍛鐵，王導的醉心清談，祖逖的中流擊楫，王羲之的喜愛白鵝，陶淵明的以黃菊為鄰、以農事為樂，劉勰的甘於古佛青燈，顧愷之的癡人癡事，都可作如是觀，都說明了他們將全部精力投入於事業追求。有這樣的事業追求的人，怎麼能不會如癡如呆地遺落世事呢？

總之，兩漢以來，儒家以犧牲個人利益為前提，給社會帶來秩序，而魏晉六朝由於玄學的「靈光」普照，則煥發了人性中潛藏著的智慧和追求，撕裂著儒家灰色秩序的羅網。無疑，這是極具學術誘惑力的課題。我以為，知識分子（封建時代叫士人）是奇特的群體，他們沉浮於時代的潮汐、政治的清濁和世局的治亂，具不贅述，但有一種專屬於他們的姿態與精神，保持並貫通始終，陳寅恪曾濃縮為「獨立之精神，自由之思想」。如此看來，又何獨六朝為然呢？只是六朝時表現得格外激蕩奔躍、聲色紛呈罷了。這是足以讓人為之動容的。這本書是寫給喜歡歷史文化而又無暇鑽研故紙堆的讀者看的。著墨之處，正在於人。

餘生也苦，餘學也艱，我是一個遺腹子。記得童時外祖父對我說：「人字易寫人難做。你沒有父親，要靠自己發憤，以後不管命中注定從事何種職業，都要做一個讀書人。」我對於嶔崎磊落的六朝人物是頗感興趣的。在武漢大學讀碩士時，又隨樸學家吳林伯先生攻讀魏晉舊籍。以後篤守師訓，無論是做研究，抑或教學，抑或是在域外講學，從來沒有離開過魏晉六朝的範圍。四十年來，陸續出版過《六朝煙水》《六朝如夢鳥空啼》《聽濤館〈文心雕龍〉釋名》《六朝十大詩人集》《六朝舊事隨流水》等關於六朝的書籍。此書是應高高國際之約整理結集的。其總裁高欣先生是京師文化圈中的青年才俊，我的學術摯友，也是我近十本專著的出版人。此次高欣先生旅食京華，樹幟文壇，即有是書之約，故有是書之作。此書所論劉義慶、傅大士等都是過去從未發表的新論，其他篇什雖然從前曾輯集成書，但此次又有較多修改、補充，讀者只要將本書與前述已出書對照，就可了解。本書篇目大致按所寫人、事年代排列；有些人物雖生不同時，但圍繞某一焦點，可以合而敘之，讀者可細察之。書末附六朝年表，主要係有書中所論人物之行止，以俾讀者知人論世。

禪宗有一個著名的公案：「林中樹倒，有聲無聲？」森林人跡罕至，有一棵樹倒在地上，請問：「有聲無聲？」當然，憑日常經驗，大樹倒下，必有轟然巨響，然而你又不在現場，何以得知樹倒有聲呢？安知它不是剛好碰到別的樹木，慢慢地悄無聲息地倒下呢？對於「誰也說不清」的六朝，我企圖捃摭文史，涉獵藝苑，反映六朝社會的人文風貌，勾勒出一代士人的痛苦、歡樂、追求和他們心靈的軌跡。這是作者的追求。六代豪華雖然遠去，「到如今只有蔣山青，秦淮碧」，然而在六朝驛站的廢墟故址流連盤桓，喃喃而語，如果能聽到空谷足音，我是會喜不自禁的。

二〇一七年清明陳書良識於長沙聽濤館書寓

【第一章】

孫　權

玉座苔衣，拜遺像、紫髯如乍。想當日、周郎陸弟，一時聲價。乞食肯從張子布，舉杯但屬甘興霸。看尋常、談笑敵曹劉，分區夏。

——朱彝尊《滿江紅・吳大帝廟》

1 初領江東

建安五年（二〇〇年）四月，吳郡丹徒縣，獨霸江東的孫策遇刺受傷，生命垂危。東吳局勢隨之山雨欲來，波譎雲詭，險象環生。此時，孫策的摯友、手握重兵屯駐巴丘的周瑜在沒有得到任何指令的情況下，親率精騎，日夜兼程向丹徒疾馳。周郎鐵騎，執銳披堅，當然其意不僅是探友，而是有關東吳繼位大計。

的確，孫策的繼承人問題還是一個謎團。在此之前，一代梟雄才二十六歲，春秋正富，談何繼位呢？然而，現在猝然遇刺，繼位問題當然擺到了小霸王及東吳軍政重臣的面前。況且繼位的候選人又不止一人。孫策有子孫紹，不管父執周瑜是否有擁立之意，孫紹其時畢竟尚幼。孫策還有三個弟弟，其中四弟孫匡最得喜愛，孫策曾將父親的爵位相讓。而三弟孫翊在性情上與孫策最相投。孫策似乎直到生命之火即將熄滅時才做出抉擇。從典籍看來，孫策的這個抉擇連重臣張昭、周瑜都無從預知。

據《三國志・孫翊傳》注引《典略》：「策臨卒，張昭等謂策當以兵屬儼（即孫翊），而策呼權，佩以印綬。」也就是說，這一刻之前，謎底尚未揭開，以致重臣張昭等產生誤判。《三國志・孫權傳》載，彌留之際，孫策對張昭等人說：「中國方亂，夫以吳、越之眾，三江之固，足以觀成敗。公等善相吾弟！」然後將十九歲的二弟孫權叫過來，將會稽太守、討逆將軍、吳侯印綬交與孫權，說：「舉江東之眾，決機於兩陣之間，與天下爭衡，卿不如我；舉賢任能，各盡其心，以保江東，我不如卿。」孫策交代完後事，到晚上就辭世了。

十九歲的孫權手足無措，惶恐異常，只有號啕大哭。這時，身為託孤大臣的張昭挺身而出，斷然地對孫權說道：「孝廉，此寧哭時邪？且周公立法而伯禽不師，非欲違父，時不得行也。況今奸宄競逐，豺狼滿道，乃欲哀親戚，顧禮制，是猶開門而揖盜，未可以為仁也！」張昭的話如一聲棒喝，孫權立即認識到他面臨的險惡的環境，於是他強忍悲痛，脫去喪服，與張昭等一起陳兵而出，騎馬巡視軍營，安定軍心。

事實證明，孫策臨終的抉擇是英明之舉。

孫權，字仲謀，生於漢光和五年（一八二年），十五歲在吳郡舉為孝廉，同年出任陽羨縣長，行奉義校尉。所謂「行」或「領」都是未經朝廷正式下文而暫攝之意。十五歲當縣長，縱然在亂世，也算是少年卓犖早據要津了。經略地方三年後，於建安四年（一九九年）隨孫策開始戎馬生涯。攻打江夏黃祖時與周瑜、程普、黃蓋、韓當諸將並肩英勇作戰，受到孫策的誇獎。甚至在宴會上，孫策常對孫權指顧諸將說：「此諸君，汝之將也。」（《三國志．孫權傳》注引《江表傳》）不過，雖然作戰衝殺在前，孫權馭將統兵的才能似乎欠缺，如建安五年孫權第一次獨立統帥兵馬攻打廣陵太守陳登，就連戰連敗，鎩羽而歸。大概因為這個緣故，此後直至他當上吳主以後，很少親自掛帥出征。僅有的幾次親征，都是被打得灰頭土臉，狼狽而歸。

既然如此，既然血緣關係比不上孫紹（古時帝王傳位以父子相傳為最常見），血緣關係相同而與長兄的情誼又比不上老三、老四，既然孫策素來看重橫行天下的武力，那麼，為什麼孫權能在坐領東吳上勝出呢？

我以為，起決定作用的是孫權的長相與當時風行的品目。這樣說，現代人難以理解，斥為迷信，讖為荒誕，但古人確實是迷信的，更何況品目是漢末的時尚，朝野都趨之若鶩。《後漢書・黨錮傳》云：

逮桓靈之間，主荒政繆，國命委於閹寺，士子羞與為伍，故匹夫抗憤，處士橫議，遂乃激揚名聲，互相題拂，品核公卿，裁量執政，婞直之風，於斯行矣。

所謂「品目」，亦稱「題目」或「目」，就是清談中對人物德行、儀表等品評鑑定，給予概括的考語。自古以來，「知人」就是一門莫測高深的學問。《後漢書・郭泰傳論》引莊子的話說：

人情險於山川，以其動靜可識，而沉阻難徵。故深厚之性，詭於情貌；「則哲」之見，惟帝所難。

意思是說，了解人極難，雖然他在做什麼可以看見，可他想什麼則難以知道。尤其是那些城府深沉的人，所想的與所做的往往不一致。所以，若要說有知人之明，連英明善察的堯皇帝也難做到。有趣的是，這一門連帝堯都感到困惑的學問，到東漢末年及魏晉六朝，卻大行其道，郭泰與許劭就是此中的頂尖高手。《後漢書》說郭泰死後，有數以萬計的人來弔喪，「自弘農函谷關以西，河內湯陰以北，兩千里負笈荷擔彌路，柴車葦裝塞途！」許劭當時就有「月旦評」的盛名，評曹操的十一個字「子治世之能臣，亂世之奸雄」不僅概括了曹操的一生，而且幾乎成了歷史的定論，是許劭流傳千古的絕唱。

話題再回到孫權。當時的典籍記載，孫權出生後的長相是「方頤大口，目有精光」，孫堅覺得奇異，以為有貴相。後來，漢獻帝為表彰孫策對朝廷進貢方物，派遣特使劉琬到江東給孫策加錫命。所謂加錫，亦即授予九錫（九種特權。古時天子賜予臣下的最高規格的賞賜）當中的一種或幾種。這當然是皆大歡喜的美差。而特使劉琬恰恰以相面知名，從東吳回來後他曾對人說：「吾觀孫氏兄弟雖各才秀明達，然皆祿祚不終。惟中弟孝廉，形貌奇偉，骨體不恆，有大貴之表，年又最壽，爾試識之。」成年後孫權更呈兩大異相：紫髯，長上短下。所謂紫髯，即紫紅色的鬍鬚。所謂長上短下，應指其上身長於腿腳。《三國志・先主傳》注引《山陽公載記》說，赤壁之戰後，劉備到京口找孫權商借荊州，回到住處後，對左右說：「孫車騎長上短下，其難為下，吾不可以再見之。」於是晝夜兼程離開東吳。劉備對孫權「長上短下」的解釋是「其難為下」，這位「漢帝玄孫一脈流」的當世英雄由此對孫權產生了敬畏和惶恐，以至避讓。又《獻帝春秋》記載，建安十九年，孫權征合肥時被張遼所困，後逃脫。「張遼問吳降人：『向有紫髯將軍，長上短下，便馬善射，是誰？』降人答曰：『是孫會稽。』」可見紫髯和長上短下是孫權異於常人的兩個特徵。至於《三國演義》所謂「紫髯碧眼」，其二十九回所謂「小霸王怒斬于吉，碧眼兒坐領江東」，恐怕是羅貫中的時代西方、中亞的洋人往來中原，而一般人目之所見，對孫權由紫髯聯想到碧眼所致。我遍查魏晉六朝的正史和野籍，是找不到「碧眼」的記載的。孫權的異相就是兩點：紫髯，長上短下。

既然孫權生有異相，孫策又有明確指示，孫權在權位爭奪中勝出也就順理成章了。羅貫中概括為「坐領江東」是極見文字功力的。

於是，在母親吳太夫人的堅強支持下，在以張昭、周瑜為首的文臣武將的盡力輔佐下，孫權定軍心，討不臣，平山越，殺黃祖，鞏固並擴大了父兄的基業。《三國志・吳志・孫權傳》注引《吳書》及《通鑑》卷七十一云，魏文帝黃初二年，趙咨建議孫權「宜改年號，正服色，以應天順民」，於是當年十一月就吳王位。後七年至魏明帝太和三年夏即皇帝位。孫策臨終對孫權「舉賢任能，各盡其心，以保江東」的評價終於得到體現。約六十年後，吳人陸機在《辯亡論》中描述了這種輝煌：

於是張昭為師傅，周瑜、陸公、魯肅、呂蒙之儔入為腹心，出作股肱；甘寧、凌統、程普、賀齊、朱桓、朱然之徒奮其威，韓當、潘璋、黃蓋、蔣欽、周泰之屬宣其力；風雅則諸葛瑾、張承、步騭以聲名光國，政事則顧雍、潘濬、呂範、呂岱以器任幹職，奇偉則虞翻、陸績、張溫、張敦以諷議舉正，奉使則趙咨、沈珩以敏達延譽，術數則吳範、趙達以機祥協德，董襲、陳武殺身以衛主，駱統、劉基強諫以補過，謀無遺諝，舉不失策。故遂割據山川，跨制荊吳，而與天下爭衡矣！

總之，孫權十九歲承接父兄基業，執掌政權五十二年，是三國歷史人物中主政時間最長的一位。他經營江東，開疆拓土，招賢納士，建國圖霸，是秦始皇統一六國後入主江南的第一位皇帝。更彪炳歷史的是東吳擁有當時世界首屈一指的航海術，船隊往來北至遼東，南及臺灣和交趾（今越南北部），並遠航天竺（今印度）、波斯（今伊朗），甚至大秦（羅馬）。正如清人王友亮《吳大帝陵》詩云：

金湯半壁起雄圖，畢竟孫郎與眾殊。
繼業父兄仍手創，資材文武悉心輸。

這裡，我有興趣探究的倒不是「與眾殊」，而是與父兄殊。孫權既能繼承光大父兄之業，那麼他有哪些異於或優於乃父乃兄之處呢？我以為孫策所謂「舉江東之眾，決機於兩陣之間，與天下爭衡，卿不如我」諸語，實落皮相。孫權與父兄之異，有資質之異與方針之異。

本節先談資質之異。眾所周知，孫堅、孫策從小就是孤膽英雄，十幾歲就殺人越貨，一路腥風血雨殺來，在中原大地掀起陣陣戈林箭雨，兩人都堪稱「戰神」。然而，他們都生性急躁冒進，似乎習慣了險象環生，以命相搏，而忘記了肩上的重大使命。因此，孫堅、孫策之死都帶有一定的可以避免的偶然性，正如陳壽《三國志》所總結的：「皆輕佻果躁，隕身致敗。」凡事物都有兩方面，前面已敘及，孫權不善率兵打仗，但從另一方面來說，他又持重、平穩、工於心計一些，擅長坐鎮後方後勤補給。

《綱鑑合編》卷十三載吳主孫權派中大夫趙咨入謝，與魏王曹丕有一段關於孫權評價的問答：

魏主丕問咨曰：「吳王何等主也？」對曰：「聰明仁智雄略之主也。」魏王問其狀，對曰：「納魯肅於凡品，是其聰也。拔呂蒙於行陣，是其明也。獲于禁而不害，是其仁也。取荊州兵不血刃，是其智也。據三州虎視於天下，是其雄也。屈身於陛下，是其略也。」丕曰：「吳王頗知學乎？」咨曰：「吳王浮江萬艘，帶甲百萬，任賢使能，志存經略，雖有餘閒，博覽書傳歷史，藉採奇異，不效書生尋章摘句而已。」

趙咨當然是吹噓之詞，策士餘臭，但其中也透露了一些孫權的資質特點，其異於父兄者僅擇兩點以敘之。

一曰讀書。《綱鑑合編》卷十二載，孫權對愛將呂蒙說，你現在主掌要職，不可以不學習。呂蒙卻以軍務煩冗為藉口推脫。孫權說：「孤豈欲卿治經為博士耶？但當涉獵，見往事耳。卿言多務，孰若孤？孤嘗讀書，自以為大有所益。」於是呂蒙聽從孫權的建議努力學習，到後來魯肅過潯陽，與呂蒙交談，大驚說：「卿今者才略，非復吳下阿蒙！」呂蒙回答：「士別三日，即當刮目相待。」

這是一個有名的成語故事，「吳下阿蒙」「士別三日，刮目相待」至今仍活躍在人們的語彙中，但我以為孫權的話最精彩。咀其蘊義，一者要在多務的情況下擠時間學習；二者是不要求成為治經博士，而是涉獵經史。聯繫到前面趙咨說孫權「雖有餘閒，博覽書傳歷史，藉採奇異，不效書生尋章摘句而已」，雖有譏諷以風雅自詡的曹氏父子的弦外之音，但也可知孫權讀書是目的鮮明、頗有品位的。怪不得林之奇在這段文字後評曰：「帝王之學與書生異，書生所學尋章摘句而已，若夫帝王之學，以成天下之務。」就這一點而言，我以為孫權是遠勝乃父乃兄，力壓劉備，而能與曹操匹敵的。

二曰用人。孫策說自己選擇孫權的理由是孫權「舉賢任能，各盡其心」，並承認在這一點上「我不如卿」。典籍所載，孫策以至孫堅在用人上都鮮有長處。而孫權確實在用人上頗具特點。

孫權敢於破格用人，大膽起用年輕將領。如赤壁之戰，從某種意義上說是年齡上的較量。周瑜當年三十四歲，魯肅三十七歲，而對方主帥曹操已是年過半百了。又如夷陵之戰，孫權任用年僅二十多歲的陸遜為總指揮，當時許多元老重臣如張昭、顧雍，都極力反對陸遜掛帥，說陸年輕望淺，非老謀深算之劉備的對手，必誤大事。但孫權知人善任，力排眾議，起用陸遜，終於取得了夷陵之戰的勝利。

孫權常常恩威並施，駕馭武將。東吳是一個領兵制的政權，大領兵既是將軍，又是郡守。孫權對武將戒心尤深，用刑嚴峻。針對不少武將因畏罪投魏，他甚至命令將在外則妻子作保質。這是一方面。另一方面，他也懂得恩威並施。如周泰是一員勇將，孫權命他留守要津濡須，因周泰出身寒門，諸將不服，於是在一次宴會上，命令周泰脫去衣裳，露出身上的幾十處瘡痕，孫權令眾將觀看，手指瘡痕，一一詢問戰鬥負傷的情況，並親自把盞敬酒，一處瘡痕敬酒一觥，抓住周泰的手臂，流淚說：「卿為孤兄弟戰如熊虎，被創數十，吾亦何心不待卿以骨肉之恩，委卿以兵馬之重乎？」第二天又賜周青羅傘，令其出入張蓋。這樣一來，周泰感激涕零，眾將也十分感奮，表示效忠吳王。

孫權還能充分聽取臣下的意見。如曹操命孫權送一個兒子為人質，周瑜反對，說將軍擁有六郡，兵精糧足，將士用命，開礦煮鹽，經濟富裕，為什麼要送人質給曹氏呢？只要人質一入，「不得不與曹氏相首尾，則命召不得不往。如此見制於人，豈與南面稱孤同哉？」於是，孫權聽從了周瑜的建議，沒有將兒子送去魏國作人質。又如張昭反對孫權封公孫淵為燕王，孫權不聽，張昭就稱病在家不再上朝。後來公孫淵果然反叛了，事實證明張昭的意見是對的。孫權多次向張昭致歉，張昭仍堅持稱病。孫權趁路過張府時呼喚張昭，張昭仍不出。無奈之下，孫權火燒張昭家門，想以此逼他出來，不想張昭乾脆連窗戶也關上了。於是孫權只好命人滅火，自己一直在門前站立著，張昭的兒子們這才一起扶張昭出見孫權。孫權和他同乘一車回到宮中，再三致歉，張昭沒辦法，只好又上朝議政了。

孫權卓越的用人藝術和識人之明，保證了東吳較長時期內人才層出不窮。特別是「江東四傑」周瑜、魯肅、呂蒙、陸遜，呈接力賽選手一樣交替崛起，幫助孫權渡過難關、雄踞江東。南宋洪邁《容齋隨筆》云：

> 孫吳奄有江左，亢衡中州，固本於策、權之雄略，然一時英傑，如周瑜、魯肅、呂蒙、陸遜四人者，真所謂社稷心膂，與國為存亡之臣也。自古將帥，未嘗不矜能自賢，疾勝己者。此諸賢則不然。孫權初掌事，肅欲北還，瑜止之，而薦之於權曰：「肅才宜佐時，當廣求其比，以成功業。」後瑜臨終與權箋曰：「魯肅忠烈，臨事不苟，若以代瑜，死不朽矣！」肅遂代瑜典兵。呂蒙為尋陽令，肅見之曰：「卿今者才略，非復吳下阿蒙！」遂拜蒙母，結友而別。蒙遂亦代肅。蒙在陸口，稱疾還，權問：「誰可代者？」蒙曰：「陸遜意思深長，才堪負重，觀其規慮，終可大任，無復是過也。」遜遂代蒙。四人相繼，居西邊三四十年，為威名將，曹

操、劉備、關羽皆為所挫，雖更相汲引，而孫權委心聽之，吳之所以為吳，非偶然也。

對「江東四傑」惺惺相惜，為國薦才，孫權用人不疑，江山相託，君臣同心，終成江東大業給予了高度評價。

總之，孫權在三國創始人中，是個不大追求表面轟轟烈烈，比較講究實效的穩健型君主。他的為人行事也贏得了對手的尊重。建安十八年，曹操進軍濡須口，號步騎共四十萬。孫權率領七萬兵士與曹相持月餘，曹操見吳兵軍伍整肅，歎道：「生子當如孫仲謀！若劉景升兒，豚犬耳！」於是撤軍北歸。

這是一段有名的英雄對英雄的讚歎。曹操與孫堅同年，都生於漢桓帝永壽元年（一五五年），算來是孫權的父輩，難怪其有「生子當如」之歎。後來，南宋詞傑辛棄疾在《南鄉子・登京口北固亭有懷》中還詠歎了這一著名公案：「年少萬兜鍪，坐斷東南戰未休。天下英雄誰敵手？曹劉。生子當如孫仲謀！」稼軒顯然不滿於南宋政府對金廷屈膝求和，於是借歌頌孫權能夠守住東南，戰勝強敵，發千古之浩歎，澆自己之塊壘。

2 以保守為智

關於三國鼎立的天下大勢，用當時的曠世智者諸葛亮的話來說：「自董卓以來，群雄並起，跨州連郡者不可勝數。」那麼，如何保住由父兄衝鋒陷陣九死一生打下的江東之地，應該是擺在孫權面前的第一要務。

孫權採取了與父兄截然不同的立國方略。孫堅出身寒族（劉義慶《幽明錄》中說孫堅父親「種瓜為業」），靠英勇作戰勉強成為多少有些獨立性的地方統治者，但他去世很早，且戰事多在中原，並沒有直接參與制定孫氏家族開拓江東的戰略。孫堅死後，其部屬為袁術所有，孫策歷盡艱辛將這支舊部拉出來，進而擴充人馬，擺脫袁術，轉攻江東。孫策文韜武略，生命雖然短暫，卻十分輝煌燦爛。他白手起家，打下了江東六郡，開創了吳國基業，是江東基業的奠基人。

在群雄並起，刀光劍影的形勢下，無立錐之地的孫策的方針是開拓的、擴張的。按陸機《辯亡論》云：「（孫策）將北伐諸華，誅鉏干紀，旋皇輿於夷庚，反帝座於紫闥，挾天子以令諸侯，清天步而歸舊物。」陳壽《三國志》本傳云：「策英氣傑濟，猛銳冠世，覽奇取異，志陵中夏。」陸、陳所述都明確指出孫策有覬覦中原、劍指北方的野心。

孫權於建安五年繼承兄位，其時天下形勢發生了很大變化，鼎立之勢初現，因此他異於乃兄，採取的是保守江東的方略。

凡亂世都是方略盛行，三國猶然。劉玄德三顧茅廬，得到諸葛亮有名的「隆中對」，《三國演義》所謂「欲識他年分鼎處，先生笑指畫圖中」。諸葛亮為劉備貢獻的方略是先取荊州，後取西川，再伺機分兵北伐。其實在此七年前，孫權與魯肅有一次榻上對。

據《三國志・魯肅傳》載，建安五年，孫權因周瑜的舉薦，第一次與魯肅相見，「與語甚悅」，感到非常相投。在眾賓客告退之後，孫權單獨把魯肅留了下來，引入內室，「合榻對飲」。席間，孫權對魯肅說：「漢室傾危，四方干戈不息，我秉承父兄基業，意欲建立齊桓晉文那樣的霸業，不知足下有何良策助我成功？」於是魯肅說：

肅竊料之，漢室不可復興，曹操不可卒除。為將軍計，惟有鼎足江東，以觀天下之釁。規模如此，亦自無嫌。何者？北方誠多務也。因其多務，剿除黃祖，進伐劉表，竟長江所極，據而有之，然後建號帝王以圖天下，此高帝之業也。

事實證明，孫權完全聽取了魯肅「保江東」「觀成敗」的方略，在三國的三角戰略裡，孫吳是三方中最靈活的一方，時而聯劉抗曹，時而聯曹擊劉，最後又結盟蜀漢，始終處於最主動的地位。

先談與蜀漢的關係。建安十三年（二〇八年），曹操率大軍南下，東南震動。孫權卻力排眾議，果斷地借荊州給劉備，給曹操樹立一個敵人，借劉備屏障東吳。據說這一消息傳到北方，曹操正在寫文章，聞訊大吃一驚，竟把寫字的筆掉在了地上。

建安十九年至二十年，劉備取得益州，孫權索討荊州，劉備帶兵以武力相持。曹操乘虛奪了漢中，直接威脅巴蜀。劉備腹背受敵，遂提出和解。孫權顧全大局，與劉備達成協議，以湘水為界中分荊州。孫權之所以強者示弱者以謙恭，目的是鞏固江南，建立江北防線，分散強大的曹魏對東吳的壓力。沒有卓識明睿的戰略眼光，是難以做到的。及至建安二十二年（二一七年），孫權派徐詳為貢使，到許都向曹操請降，兩家修好後，孫權立刻騰出手來爭奪荊州。於是關羽被斬殺，孫吳奪回了荊州。

至於對曹魏，孫權一直是避其鋒芒的。兩方要有戰事，也是曹魏先動手，孫權抵擋而已。為防備曹魏攻擊，孫權在大江以西修建水上要塞濡須塢（今安徽巢縣境內）作為據點，不僅有效地扼制了曹軍南侵的勢頭，而且促使廬江、九江、蘄春、廣陵十萬戶渡江，充實了孫吳的兵員和勞力。最有意思的是建安十八年（二一三年），曹操攻至濡須口，孫權致書給曹，告訴他：「春水方生，公宜速去。」並在另一紙書寫：「足下不死，孤不得安！」曹操閱信後說：「孫權不欺孤。」果真下令撤軍了。及至斬殺關羽，奪回荊州後，曹操表孫權為驃騎將軍，假節領荊州牧。孫權派使入貢稱臣，稱說天命。曹操對左右說：「是兒欲踞吾著爐火上耶？」可見曹操對孫權稱臣的別有用心是洞若觀火的。

後來曹操病死，其子曹丕稱帝，建魏。孫權預料劉備會為關羽復仇，於是加緊靠近魏國，遣使稱臣，接受曹丕加封的吳王稱號。東吳群臣都認為不應該接受魏官爵稱號，孫權卻不以為意，笑道：「當年劉邦也受項羽的漢王稱號，不過是權宜之計罷了。」曹丕派人求索雀頭香、大貝、明珠、象牙、犀角、玳瑁、孔雀、翡翠、鬥鴨、長鳴雞等，孫權一一照辦。東吳大臣深以為恥，徐盛等甚至痛哭流涕。孫權多方勸解，說：「這些玩意，我看來如同瓦石，有什麼可惜的！」

對於孫權向曹魏俯首稱臣，歷來受人非議，清人黃仲則《滿江紅・吳大帝廟》就冷峭地慨歎道：「只幾封降表落中原，生平恥。」

倒是宋代學者張敦頤《六朝事蹟編類》頗具史學家眼光，其卷一「六朝保守」條云：

> 知權之志，未嘗不在於天下；然以傳考之，亦未嘗求逞於中國。曹公來侵，則破之拒之而已，治艦立塢，築堤遏湖，作塗塘，明烽燧，始終所以備魏者至矣……嘉禾中，因蜀寇魏，一

攻淮南，聞明帝東行，則遽斂避。諸將之攻樊城，司馬懿救之，亦引軍亟退。自後世觀之，謂之怯可也，而權不以為恥，豈非天下之勢，既未有可投之隙，與其力爭而取敗，不若退守而待時也耶？史稱權繼父兄之業，有臣以為腹心股肱爪牙，兵不妄動，故戰少敗而江南安，此權之所以為智也。

張敦頤的這一段史論是非常精彩的，「以保守為智」確實是東吳立國後採取的基本方略。發人深思的是，東吳是三國中存在最久的朝廷，而孫權從建安五年（二〇〇年）實際掌握江東，到神鳳元年（二五二年）去世，當權五十二年，是三國當權最長的君主，他也是中國皇帝中死後唯一被諡為「大皇帝」的帝王。至於「以保守為智」是否影響到以後東晉及宋、齊、梁、陳的立國之策，見仁見智，又當別論了。

3 建業開「六代豪華」之都

《三國演義》第二十九回回目是「小霸王怒斬于吉，碧眼兒坐領江東」，孫吳盤踞的地方古稱江東。因為從湖口到南京這一段長江是向東北方向斜流，所以這一段長江兩岸不稱江南、江北，而稱江東、江西。古時以左為東，以右為西，故江東亦稱江左。三國東吳所據江東，主要指江東六郡，亦即會稽、吳、丹陽、廬江、豫章和廬陵，大致包括今江蘇南部、浙江、福建大部、安徽長江以南、湖北東南長江以南部、江西中東部等地區。

《六朝事蹟編類》卷一云：「吳孫策以會稽為根本，大帝嗣立，稍遷京口，其後又嘗住公安，又嘗都武昌，蓋往來其間，因時制宜，不得不爾。」的確，在孫權掌權的前期，江東的大本營總是沿著長江上下來回遷移。赤壁之戰前，為了鞏固長江下游的江東根據地，把大本營設在京口（今江蘇鎮江）一帶。建安十七年（二一二年），孫權把大本營遷到了秣陵，在石頭山上修築了石頭城堡，並將秣陵改名為建業，亦即要建立一番事業之意。重佔荊州後，孫權於黃武元年（二二二年）把統治中心遷到鄂州，並改名為武昌，意思是說東吳「以武而昌」。孫權在此建都，不僅因為這裡龍蟠鳳集，風景優美，更重要的是這裡是軍事要衝之地。鄂州地理形勢險要，是長江南岸的重要渡口，西面有長江支流，可以停泊水軍船隻。鄂州的樊口是東吳最重要的水軍根據地，四周皆山，南有洋蘭湖，西南有較大的三山湖和梁子湖，富有銅、鐵等礦藏，可鑄造兵器、錢幣和高級日用品。也就在黃武元年農曆八月，孫權修築了武昌城，亦即俗稱的吳王城。

到了黃龍元年（二二九年），孫權即帝位後，隨即做出了一個石破天驚的決定，將首都從武昌搬回建業。

建業即今南京，地處長江下游，東距入海口約三百公里，西為皖西丘陵，北有江淮大平原作屏障，南有太湖水網作後盾。境內綿亙著寧鎮山脈的西段，長江橫臥於北，秦淮蜿蜒於南，形成了古人所說的「龍盤虎踞」的優越地勢。此地原名越城，春秋時越王勾踐所建。戰國時楚威王因此地有王氣，埋金以鎮之，故稱金陵。秦始皇也認為此王氣妨礙他的統治，下令鑿斷山脈，以泄王氣，改名秣陵以抑之。後來，孫權還都建業，先是住在孫策舊邸，後來拆除武昌宮殿的舊材，由長江順流而下，運抵建業，建成太初宮。

孫權之所以還都建業，有內因，亦有外因。

內因是東吳政權的支柱江東大族強烈要求定都建業。當時有一首民謠流行於建業一帶：「寧飲建業水，不食武昌魚；寧還建業死，不止武昌居。」這首民謠反映出以建業為中心的長江下游人民，不願用大量的人力和物資，逆流而上供應武昌的東吳朝廷。而作為東吳政權支柱的江東大族，如吳郡的顧氏、陸氏、朱氏和張氏，陽羨（今宜興）的周氏，吳興（今湖州）的沈氏等，也不願離開他們的勢力範圍過遠。這樣，舉國上下，強烈呼籲還都建業。

外因，是智者從風水學角度的力薦。這一點現在視為迷信，當時則視為雄辯的定論。如相傳著名政治家諸葛亮過此，不勝豔羨地對孫權說：「鍾阜龍蟠，石城虎踞，真乃帝王之宅也！」金陵有以鍾山為首的山脈像龍一般地蟠繞在東面，又有石頭山像猛虎一樣地雄踞在西面，是一處理想的政治軍事中心。據考證，諸葛亮本人並沒有到過金陵，但是劉備在前往京口（今鎮江）途中，確曾留宿於金陵，觀察過地理形勢，他到京口後，便力勸孫權徙都金陵。（《晉書．王導傳》載王導云「古之金陵，聖皇所居，孫仲謀、劉玄德皆言王者之宅」可作參證。）東吳的謀士張紘也進言：「秣陵是楚國所置的金陵邑，石頭山一帶崗阜相連，秦始皇東巡會稽時過此，認為有王者之氣，宜為都邑。」

這些話，都極大地增強了孫權還都建業的決心。更何況當年石頭城緊靠大江，江水直抵城下，形勢特別險要。靠水軍起家的孫權見此讚歎道：「秣陵有小江百餘里，可以安大船，吾方理水軍，當移據之。」於是決定還都建業。

孫權定都建業是影響深遠的。毫不誇張地說，定都建業開啟了一個新時代，那就是六朝時代！

張敦頤說得好：「（孫權）及東南已定，遂還建業，保有荊、揚，而與魏、蜀抗衡，其宏規遠略，晉、宋而下不能易也。」（《六朝事蹟編類》卷一）從孫吳開始，東晉、南朝的宋、齊、梁、陳都以建業為首都，歷史上合稱「六朝」，時間跨度大約是二二二年至五八九年，計三百六十餘年。

為什麼東晉和宋、齊、梁、陳均建都於建業（東晉後改稱建康）呢？

建業當然是當時中國最繁華的都市，在西晉左思令洛陽紙貴的《三都賦．吳都賦》中，作者追憶道：「開市朝而並納，橫闤闠而流溢。混品物而同廛，並都鄙而為一。士女佇眙，商賈駢坒。衣服，雜沓從萃。輕輿按轡以經隧，樓船舉帆而過肆。」建業繁華，活色生香！我以為除了建業是當時中國最繁華最巨大的城市以外，除了世家大族（中原士族與本土士族）多聚居於此以外，地理環境的險要應是一大原因。

建業緊鄰長江，在靠舟楫划渡的古代，長江是大部隊難以逾越的天險。前敘《三國志．吳主傳》載建安十八年曹操軍迫濡須卻見春水而撤軍，以致南宋詞人姜白石在《滿江紅》中冷峭地指出：「卻笑英雄無好手，一篙春水走曹瞞。」又按《三國志．吳書．魏文帝傳》載，曹丕有渡江之志，吳將徐盛從建業築土圍，上設假樓，江中浮船。曹丕軍馬到廣陵，遠遠望見圍子感到驚愕。當時只見江水盛長，瀰漫數百里。曹丕歎道：「魏雖有武騎千群，無所用也！」於是命令撤軍。又按《江南野史》云，周世宗向孫忌打探江南虛實，孫忌回答：「長江千里，險過湯池，可敵十萬之師。」世宗聽了很忌憚。（見《六朝事蹟編類》卷五）正因為此，《六朝事蹟編類》卷一云：

故孫皓舍建業而之武昌，吳因以衰；梁元帝舍建業而守江陵，梁遂以亡；李嗣主舍建業而遷洪府，南唐遂不能以立。王導斷然折會稽、豫章之論，而以建業為根本，自晉而下三百年之基業，導之力也。

從正反兩方面縱論建都於建業之得失，也是從軍事防務上著眼的。

唐代偉大詩人李白《金陵歌送別范宣》開頭六句云：「石頭巉岩如虎踞，凌波欲過滄江去。鍾山龍盤走勢來，秀色橫分歷陽樹。四十餘帝三百秋，功名事蹟隨東流。」我以為，可以作為對孫權定都建業的禮贊。書末所附《六朝年表》，也正是以孫吳始，以陳朝終，我正是懷著對歷史的深深的敬畏而編撰的。

談到這裡，附帶說說正朔問題。因為《六朝年表》遭到幾位專家的質疑，而他們正是拘泥於對正朔的理解。

所謂正朔，就是一年的第一天為正，一月的第一天為朔。中國上古時期改朝換代時，新王朝常重定正朔，表示舊朝的結束，新朝的開始，所謂「王者易姓受命，必慎初始，改正朔，易服色，推本天元，順承厥意」（《史記．曆書》）。至此正朔超越了制定曆法的本義，演變為合法政權的代指，有正統、正宗的意思。而且，正朔觀念是漢族政權特有的，是指漢族政權的合法性和對漢族文明的繼承。如東晉朝廷與前涼、成漢、前趙、後趙並存，而唯一自認為和被後人認為是正朔的只有東晉。這當然反映了漢族封建士大夫偏執、狹隘的歷史觀，是不符合社會發展的客觀規律的。

然而，就算是執傳統正朔觀看歷史，到了三國也會眼花撩亂的。

三國是中國歷史上的一個分裂時期，魏、蜀、吳三個國家都是漢族政權。曹魏政權從名義上說是漢獻帝自動禪讓的，有理由被認為是正朔，而且晉代在魏後成為當時的唯一政權，從這種傳承關係上，也可以把曹魏視為正朔。而蜀漢政權的建立者劉備是中山靖王嫡派子孫，自認為是漢室的當然繼承人。於是三國正朔之爭圍繞著魏、蜀而纏鬥。如西晉陳壽《三國志》以魏為正朔，而東晉習鑿齒《漢晉春秋》《襄陽耆舊記》則以蜀漢為正朔。後來，北宋司馬光《資治通鑑》以曹魏為正朔，南宋朱熹《通鑑綱目》則以蜀漢為正朔。對中國社會各階層影響巨大的《三國演義》也以蜀漢為正朔。

孫權既非漢室血統，其帝位又不是漢室禪讓，所以，歷來談三國正朔，都沒有東吳孫權的份。我以為，在三國中強定正朔是荒誕不經的。從漢族文明的傳承上來看，魏、蜀、吳都是地位相當的，它們共同繼承發揚了這一時期的漢族文明。只要考察此一時期的學術、文學、藝術，就可以證明這一點。此其一。另一方面，就江東這一區域而言，開啟六代豪華的孫吳與其後的東晉、宋、齊、梁、陳文明上是一脈相承的。宋朝張敦頤考察了六朝舊址後，發現「六代宮室門牆雖時有改築，然皆因吳舊址」，就是一個雖小而信實的例證。（見《六朝事蹟編類》卷一）

基於以上考證，我的《六朝年表》就是以孫吳領起的，這不是表示正朔，而是從地域文化的角度考慮的。

清代詞人黃仲則《滿江紅・吳大帝廟》下闋說得好：「垂珠冕，翹華履。晴點碧，髯掀紫。問生兒誰道，不應如是？半壁江山成夜火，一生事業憑春水。小朝廷血食尚千秋，誰能此？」以學者之雋思，借詩人之才華，肯定了孫權繼業之艱、守業之苦，是足以引人發千秋之浩歎的。

【第二章】

吳井埋簡有司

吳宮芳草埋幽徑，晉代衣冠成古丘。

—— 李白《登金陵鳳凰臺》

1 孫吳氣息

一九九六年十月十七日，世界上一下子有很多人知道了湖南長沙走馬樓。因為在此地平和堂大廈的建築工地對地下古井群進行搶救性發掘中，於一個井窖中發現了十餘萬枚孫吳簡牘，其數量驚人，超過國內歷年出土的簡牘的總和（約九萬枚），成為二十世紀古代文書方面的最重要的考古發現。

走馬樓位於長沙市中心五一廣場東側，據近人李抱一《湖南省城古蹟今釋》，此處原是明朝吉王府的故地，東西牌樓翼張於左右，八角亭、走馬樓等都是府內的地方名目。我一直以為，漢代此處應該也是長沙郡的中心，因為瀏陽門、馬王堆都有漢墓出土，隔江的咸嘉湖一帶也發現漢室王陵，證明那些地方自漢代都是郊外。這次從工地發現的數十處密集的三國古井，就雄辯地印證了我的想法。

站在平和堂工地旁，圓圓的古井像剛從夢幻中睜開的眼睛，彷彿有一種神秘的力量，把我從鋼筋水泥密布的現實生活中拽了出來，使我心馳神往於這塊孫吳故地。尤其是我有幸得睹那些簡牘時，更強烈地感受到一千七百多年前孫吳人氣質和生態的遺留。如其中一枚名刺簡：

弟子黃朝再拜　問起居　長沙益陽　字元寶

這是一枚類似現代名片的名刺簡，其意為：學生（謙稱）黃朝恭敬地拜見您，向您問安。我是長沙益陽人，字元寶。行文由簡牘正中直書而下，「再拜」二字盡達木牘邊緣，雄渾活潑，極富性情。其他簡牘都各具特點，向後世展現了東吳政治經濟生活畫卷。我低頭凝視這些發黑的簡牘，辨認著遒勁的漢隸，眼前彷彿浮動著埋簡者那迷惘、痛苦的面容。

據整理，這批簡牘內容大致可分為經濟券書、官府文書以及戶籍、名刺、帳簿五大類，涉及吳國長沙郡的政治、經濟、文化以及司法、賦稅、戶籍、職官諸多方面，是研究孫吳史的最寶貴的第一手資料。這當然是毫無疑義的。然而，令人費解的是，十餘萬枚簡牘文書為什麼會掩埋在一個距地表約九米深的井窖中？開始，我與學術界大多數人士均認為是晉武帝平吳、長沙郡陷落前夕的倉促之舉。當時戰馬悲鳴，亂兵蟻湧，而文獻主管者卻將這十餘萬枚簡牘深藏於枯井之中。如果上述假想成立的話，這應該是晉國滅吳亦即西元二八〇年以後的事情。但是隨著整理工作的深入，我們注意到，這批簡牘的年號最早的為建安二十五年（二二〇年），最晚的為嘉禾六年（二三七年），其間相互銜接達十八年。從簡牘本身來分析，當是最早在嘉禾六年被掩埋。嘉禾時期長沙郡較之南郡、江夏等郡，社會相對穩定繁榮，因此，有關戰爭中倉促之舉之說是難以成立的。

2 文獻主司者的道德閃光

邱東聯先生《略論長沙走馬樓吳簡中的佃田租稅簡及相關問題》（見《考古耕耘錄》，嶽麓書社二〇〇〇年版）另闢蹊徑，認為埋簡與「呂壹事件」有關。孫權即位後，為加強中央集權，設立校事、察戰兩個官職，負責監視臣下百官。嘉禾以後，更任用呂壹為中書校事。呂壹是個酷吏，他自己是南遷人士，因此對江東士大夫進行了無比嚴酷的打壓，丞相顧雍被無罪免職，江夏太守刁嘉被誣陷，差點被殺。東吳政權的大功臣陸遜見呂壹專權，無人可制，甚至與太常潘濬相對哭泣，由此可見江東士大夫幾乎被逼到了絕境。東吳立國初期那種君臣和睦、上下同心的局面至此一去不復返了。呂壹的嚴格審計推行到長沙，便受到了封邑在長沙郡的顧雍、步騭、潘濬等的強烈反對。他們聯合起來，諫勸孫權，抵抗典校。由於孫吳政權中領兵制的特殊性，孫權最終得以妥協，於赤烏元年（二三八年）誅殺呂壹，廢除典校。長沙郡當然也隨即停止了典校，郡府將這些原來典校的文書檔案集中埋藏於郡府內廢棄井窖中。這種獨特的處理方法既有廢棄的意思，又是暫時保存、防患於未然的做法。我以為，邱說是有見地的。十餘萬枚簡牘排列有序，且都是經濟、戶籍一類，而絕無政治、軍事文書，即可見與戰亂無關。而按之《三國志・吳書》，呂壹伏誅史實確鑿，《吳主傳》《顧雍傳》《步騭傳》《潘濬傳》《諸葛謹傳》中都有記載，亦有力地支援了邱說。

這裡，我想提出的是「呂壹事件」的「定性」問題，我不同意邱文所謂「呂壹性情嚴峻，執法嚴厲，其做法嚴重損害了各州郡及領兵的權益，引起了朝野內外的強烈不滿」云云。吳當然是一個領兵制的政權，大領兵既是將軍，又是郡守，管轄著郡內的土地租稅和人口。這是一方面。另一方面，孫權的政治是一種暴政。吳國的刑罰殘酷，賦（租稅）調（兵役）繁重。《吳書・陸凱傳》說：「調賦相仍，日以疲極。」一連張昭、顧雍和陸遜等人都說太重，請求減輕一些。孫權對文武官吏存著戒心，因此用刑嚴峻。針對不少武將因畏罪投降魏國，他迫令帶兵守邊境的督軍和將軍交出妻子做保質，如有叛逃，便殺戮保質甚至誅滅三族。大將甘寧戰功赫赫，死後葬於蔣山。孫皓聽說甘寧墓有王氣，竟然在甘寧墓後面鑿出一條水溝。唐人溫庭筠《過吳主陵》「虛開直瀆三十里，青蓋何曾到洛陽」，就是諷刺此事。孫權又養一批人叫作校事、察戰，監視文武官吏，發現一些事件，動輒加罪殘殺。良史陳壽在《孫權傳》後評曰：「權性多嫌忌，果於殺戮，暨臻末年，彌以滋甚。」這是很中肯的。呂壹就是一位以「苛慘」著稱的校事。此人《吳書》中沒有立傳，但《步騭傳》中載有步騭曾為呂壹肆虐事上書孫權，說：「聽說掌管刑獄的官署挑剔細微，吹毛求疵，然後誣陷為大案重罪，常以陷害別人來作威作福。無罪無辜的人，卻要意外地遭受大刑，致使官吏百姓人人心存恐慌，不寒而慄。」還說：「今小小的官吏隨便做一點事，都和古代的獄官不一樣，靠接受賄賂來斷案，草菅人命，而把過失歸於朝廷，為國家招來怨恨。一人得意，使以仁義治理天下的事業遭受損失，非常可恨！」步騭是「以德度規檢見器當世」（陳壽評語）的大臣，他上書所云，當有事實根據，則呂壹的行徑可想而知。《顧雍傳》說：「呂壹、秦博為中書，典校諸官府及州郡文書。壹等因此漸作威福，遂造作榷酤障管之利。」則具體到呂壹不僅狠毒，而且假公濟私，有貪賄罪行。後來，孫權處置呂壹後，「引咎責躬，乃使中書郎袁禮告謝諸大將」。（《吳書．孫權傳》）孫權素來心高氣傲，以吳主之尊而向臣下認錯，可見呂壹確實幹了不少壞事，致使他十分內疚。所以，呂壹伏誅在當年的孫吳故地應該是一件令人稱快的事件。不管長沙郡的文獻主管者對此是什麼態度，將這十數萬枚典校簡牘藏於枯井之中，應該是應付國內突發事變的極為穩妥的措施。如繼續實行典校的政策，則埋簡意在保護；如廢止典校的政策，則埋簡意在廢棄。而無論如何，上司都不會怪罪。埋簡者是用心良苦的，然而他不會料到，這一天他埋下了一座轟動世界的博物館。一千七百多年後，無數才華橫溢的學者將為這口枯井耗費聰明才智，吳國的榮耀和恥辱，將由這口枯井吞吐。

也許是對洞穴的早期佔有的遺風，古人與枯井有了怪異的緣分。大家熟悉的《三國演義》中趙子龍大戰長坂坡，糜夫人為免落曹兵之手，投枯井而死，子龍則將鄰井的土牆推倒，掩蓋枯井。可見他們都將枯井視為保險的密室。還有，據《三國志・孫堅傳》注引《吳書》記載，「堅入洛，堅軍城南甄宮井上，旦有五色氣，舉軍驚怪，莫有敢汲。堅令人入井，探得漢傳國璽。文曰『受命於天，既壽永昌』。方圓四寸，上鈕交五龍，上一角缺。初，黃門張讓等作亂，劫天子出奔，左右分散，掌璽者以投井中。」對於孫堅從井中得到傳國玉璽一事，裴松之已做了考證認為是假的，而且再好的玉石也不會在井口形成五色霧氣。這不過是孫堅散布輿論，以表明自己是天命所歸而已。然而，這個記載也透露了井中可藏寶物這一當時應視為合理、常態的現象。再以後，南朝最後一個皇帝陳後主，在隋兵殺進建康的危急情況下，推說「吾自有計」，竟然帶著愛妃躲進了景陽殿側的枯井中，「天子龍沉景陽井，誰歌玉樹後庭花」（李白《金陵歌送別范宣》）。無疑，在後主心中，認定枯井是躲避刀兵的理想藏所。一千七百多年前的那位長沙郡文獻主司，面臨國家政令、當道者的突然變改，自感地遠人卑，覺得把握不定。對於呂壹，對於典校，他當然難免誤斷和迷惘，但值得肯定的是，枯井藏簡體現了一個職業文獻主管者的職業道德和人格閃光。事實證明，枯井藏簡獲得了大成功，他將一個王朝的燦爛，深埋於一口黑暗的枯井之中，千年長夢，竟是為了迎接一個新時代的光明！

簡冊是繼結繩、甲骨、鐘鼎之後中國最早的圖書形式。簡是用來書寫文字的竹條或木條，將許多簡用繩子按一定的方法編結則叫冊。以簡的質地言，竹簡多用於南方，木簡則多用於北方。《商書・多士》中周公對後人訓詞云：「唯殷先人，有冊有典。」簡冊從西元前十一世紀的商代就出現了，直到東晉末年桓玄下令以紙代簡。其間，中國圖書史上的簡冊時代延續了一千六百餘年。不過，我直到現在也想不透：西漢馬王堆墓中早就出現了大量帛書，長沙又是東漢紙聖蔡倫的故鄉，為什麼到了三國末期長沙郡記事還用簡牘呢？考古學家、歷史學家好像都沒有討論這個問題，我想，也許當時簡冊文化與新興的紙帛文化已並存，但作為官方辦公，仍採用保守的傳統方法吧。

神秘，迷濛，注家蜂起，歧義紛呈，才得勝解，旋又生疑。這是考古的魅力所在，也是詩的魅力所在。從來考古即是詩！將謎底留給智者，我只是慶幸走馬樓枯井留下了宏偉壯麗的簡冊文化。

因紙與帛快速而廣泛地為世人採用，至孫吳末年簡牘應用已進入衰落期。從這個意義上說，長沙郡文獻主司者埋葬了一個簡冊文化時代。

據整理者說，部分簡牘記錄了長沙郡的戶籍情況，其中當然包括了尊居郡宰、卑微布衣、俠骨赤膽、博學青衫、蠅營狗苟、豪壯奇崛、脂膩粉漬的各色人等。現在離孫吳長沙戶籍的原始狀態越來越遠，而長沙人繁衍得卻越來越多，市區人口已經突破三百萬了。然而，某些作為擁有甲骨文化、鐘鼎文化、簡冊文化和紙帛文化甚至網路文化的民族後人，有時竟然不能珍視文化，珍視書籍，珍視文獻，這是很可悲的事，起碼有愧於孫吳那位埋簡的文獻主司。

走馬樓吳井的千年長夢，讓人聯想到中國文化保存和流傳的艱辛歷程，聯想到一個古老民族對於文化的保護是何等悲愴和神聖。無疑，這種悲愴和神聖是美的，而對美的祭奠，又是世間最讓人消受不住的。

【第三章】

維摩詰與竺佛圖澄、傅大士

水中之月，了不可取。虛空其心，寥廓無主。錦幪烏爪，獨行絕侶。刀齊尺量，扇迷陳語。丹青聖容，何往何所。

—— 李白《誌公畫讚》

1 玉人顧影

維摩詰是大乘佛經裡的人物，竺佛圖澄（二三二—三四八年）是西晉現實社會中的人物，傅大士（四九七—五六九年）則是齊梁陳現實社會中的人物，本是風馬牛不相及。但是考究其行止，一虛一實，相映成趣；一裡一外，互相發明。因此合而敘之。

維摩詰見於《維摩詰經》，應該說，他是一個外國人，而不是六朝人物。但是誠如米芾《答劉巨清》云：「世人都服似維摩，不知六朝居士衣。」我認為，維摩詰是六朝士人儀表美的理想典範，或者用通俗的話來說是精神領袖。至於其顯示化身，則篇末拈出竺佛圖澄和傅大士連帶及之。因此，說六朝人物先說維摩詰。

愛美是人類的天性。《論語・八佾》就記錄了子夏談到人體及繪畫之美，雖然沒有註明描寫的性別，但細玩「巧笑倩兮」之類，應該是針對女性而言。以後，關於女性美的描寫，在文學作品中層出不窮，而關於男性美的記述甚為少見，至魏晉六朝風氣驟然加盛。就是婦女，也一掃從前的矜持含蓄，公然主動地欣賞男色。《世說・容止》就記載「潘岳妙有姿容，好神情，少時挾彈至洛陽道，婦人遇者，莫不聯手共縈之」「以果擲之滿車」。挾帶彈弓想必是當時時尚男人的扮酷，洛陽道是當時有名的繁華通衢，婦人們手牽手圍著他，投以瓜果，上演的當然是追星劇。相反，同樣才情出眾但其貌「絕醜」的詩人左思，想學潘岳的模樣招搖過市，卻被「群嫗共亂唾之」，狼狽地抱頭而歸。當時的士大夫更注意儀表之美。《世說・容止》有曹操「自以形陋」，因而要崔季珪代見匈奴使事。據《魏略》介紹，崔季珪「聲姿高暢，眉目疏朗」，應該是一個美男子。曹操舉以自代，顯然是一種愛美心理的表現。《世說新語》中關於儀表的品目比比皆是。這些品目的共同特點是以美如自然景物的外觀體現出人的高妙的內在智慧和品格，用語玄虛優美，既能表達脫俗的風度，也能體現外貌的漂亮。如：

有人讚王恭，云：「濯濯如春月柳。」時人目夏侯太初「朗朗如日月之入懷」，李安國「頹唐如玉山之將崩」。

（嵇康）肅肅如松下風，高而徐引。

有人語王戎曰：「嵇延祖卓卓如野鶴之在雞群。」

海西時，諸公每朝，朝堂猶暗，唯會稽王來，軒軒如朝霞舉。

（以上均見《世說新語．容止》）

卞令目叔向：「朗朗如百間屋。」

王公目太尉：「岩岩清峙，壁立千仞。」

（以上均見《世說新語．賞譽》）

《六朝事蹟編類》卷一也記載：

齊武帝時殿下柳木，蜀郡所獻，條如絲縷。帝曰：「此柳風流可愛，似張緒少年時。」

這樣的評議，充分表達了當時士人所追求的內在的、本質的、脫俗的審美理想，適應了門閥士族們的貴族氣派。但是，剝開這些山光水色、清辭麗句織成的光環，我們看到的實際上只是一種病態美。當然，魏晉六朝也有人欣賞「鬚如反猬皮，眉如紫石稜」那樣的陽剛美（見《世說新語・容止》），也有人認為「樝梨桔柚，各有其美」（見《世說新語・品藻》），但風靡一時的成為那個時代的審美主流的仍是瘦削、蒼白、搖搖欲墜的病態美。《世說・輕詆》云：「舊目韓康伯，將肘無風骨。」「將肘」，現已無法解釋。「風骨」為魏晉六朝時品目人物所常用，應釋為風神骨相。如《世說・賞譽》注引王韶之《晉安帝紀》「（王）羲之風骨清舉」，《宋書・武帝紀》「劉裕風骨不恆，蓋人傑也」，當為人物剛性美的風神骨相。參照前引《世說・輕詆》注引《說林》「韓康伯似肉鴨」，可知當時鄙視肥壯而欣賞瘦削的身材。《世說・言語》記載僕射周顗「雍容好儀形，詣王公（導），初下車，隱數人，王公含笑看之」。古字「隱」與「穩」通。《說文》曰：「穩，有所依也。從受工，讀與隱同。」據此，「隱數人」，即依恃數人的扶持而行。周顗並非腳有殘疾或不會走路，不過是追求病態以示身分而已。沈約身體很不好，據說他每天只能吃一箸飯，六月天還要戴棉帽、溫火爐，不然就會病倒。（見唐馮贄《雲仙雜記》卷四，又卷五）在《與徐勉書》中，他自己也承認：

> 外觀傍覽，尚似全人，而形骸力用，不相綜攝，常須過自束持，方可蔀娖。解衣一臥，支體不復相關。……百日數旬，革帶常應移孔；以手握臂，率計月小半分。

也就是說，從外面看來，自己還保持了完全的人形，但身體各個部分很難協調。解衣睡下，肢體就像散了架一樣。過不了幾十天，皮帶就要移孔，臂膀就又細小了半分。真是瘦得可憐！然而世人偏讚美為「沈腰」，「一時以風流見稱，而肌腰清癯，時語沈郎腰瘦」（見《法喜志》）。

不僅如此，蒼白的面容也在社會上大受歡迎。據《晉書・王衍傳》記載，大清談家王衍常用白玉柄麈尾，他的手和玉柄同樣白皙溫潤，有一種病態美。《世說・容止》說何晏「美姿儀，面至白。魏明帝疑其傅粉。正夏月，與熱湯餅。既啖，大汗出，以朱衣自拭，色轉皎然」。還是這個何晏，「動靜粉白不去手，行步顧影」。他還「好服婦人之服」。宋孝武帝劉駿一上臺就在百官中挑選了四個標緻的任侍中，作為御前侍奉的「花瓶」。首先選中的就是美貌的謝莊。有一年春節，群臣上朝賀年，此時紛紛揚揚下起雪來，片片雪花猶如銀蝶翩翩起舞。謝莊恰巧因事下殿，回來後雪花滿衣，就更像那「肌膚若冰雪，綽約若仙子」的藐姑射仙人了。宋孝武帝大為欣賞，命群臣各賦詩記盛。無疑，欣賞的正是謝莊的女性美。這種風氣一直延續到齊梁，且有變本加厲之勢。《顏氏家訓・勉學篇》云：「梁朝全盛之時，貴遊子弟無不熏衣剃面，傅粉施朱，從容出入，望若神仙。」

男子們欣羨女性美，也就產生了令人作嘔的孌童詩，如梁劉遵《繁華應令》：

可憐周小童，微笑摘蘭叢。鮮膚勝粉白，慢臉若桃紅。挾彈雕陵下，垂釣蓮葉東；腕動飄香麝，衣輕任好風。幸承拂枕選，得奉畫堂中。金屏障翠被，藍帊覆熏籠。本欲傷輕薄，含辭羞自通。剪袖恩雖重，殘桃愛未終。蛾眉詎須嫉，新妝遞入宮。

一個少年，竟然像姑娘一樣膚白頰紅，愛好、服飾也等同女性，並且連姑娘也嫉妒他的美麗，這哪裡還像一個健康的男子呢？這樣的「美」的形象，在宮體詩中還大量存在。如晉張翰《周小史》、梁劉永《詠繁華》、劉孝綽《小兒採菱》、昭明太子《伍嵩》等，對男色繪聲繪色，極力描述，酣暢淋漓。正是當時的時代心理，產生了這些後來為文學史家費解的怪現象。最咄咄稱怪的是有「玉人」之譽的衛玠之死。衛玠生得白皙羸弱，據劉孝標注引《衛玠別傳》云：「齠齔時，乘白羊車於洛陽市上，咸曰：『誰家璧人？』」「璧人」即玉人，貌美體弱是其特徵。如盧綸《偶逢姚校書憑附書達河南郄推宮因以戲贈》云：「若問玉人殊易識，蓮花府裡最清羸。」可惜這樣的尤物卻不經看，《世說・容止》云：

衛玠從豫章至下都，人久聞其名，觀者如堵牆。玠先有羸疾，體不堪勞，遂成病而死。時人謂「看殺衛玠」。

宋代楊修之詩云：「年少才非洗馬才，珠光碎後玉光埋。江南第一風流者，無復羊車過舊街。」就是詠歎此事。然而毋庸諱言，欣賞一個垂危的病人的美，觀眾的心理當然也是病態的。在這樣的一種病態的審美觀念的支配下，男色猖獗成為時代特色。《南史・長沙宣武王傳》載，王韶還在幼童時就是庾信的性奴，衣食住行都需要庾信供給。來客人時，還得擔任招待。後來王韶長大後做了郢州刺史，庾信經過郢州，王韶對他很冷淡。庾信惱羞成怒，於是借酒撒瘋，掀翻酒席，踏上王韶的床榻，瞪著王韶說：「你今天的樣子與從前大不相同了！」滿座賓客譁然。

看來庾信這位在中國文學史上很有名的作家，在玩弄男色上也是高手，且由愛不成而平生仇恨，以至於人前失態，這是很令人驚駭遺憾的。另據《南史・謝惠連傳》記載，天才詩人謝惠連沉溺於南風之中，即使守父喪期間也不安分，以致在三十七歲時便魂逐風流，英年早逝了。《南史・王僧達傳》還記載王僧達私幸族侄王確，後來王確為躲避王僧達的糾纏要遠往永嘉，王僧達竟偷偷在王確的出入路上挖一個大坑，企圖誘其跌入而活埋之。還是其弟王僧虔知道了，才制止了這一齣荒謬透頂的悲劇。

悲劇的產生有一個過程，而且有它的生長土壤。也就是說，審美情趣與生活情趣是緊緊相連的。建安時，人們追求鐵馬金戈、馬革裹屍的英雄式生活，當然欣賞「秋風蕭瑟，洪波湧起」的滄海（曹操《觀滄海》），欣賞「仰手接飛猱，俯身散馬蹄」的武士（曹植《白馬篇》），甚至不願意忍氣吞聲修築長城，而寧肯戰死於疆場。從黃巾起義前後起，整個社會日漸動盪，戰禍不已，疾疫流行。正始以後，加上統治集團內部的傾軋爭奪，更是險機四伏。只要我們結合《三國志》《晉書》、南北史、《世說新語》的大量有關記載，就可以看到，處在那個刀光劍影、動亂頻繁的黑暗的血腥年代，相當一部分士人朝不慮夕，不願在禮法的約束下窒息，於是就拼命追逐衣食之樂，享受床笫之歡。阮籍、謝混之流「去巾幘，脫衣服，露醜惡，同禽獸」（《世說》注引王隱《晉書》），「晉惠帝元康中，貴遊子弟相與為散發倮身之飲，對弄婢妾」（《宋書・五行志》），均屬此類。他們生活的環境，是輕歌曼舞、燈紅酒綠的溫柔鄉，誠如梁楊皦《詠舞詩》所云：

折腰送餘曲，斂袖待新歌。顰容生翠羽，曼睇出橫波。

他們「肌脆骨柔」「體羸氣弱」，到了梁、陳時，有些士大夫甚至不能騎馬，有位建康令王復，見到馬嘶噴跳躍，竟然周身震慄，說了一句「千古奇談」：

正是虎，何故名為馬乎？（《世說》注引王隱《晉書》）

追逐養尊處優的歡樂、肉欲的橫流及男歡女愛，必然養成孱弱萎靡、輕佻放蕩的生活情趣。在這樣的生活土壤中，講究一種病態的女性化的儀表美，也就必然釀成世風了。

2 辯才稱病

魏晉六朝士人心目中的儀表美，儘管用珍禽佳卉、奇山麗水來比況，實質上是一種病態美。那麼他們究竟以誰為審美理想的標準呢？有沒有一個理想人物，以其內在的神品、外在的風貌吸引著、感召著他們，使他們如癡如狂地效仿呢？當然，文字證據是闕如的。但是，綜合考察這一時代的文化藝術，我以為，此人就是維摩詰。

維摩詰是梵文的音譯，簡稱維摩，意譯「淨名」或「無垢稱」。《維摩詰經》中說他是古印度毗耶離城中一位大乘居士，和釋迦牟尼同時，是佛典中一位現身說法、辯才無礙的人物。他所講的佛理，不僅壓倒二乘，也高於其他一切「出家」的大乘菩薩，甚至不亞於佛的水準。他的神通，連諸佛菩薩都要受他的三昧力的調動。於是，流傳華夏以後，他的智慧辯才就使得當時具有高度「夙慧」「捷悟」的玄學家們望塵莫及；他的放蕩穢行，也使自命清高、蔑視禮法之士豔羨不已，自感弗如。

《維摩詰經》又名《不可思議解脫經》，漢獻帝末年由支謙翻譯而流行中國，六朝時共有六個譯本，是大乘佛教的重要經典。該經是一部「彈偏斥小」「歎大褒圓」「恥小慕大」「回小向大」的佛典，共有十四品，每一品皆詳述菩薩和羅漢的優美趣事：

維摩以生病為緣，廣為大眾說法，釋迦牟尼想差遣舍利弗等諸羅漢、菩薩前去探病，而他們自覺對佛法體徵不夠，怯於維摩的智慧和機鋒，拒往探病，「是以五百聲聞，咸辭問疾；八千菩薩，莫能造命。彌勒居一生之地，服其懸解；文殊是眾佛之師，謝其真入」，紛紛以令人捧腹的理由推脫。

天女散花，借天花亂墜、花瓣沾衣的優雅故事，揭示男女無定相，可以相互轉換，破除二乘人對法的執著。

在維摩丈室中，諸羅漢、菩薩們無有坐處，維摩談笑風生，大顯神通，向燈王佛遙借寶座，宣揚大乘佛教廣狹相容、芥子納須彌的解說法門，精妙絕倫的比喻、玲瓏纖透的智慧令人拍案叫絕。

維摩與智慧第一的文殊菩薩暢論不二法門，文殊妙語連珠，維摩以默然回應，令文殊不禁歎道：「善哉！善哉！乃至無有文字語言，是真入不二法門。」

……

全經情節豐富，充滿戲劇色彩。

指維摩詰為六朝士人心目中的儀表美的標準是筆者的首倡。個人憂端日久，認為此說內、外證據均不缺乏。

首先，從繪畫作品看，當時的清談名士與維摩詰的形象是非常相似的。維摩詰走進中國的時候正當魏晉，假若他有感覺的話，一定會覺得如魚得水，周圍的環境竟然表現出高度的相容。最直觀的是在儀表方面。維摩詰的尊容如何？其最早最權威的畫像是東晉大畫家顧愷之在建康瓦宮寺所作維摩詰居士圖。唐代大詩人杜甫二十歲時遊江寧，瞻仰了這幅傑作，歎為「虎頭金粟影，神妙獨難忘」。虎頭，是顧愷之的小名。金粟，指號稱「金粟如來」的維摩詰。可惜杜甫只是讚賞畫藝神妙，沒有具體描述維摩的容貌。但是當時的人物畫風尚清羸。被謝赫《古畫品錄》列為第一的陸探微的人物畫風格是「秀骨清相，似覺生動，令人懍懍若對神明」。大畫家顧愷之更是「刻削為容儀」。這些，都符合佛經上維摩詰「清羸」的特徵。現存除敦煌唐人畫本和雲岡北魏石刻外，晉畫維摩詰已不可得見。蘇軾《鳳翔八觀》之五是詠天柱寺之維摩像，是像為唐楊惠之塑，現已無存。蘇詩云：「今觀古塑維摩像，病骨磊嵬如枯龜。」可知維摩的形象是瘦骨嶙峋，形容枯槁。從傳世唐代孫位《竹林七賢圖》殘卷看，其中阮籍的神情舉止就與蘇軾詩所述維摩像及敦煌莫高窟一〇三窟東壁盛唐維摩像很相似。他們都手執麈尾，席地而坐，披衣緩帶，那病態的身軀，那擺脫世俗的瀟灑風度，那辯才無礙的智慧神情，完全體現了門閥士族的審美理想。

其次，當時確實捲起過一陣「維摩詰熱」。僧肇大師因閱讀本經而發心出家，東晉殷浩則以本經為日課。史載梁武帝時有雲光法師於雨花臺講經，感得天雨賜花，天廚獻食。這顯然是維摩故事的翻版。王國維先生指出：「佛教之東，適值吾國思想凋敝之後。當此之時，學者見之，如飢者之得食，渴者之得飲。擔簦訪道者，接武於蔥嶺之道；翻經譯論者，雲集於南北之都。」（王國維《論近代之學術界》）從吳支謙到東晉鳩摩羅什，約一百五十年間至少出現了五個譯本和一個合本，出版的熱度當然反映了社會的需要。時論以為此經是「先哲之格言，弘道之宏標」，有人將其同《楞伽》《圓覺》並稱為「禪門三經」，可見《維摩詰經》確是一部很受社會重視和歡迎的佛經。此經文筆之空靈，文辭之精美，在內典中是罕與其匹的。它不但為高僧大德、帝王貴族所尊崇，尤其對士大夫階層影響巨大，「淨名」「無垢」「天女散花」是詩賦中最愛用的典故，謝靈運還寫過《維摩詰經中十譬讚》八首，對《維摩詰經》中用過的聚沫泡合、焰、芭蕉、聚幻、夢、影響合、浮雲、電等八個譬喻加以禮讚，表現了這位天才詩人研習此經的心得。至於《維摩詰所說經》所云「乃至無有文字語言，是真入不二法門」，說出了作家在創作中深切體驗過的一種苦惱，更啟迪了中國詩論的頓悟之說。魯迅先生指出，南北朝時期，士人都有三種小玩意兒，其中之一就是《維摩詰經》。關於「維摩詰熱」的溫度之高，擇二例可說明。其一是東晉大詩人謝靈運的髭鬚長得很秀美，謝臨刑問斬時，甚至提出將自己的髭鬚施捨給南海祇洹寺作維摩詰像軀之髭，這真是虔誠的貢獻！其二是唐張彥遠《歷代名畫記》記述，相傳東晉興寧中瓦官寺重修就緒，僧眾設會，請朝賢「鳴刹注錢」（即捐錢為古剎重振名聲）。諸人所捐沒有超過十萬的。輪到年僅二十的顧愷之，他就在本子上註明捐錢百萬。後來寺眾請他兌現了帳，他叫他們準備一面粉壁，於是閉戶絕往來一月餘，作壁畫《維摩詰居士像》一幅，「工畢，將欲點眸子，乃謂寺僧曰：『第一日觀者請施十萬，第二日觀者可五萬，第三日可任例責施。』及開戶，光照一寺，施者填咽，俄而得百萬錢。」當然，這說明了顧愷之的畫藝之精，但也從側面反映了群眾對維摩詰狂熱的崇拜和歡迎。前一例謝靈運是名人，大知識分子，後一例是普通民眾，上下同是五體投地，則維摩威望可想而知。

最後，也是最本質的一點，即所謂「魏晉風度」完全效仿維摩詰居士其人其事。應該說依照佛理傳統的觀點，同是修行，出家與在家是有高下之分的。北魏吉迦夜、曇曜共譯之《雜寶藏經》就載有難陀王與那迦斯那共論緣：

王復問言：出家在家，何者得道？斯那答言：二俱得道。王復問言：若俱得道，何必出家？斯那答言：譬如此去三千餘里，若遣少健，乘馬齎糧，捉於器仗，得速達不？王答言：得。斯那復言：若遣老人，乘於疲馬，復無糧食，為可達不？王言：縱令齎糧，猶恐不達，況無糧也。斯那言：出家得道，喻如少壯；在家得道，如彼老人。

在他們看來，在家修道，事倍功半，遠不及出家。然而奇怪的是，在家居士維摩詰卻全然不顧此一規律而大放異彩。《維摩詰經・弟子品》中公然聲稱「汝等便發阿耨多羅三藐三菩提心是即出家」，換句話說，只要保持一顆學佛之心就是出家，不必拘泥於古佛青燈的形式，根本上抹殺了「在家」與「出家」的界限。就這方面，維摩詰本人就率先垂範。在生活行為上，他有妻名無垢，子名善思，女名月上。他居住大城鬧市，而不是僻野荒寺；他「雖為白衣，奉持沙門」；「雖獲俗利，不以喜悅」；「雖有妻子婦」，「常修梵行」；雖「現示嚴身被服飲食，內常如禪」；「若在博弈戲樂，輒以度人」；「入諸淫種，除其欲怒；入諸酒會，能立其志」。他結交權臣后妃，參與宮廷政治；在生活上積累無數的財富，鮮衣美食，淫欲遊戲，無所不為。也就是說，維摩詰的實際活動和全部表現，是十足的世俗貴族式的生活，然而他的動機、他的目的、他的精神境界卻比出家的菩薩們更高超。用我們的眼光看，他能夠為自己的任何卑鄙無恥的世俗行徑找到神聖不可褻瀆的理論藉口，也可以在神聖不可褻瀆的理論指導下幹出最卑鄙無恥的世俗行徑。這種種放蕩的穢行，當然會使當時以疏狂自許，蔑視禮法之士豔羨之，竊喜之，心馳神往。於是維摩詰的「隱幾忘言之狀，清羸示病之容」就征服了魏晉六朝士人的心靈。他們奉維摩詰為楷模，甚至認為「高士必在於縱心調暢。沙門雖云俗外，反更束於教，非情性自得之謂也」（《世說新語・輕詆》），擁護這位「富貴菩薩」遠遠勝過擁護「出家」菩薩了。

印度佛教把逃避現實世界的希望寄之於彼岸來生，主張禁欲苦行。《雜阿含經》載佛祖告訴比丘說，河邊有一隻烏龜，有野狗想吃它，它將頭尾四肢縮藏於殼內，野狗無奈，只好又餓又乏地嗔恚而去。而魔王波旬也像野狗一樣窺伺著人們，等待人們「眼著於色，耳聞聲，鼻嗅香，舌嘗味，身著觸，意念法」，便好乘虛而入。所以，人們要像烏龜一樣地藏起欲念。（《法苑珠林》卷三十四《攝念篇》二十八引）在這種痛苦、消極的禁欲主義人生哲學的支配下，佛教標榜「四諦」，講究靜坐苦修。這對於受苦受難的下層人民來說，是一劑麻痺精神的鴉片。但是，錦衣玉食的六朝士大夫對此卻難以接受：彼岸天國雖具誘惑力，而禪修之道又視為畏途。他們沉浸於「豔舞時移節，新歌屢上弦」（庾肩吾《侍宴宣猷堂應令》），迷戀於「歡樂夜方靜，翠帳垂沉沉」（謝朓《聽妓》），是不甘於古佛青燈、布衣蔬食、禪坐誦經的。而《維摩詰經・弟子品》借舍利弗的口說：往昔時候，我曾在林中清靜處靜坐，修習在一棵樹下。這時，維摩詰走來對我說：「嗨，舍利弗，不要認定你這樣才是靜坐。所謂靜坐，不就是不在三界之中表現打坐的姿勢，也不在心中生出打坐的意念嗎？只要不捨棄佛道的精神，能夠道俗一觀，立身處事表現得與凡夫無異，也就是靜坐了。」《維摩詰經》委婉地否定了在森林幽谷中禪坐苦修的方式，提出了「宴坐」，即無論在任何環境下靜坐，只要不顯露自己的身與心就行的新方式，從而改變了過去印度瑜伽與禪一定要把身心繫在某一固定堅實物件上的機械方式，使禪定行臥自由，變得舒適多了。維摩居士更一改早期佛教經院學究式刻板枯燥、令人昏昏欲睡的談經演法，代之以隨機應變、妙語連珠的應答藝術。這種表現悟性的對話藝術與清談融合，對士大夫尤其是富有藝術修養的文人很有誘惑力。於是，他們東施效顰，學著維摩詰那「清羸示病」的模樣和那侃侃議論的風度，一擁而上，走維摩居士的道路，企圖花天酒地地走到西方樂土。

有些學者認為魏晉南北朝的佛像雕塑是魏晉風度的體現，認為雲岡佛像的面貌恰好是地上君主的忠實寫照，連臉上腳上的痣也相吻合。《魏書・釋老志》記載了一樁奇聞：「是年詔有司為石像，令如帝身。既成，顏上足下各有黑石，冥同帝體上下黑子。」我以為，佛畫佛雕自然是人間形體、面相、神情的寫照，也自然體現了時代的風貌，這當然是「君權神授」的最好證明。依他們看來，魏晉風度是因，佛像形貌是果。但是，維摩詰與魏晉風度，特別是與魏晉六朝病態的儀表美之間的因果關係卻恰恰相反：維摩是因，魏晉六朝士人儀表美的追求是果。《維摩詰經》在三國吳已有支謙譯本，梵本當流行更早。據玄奘《大唐西域記》七記載，在古老的印度，早就有維摩詰的遺跡和傳說。不是魏晉六朝士人賦予了維摩詰以清瘦的病軀、玄妙的辯才、鮮美的衣食、淫靡的生活，而是這位在家居士的固有的種種外在、內在的特點激起了魏晉六朝士人無限的愛慕和崇拜，激起了他們「不如飲美酒，被服紈與素」的共鳴，激起了他們「晝斷苦夜長，何不秉燭遊」的縱樂、墮落。同時，他的「稱病」引起了整整一代文士的「無病呻吟」，使得他們在儀表上效仿「清羸示病之容」，形成了一代儀表美的標準。

十年前，筆者曾西遊印度，在古樂繚繞的巍峨寺廟躑躅流連，我想找到一尊維摩的塑像，或是一點關於維摩的書籍、畫圖，乃至於關於維摩的流傳口耳的隻言片語，結果是大失所望。看來他的家鄉已經徹底忘記了他。而他在魏晉六朝的華夏大地，卻曾是何等瘋魔啊！

3 漢化的洋菩薩

魏晉六朝士人關於儀表美標準的選擇是獨具隻眼的，病態是其形式，維摩詰才是其靈魂。那麼，這種儀表美具有什麼思想意義？或者說，具有怎樣的美學深度呢？

我以為，首先，它反映了在人的覺醒的思潮衝擊下，特定時代、環境裡產生的處世（注意！不是出世，也不是入世）哲學。魏晉六朝關於儀表美的品目表面看來似乎非常頹唐、消極、荒誕，深藏著的恰恰是它的反面，是對人生價值的珍視，對短暫生命的留戀。魏晉六朝是一個黑暗的時代，王朝不斷更迭，政治鬥爭尖銳，整個社會長期處於無休止的戰禍、饑荒、疾疫、動亂之中，經常是「白骨蔽野，百無一存」，「道路斷絕，千里無煙」。同時，這也是一個人才大量夭折的時代。門閥士族的名士們一批又一批被殺戮，其中就有嵇康、何晏、郭象、潘岳、謝靈運、鮑照、傅亮等等第一流的思想家、學問家和文學家。尤其是梁代的「侯景之亂」，雖僅僅四年，但江南繁華都城一片廢墟，錦衣玉食慣了的文人因屠殺和饑餓而死者達十之八九，「中原冠帶隨晉渡江者百家……至是，在都者覆滅略盡」（顏之推《觀我生賦》自注）。士大夫生活在這種既富貴淫靡而又殺機四伏的境地中，「但恐須臾間，魂氣隨風飄」（阮籍《詠懷》），當然更加珍視自己的血肉之軀，在塗脂抹粉中揉摻著對飽受殘酷政治迫害的痛楚的撫愛。

然而這種思潮在儀表美上面的表現，卻採取了一種前所未有的、獨特的方式，這就是維摩詰式。簡而言之，就是以「清羸示病之容」面對齷齪凶險之世。《維摩詰經》之所以受到朝野僧俗的普遍歡迎，與本經的內容有密切關係。它告訴佛徒應該如何把處世間當作出世間，因而創造了維摩詰式的在家菩薩。例如，「佛國」「淨土」是大乘佛教設計的一個精神王國，信仰和修習佛教的最後目的就是為了進入這樣一個王國。但「佛國」「淨土」究竟在哪裡呢？《維摩詰經》的開篇第一章《佛國品》云：「蚑行喘息人物之土，則是菩薩佛國。」本經的重點，不在於如何到達彼岸淨土，而著重於如何把穢惡之土視為佛國樂園。這樣的理論，極大地安慰了受難的魏晉六朝士人，他們當然引以為同調。魏晉六朝士人不習慣於考慮恢宏的國事，卻常常在內心調節感情的平衡，過多地琢磨遠禍全身之道；他們醉心於佛學的玄旨奧理，卻討厭苦行的清規戒律。《維摩詰經》的理論正迎合了他們這種複雜、矛盾的心理，於是，他們從維摩詰的形象中尋找美的享受和悲哀的解脫，於是，維摩詰居士那鮮美飄動的衣飾，那飄逸自得的神情，那秀骨清相的病軀，都成了應付四周驚恐、陰冷、血肉淋漓的現實的干城之具。這種曲折而強烈的感情就是魏晉六朝儀表病態美的內在的深刻的一面。

維摩詰不僅影響了一代士人，而且影響了佛教高僧。姚秦高僧僧肇曾為此經而削髮出家，另一位高僧僧叡自敘「予始發心，啟蒙於此，諷詠研求，以為喉衿」（《毗摩羅詰提經義疏序》）。把它當作佛教理論的啟蒙讀物。據說後秦時的高僧鳩摩羅什在草堂寺講經，正當後秦王姚興和大臣們肅靜地聽講時，羅什突然塵心大動，跳下講臺，向姚興說，我看見兩個小孩子爬上我的肩膀，我需要女人。於是姚興賜給了他一個宮女，不久果然生下了一對胖小子。羅什曾為《維摩詰經》譯文作注，於此經用力最勤。他的舉動無疑也是受了這位風流菩薩的影響。應該說，唐以後「頓悟」派禪宗（亦即南禪宗）的肇源者是維摩詰。關於這種文化對時代心理狀態的「遺傳」作用，顯然還有待進行深入研究。

至於維摩在文學史上的影響，則更發人深省。在人的覺醒的思潮衝擊之下，兩漢神學目的論和讖緯宿命論的神秘迷霧被驅散了。為什麼不能產生一種健康的審美情趣呢？為什麼剛健悲壯的建安風骨不能貫徹始終呢？我以為，就是維摩詰這位「富貴菩薩」的介入。正是這個原因，在新思潮的衝擊、神學迷霧解散的「大好形勢」下，在六朝中國這塊土地上，產生了病態的審美情趣，進而唯美文學、宮體文學、山水文學空前熾盛，其間脈絡，是皎然可睹的。

其次，則是表現了華夏文化積澱深沉的「定力」。考察《世說新語》和《晉書》等典籍中關於儀表美的品目，考察魏晉六朝的壁畫石雕，我以為當時的儀表美是有自己的民族特色的。《世說新語・排調》云：

康僧淵目深而鼻高，王丞相每調之。僧淵曰：「鼻者，面之山；目者，面之淵。山不高則不靈，淵不深則不清。」

李祥曰：「梁簡文《謝安吉公主餉髯子一頭啟》『山高水深，宛在其貌』。即用僧淵此事。髯子者，胡奴也，僧淵本胡人。」僧淵是外國人，從王丞相「每調之」來看，晉人對於人物之相貌，並不欣賞外國人高鼻深目。維摩詰本是印度菩薩，見於畫面的，如南北朝的雲岡第一、二、七洞的維摩，龍門賓陽洞中洞正面上部右面的維摩，天龍山第三洞東壁南端的維摩，從南北朝到隋唐則有莫高窟畫維摩六十多幅。這些維摩詰都漢服衣冠，強支病體，作答文殊問難論辯姿勢。特別的是這些畫中的維摩都手持麈尾。麈尾則絕對不是天竺故物，它是魏晉清談家手執的一種道具，宋代以後逐漸失傳。據說麈是一種大鹿，麈尾搖動，可以指揮鹿群行向。麈尾取義於此，蓋有領袖群倫之義。魏晉時必須是清談名士才有執麈尾的資格，所謂「毫際起風流」。給維摩詰以麈尾，一方面說明清談家承認其領袖權，另一方面也說明這位居士已完全中國化了。

事實的確如此。我們考察莫高窟中的維摩詰四周的其他菩薩，都充斥著印度佛教藝術那種種接吻、扭腰、乳部突出、性的刺激、過大的動作姿態，等等。唯獨維摩詰例外。這正是由於維摩詰其人其事征服了魏晉士人的心，而魏晉士人在膜拜、讚頌的過程中，歷史主義的華夏傳統又戰勝了反理性和神秘迷狂。不僅如此，具有較高思辨能力和文化修養的魏晉六朝士大夫文人，還從維摩詰身上選擇了那些與傳統文化（如玄學）較契合，較適宜於中國文人士大夫心理結構與人生觀的文化因素，塑造了一個新的、中國式的佛教——禪宗。洋菩薩維摩詰走進中國，形象卻完全漢化了！

4 一個洋菩薩

在現實社會中，西晉高僧竺佛圖澄可以說是維摩詰的翻版。

西域竺佛圖澄，本姓帛氏，以姓氏論，極有可能是龜茲人。九歲在烏萇國出家，清真務學，兩度到罽賓學法，西域人都稱他已經得道。晉懷帝永嘉四年（三一〇年）來到洛陽，時年已七十九歲。他能誦經數百萬言，善解文義，雖未讀中原儒史，而諸學士與他論辯疑滯，都不能難住他。他知見超群、學識淵博並熱忱講導，有天竺、康居名僧佛調、須菩提等不遠數萬里足涉流沙來從他受學。中國名德如釋道安、竺法雅等，也跋涉山川來聽他講說。《高僧傳》說佛圖澄門下受業追隨的常有數百，前後門徒幾及一萬，堪稱盛況空前，庶幾可以類比維摩。

佛圖澄的學說雖闕諸典籍，但從他的弟子如釋道安、竺法汰等的理論造詣來推測佛圖澄的學問，一定是很高超的。尤其是釋道安，博學多才，通經明理。其所注佛經典雅淵富，妙盡深旨。其撰《綜理眾經目錄》一卷，後人稱為《道安錄》或《安錄》，這是中國第一部佛經目錄學的著作。《高僧傳》說，道安初到洛陽，入中寺遇佛圖澄，澄一見大加賞識，相語終日。僧眾見道安其貌不揚，疑惑不解。佛圖澄將道安收為學生，說：「此人遠識，非爾等可比。」後來，每當佛圖澄講經後，就安排道安複講。眾人紛紛提出責難，道安挫銳解紛，行有餘力，四座震驚，可見佛圖澄對道安慧眼相識，授以心傳。《魏書・釋老志》說，道安所證的經義和後來羅什譯出的經旨符合，因而使佛法大顯於中土。這也足以證明，佛圖澄是佛學的一代宗師。

《維摩詰經》中說維摩神通廣大，能憑空向燈王佛遙借寶座，連諸佛菩薩都要受他的三昧力的調動。而《高僧傳》中敘述佛圖澄的神通事蹟頗多，說他志弘大法，善誦神咒，能役使鬼神，徹見千里外事，又能預知吉凶，兼善醫術，起死回生，為人所崇拜。簡直是維摩轉世！

維摩詰結交權臣后妃，參與宮廷政治，以處世間為出世間，「跂行喘息人物之土，則是菩薩佛國」。佛圖澄在這一方面更是出奇的相似。

佛圖澄到了洛陽之後，本想在洛陽建立寺院，適值劉曜攻陷洛陽，地方擾亂，因而潛居草野。永嘉六年（三一二年）二月石勒屯兵葛陂，準備南攻建業。這時佛圖澄因石勒大將郭黑略的關係，會見了一代梟雄石勒。

石勒，字世龍，上黨武鄉（今屬山西）羯族人。石勒出身奴隸，深目高鼻，強悍健碩，視貴族如仇讎，開始以「十八騎」縱橫天下，曾一舉攻下鄴城，殺死了所有逃到鄴城的世家大族，使西晉貴族聞風膽寒。後為劉淵大將，率領十萬鐵騎，打敗了東海王司馬越率領的晉軍主力二十萬，司馬越憂憤而死。西晉又以大名士王衍為統帥，又被石勒騎兵擊潰，將晉軍團團圍住後，用箭射殺，被圍者無一倖免。襄陽王司馬范、任城王司馬濟以及太尉王衍等眾多王公大臣在被俘後全部遇害。晉朝將軍何倫、李惲聽說司馬越死了，就同司馬越的妃子裴氏以及世子司馬毗撤出洛陽，石勒又將他們全部追殺。這樣，西晉的軍事力量實際上全部喪於石勒之手。太興二年（三一九年），石勒終於建立了後趙，控制了黃河流域大部分土地，基本統一了北方，咸和五年（三三〇年），石勒稱帝。因此，對於中原的士族來說，石勒是殺人不眨眼的魔王。

然而，佛圖澄以一域外老僧，竟能遊走於鋼刀斧鑊之前，竟能相機弘法行善，將處世間變為出世間！

世間凡事都有緣分，石勒雖以殺戮起家，一見佛圖澄即感覺投緣，且由投緣而禮敬之。這當然是咄咄怪事，但歷史演進並不排斥怪事。石勒稱帝後，對佛圖澄更加恭敬，有事必諮而後行。佛圖澄勸石勒少行殺戮，當時將被殺戮的人，十有八九經佛圖澄的勸解而獲免。俗語云「救人一命，勝造七級浮屠」，佛圖澄能在石勒的刀下救出許多生命，真是無量功德！

咸和八年（三三三年），石勒逝，子石弘繼位。不久，石勒從子石虎廢石弘，自稱天王，遷都於鄴。石虎生性荒淫殘忍，是一個有名的暴君。然而奇怪的是，石虎對佛圖澄卻奉若神明。石虎命令司空李農每日前往佛圖澄處問候起居，太子諸公每隔五日去拜見。佛圖澄平日穿綾錦，乘雕輦，過著富貴的生活。朝會的日子，只要佛圖澄來，太監叫一聲「大和尚到」，群臣都要起立，常侍以下幫忙抬轎，太子諸公扶著佛圖澄上殿。

石虎的尚書張離、張良家富奉佛，各自修造了巍峨的寶塔。佛圖澄指斥他們貪吝積聚，早晚將會受到現實的罪罰，還祈求什麼福報。他對石虎說：「暴虐恣意，殺害非罪，雖復傾財事法，無解殃禍。」由此可知佛圖澄注重從厲行慈濟方面感化石虎。

佛圖澄還充分利用這樣的大環境，在後趙推行佛教，所經州郡，建立佛寺計八百九十三所，較之唐代詩人杜牧慨歎的「南朝四百八十寺，多少樓臺煙雨中」要多得多！建武十四年（三四八年），佛圖澄卒於鄴宮寺，年一百一十七歲。

從另一個角度看，佛圖澄也可以說是一個「政治和尚」，而且，以後這種和尚代不乏人。如南朝梁高僧寶誌，又稱誌公，《南史》說他常常被髮徒跣，語默不倫，身披錦袍，飲食同於凡俗。每當他遊行街市時，錫杖上都懸掛剪刀一把、尺一支和麈尾扇一柄。本文前引李白《誌公畫讚》描述的就是此公。如果要溯其根源，都可以從《維摩詰經》中找到答案，「入諸淫種，除其欲怒；入諸酒會，能立其志」，佛圖澄以及誌公之流就是維摩經義活生生的體現。

維摩詰，魏晉六朝士人癡狂效仿的精神領袖。

5 一個中國菩薩——傅弘

在現實社會中，南齊平民傅弘（傅大士）可以說是維摩詰的翻版。傅雖然不是文人雅士，然而其以寺門外人修維摩行，在中國的維摩禪演繹史上卻是一個關鍵性人物。

傅弘之生平資料僅見於唐進士樓穎編錄徐陵書傅大士碑文以及唐元稹《還珠留書記》。南懷瑾先生既內外典均精，又勤於鉤沉搜佚，其《禪話》有「南朝的奇人奇事——中國維摩禪大師傅大士」一節，對傅做了最詳盡的介紹。

傅弘，浙江東陽郡義烏縣雙林鄉人，父名傅宣慈，母王氏。弘生於四九七年（齊建武四年），十六歲，娶劉妙光為妻，生二子，一名普建，一名普成。他在二十四歲時，和鄉人一起捕魚，捕到魚後，他又把魚籠沉入水中，一邊禱祝著說：「去者適，止者留。」任由魚兒「兩便」，人皆笑其愚。這時候達摩尚在印度，沒有來中國。

後來，從印度來的高僧嵩頭陀（亦叫達摩，不知是否即禪宗初祖）點化傅弘，教他臨水觀影，他看見自己的頭上有圓光寶蓋等禪瑞現象，因此而頓悟前緣。他笑著對嵩頭陀說：「爐鞴之所多鈍鐵，良醫之門多病人。度生為急，何思彼樂乎？」從此，傅弘就和妻子在松山「躬耕而居之」，白天耕作，夜裡修行佛事，這樣修煉苦行了七年。「四眾常集」，聽他講論佛法。郡守認為他有妖言惑眾的嫌疑，就將他拘囚。他在獄中幾十天，不飲不食，使人愈加欽仰，郡守只好放了他。還山以後，愈加精進，遠近的人都稱他為「傅大士」（大士，亦即俗稱菩薩），都來師事他。從此，他經常開建供養布施的法會。

為了設大法會來供養諸佛和大眾，傅大士施捨了自己的田地產業。在大荒之年，為了辦賑濟，他甚至勸導妻子，發願賣身救助會費。他作偈說：「舍抱現天心，傾資為善會。願度群生盡，俱翔三界外。歸投無上士，仰恩普令蓋。」當時，有一位出家的和尚慧集，聽了大士講解無上菩提的大道，自願列為弟子。

天嘉二年（五六一年），傅大士在定中感應到過去的七佛和他同在，釋迦在前，維摩在後。陳太建元年（五六九年）大士示疾，作《還源詩》十二章，入於寂滅，世壽七十三歲。

南懷瑾先生指出：「當時江左的偏安局面，有他（傅大士）的德行，作為平民大眾安度亂離的屏障，其功實有多者。」「如傅大士者，實亦曠代一人。齊、梁之間禪宗的興起，受其影響最大，而形成唐、宋禪宗的作略，除了以達摩禪為主體之外，便是誌公的大乘禪、傅大士的維摩禪。」

我揣摩南先生的精義妙語，傅大士作為維摩禪的初期代表，而對後世施以大影響，其犖犖大者有二。

一是他始終以居士身而作世出世間的千秋事業。有一日，大士朝見梁武帝，披衲衣（僧衣）、頂冠（道冠）、靸屨（儒屨）。帝問：「是僧耶？」大士以手指冠。帝曰：「是道耶？」大士以手指靸屨。帝曰：「是俗耶？」大士以手指衲衣。傅大士的「現身說法」，以道冠、僧服、儒屨的表象，表示中國禪的法相，是以「儒行為基，道學為首，佛法為中心」的真正精神。以後唐、宋中國禪的禪趣，實際上都是維摩這種以居士身修禪行的大智慧。

其二，充分吸取了魏晉以來清談辯論的營養。維摩詰當然既可以談笑風生、天花亂墜，也可以以默然應對文殊的妙語，「乃至無有文字語言，是真入不二法門」。傅大士深得維摩教旨。有一次梁武帝自講《般若經》，「公卿連席，貂紱滿座。特為大士別設一榻，四人侍接」。劉中丞問大士：「何以不臣天子，不友諸侯？」大士答：「敬中無敬性，不敬無不敬心。」梁武帝講畢，所有王公都請大眾誦經，唯有大士默然不語。人問其故，大士便說：「語默皆佛事。」昭明太子問：「何不議論？」大士答：「當知所說非長、非短、非廣、非狹、非有邊、非無邊，如如正理，夫復何言。」更妙的是，有一次梁武帝請大士講《金剛經》，才升座，以尺揮案一下，便下座。武帝愕然。誌公說：「陛下會麼？」帝曰：「不會。」誌公曰：「大士講經竟。」真是不著一字盡得風流。像這樣「直指人心，見性成佛」的語錄，瀟灑詼諧，信手拈來，深得魏晉清談之妙諦，又開啟了唐、宋以後中國禪的「機鋒」「轉語」。

總之，傅大士不現出家相，特立獨行維摩大士的路線，在中國禪的演繹史上貢獻甚巨，是一位關鍵性的人物。

【第四章】

左思與左棻

天無涯兮地無邊，我心愁兮亦復然。人生倏忽兮如白駒之過隙，然不得歡樂兮當我之盛年。怨兮欲問天，天蒼蒼兮上無緣。舉頭仰望兮空雲煙，九拍懷情兮誰與傳？

——蔡琰《胡笳十八拍之九》

1 落魄洛陽道

中國文學史上有一位怪傑。他比起同時期的著名詩人來，流傳下來的詩篇只寥寥十四首，而正是他，登上了當時詩歌的高峰。他寫詩遠不及寫賦用盡心力，而正是詩歌，使他千古不朽。這位詩人，就是左思。

左思，字太沖。根據一九三〇年在河南偃師城西出土的左棻（左思的妹妹）墓誌（見《漢魏南北朝墓誌集解》），我們知道，他父親名熹，字彥雍，做過中下級的地方官吏——太原相、弋陽太守。按《晉書》卷九十二本傳：「父雍，起小吏，以能擢授殿中侍御史。」晉制殿中侍御史職掌全國監察，屬高級京官，這就與左棻墓誌不合。又查《世說新語・文學》注引《左思別傳》亦稱「父雍為殿中御史」。這就清楚地表明了《晉書》是沿《別傳》而誤傳的。而且《晉書》將左棻誤作「左芬」，這也是需要據墓誌而改正的。關於《別傳》的不可靠，前人早已指出過。如嚴可均《全晉文》左思條下附考云：「《別傳》失實，《晉書》所棄，其可節取者僅耳。」遺憾的是，關於左思父親的「節取」情況也是錯誤的。除此以外，《晉書・左思傳》還有些地方靠不住。如云，賈謐伏誅後，「齊王冏命為記室督，辭疾不就」；而《晉書・曹攄傳》載「及齊王冏輔政，攄與左思俱為記室督」，二者互相矛盾。

通過以上重新考察，我們弄清了左思的父親並沒有當過高級京官——殿中侍御史，而只當過弋陽太守這樣的中下級地方官吏，而且其父親左熹以上不可查考，在當時的門閥制度下，和高門大族相比可以稱為「寒素」。

而自魏晉縱貫梁陳，家世高下決定一個人起點的位置。晉朝的「公務員」制度叫作九品中正制，主持人才考核的官員叫「中正」，由二品以上的京官擔任，下面的屬員叫「訪問」。中正把人才分為九品，一品人才是英名蓋世的聖人之品，從古至今天下只有一個孔聖人，因此這個品位是虛名，二品實際上就是極品了，本來中正給人才定品級的標準有三個：家世、道德、才能，但是因為貴族子弟大多能通過各種關係獲得「德才兼備」的考評，所以家世成了選拔人才的唯一依據，所謂「上品無寒素，下品無豪門」，九品中正制也就簡化成了「搜尋引擎」，唯一的功能就是查找族譜。於是，夢想建功立業而現實中卻遭受門閥制度壓抑，構成了左思的終生的思想矛盾。

如果說，生來門第不由己，那麼生就相貌就只靠天了。

愛美是人類的天性，南北朝時期就是婦女也敢於主動欣賞異性之美。《晉書・王濛傳》就記載，王濛曾經憑自己的「姿容」之美，贏得了帽店女主人的青睞，獲得了免費贈送的一頂新帽。與左思同時、也是左思好友的潘岳是一個幸運兒。潘岳少年貌美，風流倜儻，才貌俱佳。當然，依照當時的美學時尚來說，他大概帶有女性的柔美。但以後潘岳就成了美男子的代稱，《金瓶梅》中標舉的男人征服女性的五大條件「潘驢鄧小閒」，第一就是如同潘岳一樣的美貌。少年潘岳常常一個人挾著彈弓乘車出洛陽道遊玩，洛陽道當時是士女競遊的繁華通衢，衣香鬢影，車水馬龍。路上的婦女愛潘岳的容貌舉止，如同現在的追星族一樣，都手挽手圍著他，往他車子上扔果子，使他滿載而歸，一時傳為美談。

左思當然豔羨潘岳的際遇，於是他也打扮一番，乘車出洛陽道，道路上當然也遇到了冶遊的婦女，但是婦女們看見這個醜陋的男子在車子上左右顧盼，神氣得很，紛紛擲以石塊，吐以唾沫，左思大為掃興，只好趕緊抱頭竄歸。

《晉書》本傳說左思「貌寢」，參以《晉書・左貴嬪傳》說其妹左棻「資陋無寵」，出於家族遺傳，左思相貌醜陋應該是確然無疑的。不僅相貌醜陋，左思小時候似乎很遲鈍，曾經學習過鐘、琴演奏，一無所成。他的父親對朋友歎息說：「這個孩子不如我小時候聰明！」《晉書》本傳還說他「口訥」，亦即拙於言辭。總之，由於出身寒素，貌寢口訥，左思「不好交遊，惟以閒居為事」，性格比較內向。

2 京師歲月

晉武帝泰始八年，左棻以才名被選到皇宮裡做嬪妃，始拜修儀，後拜貴嬪，左思全家遷居京師。皇恩所及，左思也當上了秘書郎。

秘書郎雖然官卑職小，但能夠充分閱讀國家藏書。在漢代，辭賦蔚為大觀，士人都窮力為之，於壯麗閎偉的章句中展露自己豐贍的學識、多學科的學養與文學的才華。左思生當晉初，當然亦承漢之餘緒。於是他決定撰寫《三都賦》。「三都」者，魏、蜀、吳的都城。消息傳開後，大家都以為左思寫不出這樣的鴻篇巨製。文豪陸機給弟弟陸雲寫信尖刻地說：「聞此間傖父欲作三都賦，及其成，當覆酒甕耳。」傖父，就是鄉巴佬。陸機預料，左思即使寫出來所謂《三都賦》，也只是廢紙一疊，只可用來蓋蓋酒罈子而已。

面對譏諷和打擊，左思卻不為所動。他構思這篇大文章，下的功夫很大。如他對蜀中情況不太了解，就特地找到著作郎張載去請教。他在家中到處放上紙筆，連廁所也不例外，只要想到好句子，便馬上寫出來。他窮十年心血，才把《三都賦》寫出來。這是由《蜀都賦》《魏都賦》《吳都賦》三篇獨立而又相聯結的賦組成的，賦中有三個假設人物：東吳王孫、西蜀公子、魏國先生，通過他們相互之間的傾訴，寫出三個名都的概況、歷史、物產、風土人物，也敘述了當時三都的政治、軍事、文化面貌，抒發了「三國歸晉」後的歷史沉思。初稿殺青後，左思懷揣著文卷，請當時的文壇領袖司空張華看，張華看後，讚歎道：「班張之流也！使讀之者盡而有餘，久而更新。」並且說：「此二京可三。」意思是說，這篇《三都賦》可以與班固兩都、張衡二京鼎足而三。左思聽了，大受鼓舞，於是他又請名士皇甫謐作序，當時名士張載、劉逵、衛瓘等紛紛作注，對外傳揚開去。

當時書籍和文章，主要靠書坊雇人抄賣。往往前店後坊，前面店堂做生意，後面擺幾張書案，坐著雇員抄寫。《三都賦》面世後，「都邑豪貴，競相傳寫」，人們紛紛傳抄，引起了紙張奇缺，紙價飛漲，「洛陽紙貴」一語便由此而來。陸機讀後，也「絕嘆服，以為不能加也」，低下了驕傲的頭。其實今天看來，這種大賦一味堆砌，並沒有多少藝術價值。不過，相比其文，左思的詩歌卻寫得極好，其《詠史詩》就堪稱西晉一朝的冠冕之作。《文心雕龍》說左思「盡銳於《三都》，拔萃於《詠史》」，是說得很到位的，有的時候，作家耗盡心血之作並不是他的主要成就。《詠史詩》八首主要表現了寒門出身的知識分子和士族門閥之間的矛盾，控訴了門閥制度的不合理，同時抒發了詩人建功立業的願望以及對豪右的蔑視。他在《詠史詩》中表現的遒勁文風，文學史家稱之為「左思風力」。其實，這正是「建安風骨」的繼續。

「鬱鬱澗底松，離離山上苗。以彼徑寸莖，蔭此百尺條。」（《詠史》）由於左思太想改變「寒素」的狀況了，所以有時表現為趨向勢利。在晉惠帝時，他與石崇、潘岳等拼命巴結侍中賈謐，是「二十四友」之一，他們成天圍著賈謐轉，以至於看見賈謐出行的車輛，便遠遠跪下，望塵而拜。

賈謐是個什麼人呢？這是一個極不光彩的奸臣。論其身世，來路就不正。當年，晉武帝的司空賈充是一個勢傾朝野的奸臣。他經常在家中宴請賓客同僚，以籠絡人心。他的小女兒賈午經常暗中窺探客人。客人中有司徒韓暨的曾孫韓壽，長得儀表堂堂，風流倜儻。日子一久，賈午就和韓壽勾搭成姦，而且常常對韓壽厚相饋贈。

西域有個小國進貢了一種奇香，只要人身一沾，那香味一個月也去不掉。朝廷大員中，只有賈充和大司馬陳騫得到了一些。賈午偷出奇香送給韓壽，因而姦情敗露。「韓壽偷香」也就成了中國詩文中常常運用的風流典故、香豔故事。

賈充沒有張揚這件事，為了遮醜，他就把賈午嫁給韓壽。兩個人婚後生了個兒子叫韓謐。因為賈充沒有兒子，就把韓謐立為繼嗣，讓他改姓賈，叫賈謐。

後來，賈充用盡心機，將自己又黑又醜又凶悍的大女兒賈南風安排為太子妃，若干年後，也就成了白癡皇帝晉惠帝的皇后賈后，外甥賈謐當然也跟著飛黃騰達了。

賈謐繼承了賈充的奸惡卑劣、奢侈豪華，但是他附庸風雅，愛好學問，喜歡結交士大夫，其中才學優長的有陸機、陸雲、潘岳、左思等二十四人，稱為「二十四友」。後來惠帝永康二年（三〇一年）到光熙元年（三〇六年），發生了皇族大混戰，趙王倫、孫秀矯詔殺死了賈謐，「二十四友」當然也就樹倒猢猻散了。

賈謐被誅殺後，左思也清醒過來，於是他退居宜春里，專心著述。他在《詠史》中反躬自省：「自非攀龍客，何為欻來遊？」也對自己從前的趨炎附勢做了懺悔：「俯仰生榮華，咄嗟復凋枯。飲河期滿腹，貴足不願餘。」在諸王爭權的初期，他因謝絕齊王司馬冏任之為記室（秘書）的成命，從而沒有被捲入政爭的漩渦。建武元年（三〇四年）八月，張方引兵大掠洛陽，左思為逃難「舉家適冀」。幾年後，他在驚悸和疾病中辭世」。

3 紅浥鮫綃

左思生長在一個儒宦的家庭，母親很早就死了，同胞有一個妹妹叫左棻。左思作為封建地主階級有才華的知識分子，「弱冠弄柔翰，卓犖觀群書。著論准過秦，作賦擬子虛」（《詠史》），當時懷有建功立業的抱負，所謂「鉛刀貴一割，夢想騁良圖」（《詠史》）。但是，西晉封建王朝政治上極其黑暗、腐朽，較之以前的其他封建王朝，它更附生著種種毒瘤，尊世胄、卑寒士的士族門閥制度就是其中之一。正是它，扼殺了左思的理想。

左思的妹妹左棻是一位傑出的女性，丁福保《先秦漢魏晉南北朝詩》說：「（左棻）咸寧中尚有撰作，有集四卷。」可惜已佚。《太平御覽》卷一百四十五舉左貴嬪集的目錄有《離思賦》《桐鳳賦》《孔雀賦》《松柏賦》《涪漚賦》《納皇后頌》《楊皇后登祚贊》《芍藥花頌》《鬱金頌》《菊花頌》《神武頌》《武元皇后誄》《萬年公主誄》，四言詩四首，現在只有《離思賦》《武元皇后誄》《納皇后頌》還幸留在《晉書》本傳中。若論左棻的才情，前不讓蔡文姬，後可比李清照。如果不發生泰始八年的選妃事件，那麼這位才華滿腹的小家碧玉就不會留下摧肝泣血之作，也許會悄無聲息地消失在歷史的塵積之中。

晉武帝治國無方，但好色卻很出名。關於泰始八年的選妃記載，此前一年也就是泰始七年（二七一年），他選公卿之家以下的女兒進宮，在採選結束前，還禁止天下人的婚嫁，以供他一人之淫樂。泰始九年（二七三年），他又取良家百姓和眾多將吏的女兒三千人進宮供其挑選，當時母女號啕，哭聲一直傳到了宮外。據此，泰始八年選妃的情況可想而知，對於老百姓當然是一場災難。至太康二年（二八一年），晉武帝還將原來的吳國宮女三千人也納入後宮，使後宮女子達萬人之多。在後宮，武帝常好乘羊車遊樂，羊停在哪裡，他就在哪裡過夜。宮妃們為了引來羊車，就在門口插了羊喜愛吃的竹子，又在路上灑了鹽汁，招引羊車，以圖寵幸。

左棻被選到皇宮裡做嬪妃，始拜修儀，後拜貴嬪。但左思並沒有因此而飛黃騰達。因為，第一，所謂士族門閥，都一定要有譜系根據，左棻入宮，不可能改變左家的寒門門第，左思仍受到社會的歧視。似這樣姻親尚難以改變門第的例子，魏晉六朝不勝枚舉。第二，左棻入宮，並不是由於她的美貌，而是由於她「少好學，善綴文，名亞於思。武帝聞而納之」。入宮後「資陋無寵，以才德見禮。體羸多患，常居薄室，帝每遊華林，輒回輦過之。言及文義，辭對清華，左右侍聽，莫不稱美」。「帝重棻辭藻，每有方物異寶，必詔為賦頌，以是屢獲恩賜焉」（《晉書．左貴嬪傳》）。武帝只是和她討論詩文，「見禮」而「無寵」，所以棻身為貴嬪，出土的墓誌石高八寸三分，廣四寸五分，厚一寸二分。現出土的晉墓誌石除晉故虎牙將軍王君表外，未有如此小者。（見

《六朝墓誌檢要》，上海書店出版社一九八二年版）這都說明她在宮中的實際地位並不隆顯，因而也就顧不上羽翼外戚。

左棻入宮，實際上給左氏兄妹帶來了極大的痛苦，他們都為此寫了詩，對造成這種生離死別的殘酷的宮廷制度表達了深刻的悲憤。這些詩歌悱惻動人、迴腸盪氣，堪稱「雙璧」。

左思在《悼離贈妹二首》中，讚美了左棻「默識若記」的「多才多巧」。他回憶別時「將離將別，置酒中堂，銜杯中飲，涕洟縱橫」。送別時則是「燕燕之詩，停立以泣。送爾涉塗，涕泗交集。雲往雨絕，瞻望弗及，延停中衢，愊憶嗚邑」。最後，他動人地抒寫了自己的想念之情：

> 既乖既離，馳情彷彿，何寢不夢，何行不想。靜言永念，形留神往。憂思成疢，結在精爽。其思伊何，發言流淚，其疢伊何，寐寤驚悸。詠爾文辭，玩爾手筆，執書當面，聊以永日。

寫對胞妹的思念，如層層剝筍，刻骨銘心，最後無法排遣，只好睹物思人，成天與妹妹的書信相對了。全詩真摯自然，真是血與淚交融的文字！

左棻見了左思的詩，非常傷感，寫了一首《感離詩》：

> 自我去膝下，倏忽逾再期。邈邈浸彌遠，拜奉將何時？披省所賜告，尋玩悼離詞。彷彿想容儀，欷歔不自持。何時當奉面，娛目於書詩。何以訴辛苦，告情於文辭。

左棻的詩明白如話，在晉詩中是不多見的，這正是「急就章」式的以詩代簡。細玩詩意，前四句言「膝下」，言「拜奉」，當是對父母而言。後八句則是對兄長贈詩的回答了。從「娛目於書詩」可以想知，兄妹平時在家談詩論文，除骨肉親情以外，還是文學上的知己。

左棻氣質高雅，很有個性。她曾作《啄木》詩，以啄木鳥自比，形象地描述了自己「無干於人，唯志所欲」的品質。《晉書》本傳上說，有一次，武帝詔左棻作愁思之文，因作《離思賦》。像這樣冠以「離思」「離愁」「愁思」之類的賦作，兩晉南北朝其作甚夥，大多是雕琢字句，無病呻吟；還有些作品摹寫從征人遊子到棄婦閨人各色人等的愁狀，揣想其情，鋪衍成文。而左棻既沒有懾於「受詔」之威嚴，也沒有拘於題目之空泛，也許「愁思」二字觸動衷腸，她筆走龍蛇，自由發揮，極大地突出了個性。幸而《晉書》將其全文收入《左貴嬪傳》中，給我們留下了驚天地泣鬼神的至情至性之文。賦的後半部分是一個女子搶地呼天的悲號：

昔伯瑜之婉孌兮，每彩衣以娛親。悼今日之乖隔兮，奄與家為參辰。豈相去之雲遠兮，曾不盈乎數尋。何宮禁之清切兮，欲瞻睹而莫因。仰行雲以歔欷兮，涕流射而沾巾。惟屈原之哀感兮，嗟悲傷於離別。彼城闕之作詩兮，亦以日而喻月。況骨肉之相於兮，永緬邈而兩絕。長含哀而抱戚兮，仰蒼天而泣血。

亂曰：骨肉至親，化為他人，永長辭兮。慘愴愁悲，夢想魂歸，見所思兮。驚寤號咷，心不自聊，泣漣洏兮。援筆舒情，涕淚增零，訴斯詩兮。

她說，從前老萊子彩衣娛親，傳為佳話，而我現在與家庭隔絕，就像天上永不會面的參、商二星一樣。家啊，離這裡其實只有咫尺之遙，奈何宮禁清切，無從看望父母親人。每天我只能仰望行雲，涕泣沾巾，只能藉著夢境讓靈魂回家探望了。

這些詩句含有多少難言的悲憤啊！真的難以想像，武帝看到這樣的悲訴，會有何感想。值得指出的是，有些人不看左思兄妹的贈答詩，片面地抓住了《別傳》裡的一句話「（思）頗以椒房自矜，故齊人不重也」，認為左思此時以外戚為榮，這是與事實相違的。

左思和左棻的互答詩，字字沉凝，充滿血淚，套用陸放翁《釵頭鳳》詞句，可謂「淚痕紅浥鮫綃透」。這卻是「前無古人，後無來者」的。其原因一是難得如此多才多藝的兄妹。中國文學史上兄妹以文學著稱的還有鮑照兄妹，但是「照嘗答孝武云：臣妹才自亞於左棻，臣才不及太沖爾」（黃節《鮑參軍集注》引《小名錄》）。鮑照自己都承認比不上左氏兄妹。二是別人少有如此的經歷。如後來東晉才女蘇蕙創作過精妙絕倫的《璿璣圖詩》，全詩八百四十一字，可以順讀、反讀、橫讀、斜讀、交互讀、退一字讀、疊一字讀等十幾種讀法，可以讀得三言、四言、五言、六言、七言詩幾千首，每首都很淒婉，但其目的是規勸丈夫回心轉意，單抒胸臆，固不入此類；酬贈之作、無病呻吟者更不可同日而語了。

【第五章】

三類名士

轉蓬去其根，流飄從風移。茫茫四海塗，悠悠焉可彌。願為浮萍草，託身寄清池。且以樂今日，其後非所知。

—— 何晏《言志詩》

1 三類名士

南齊名士季珪之說過，看見王思遠整天正襟危坐，衣帽整潔，不苟言笑，就想見到丘明士。看見丘明士蓬頭散帶，整天醉醺醺的，議論縱橫，臧否人物，就又想見到王思遠。（《南史》卷二十四《王思遠傳》）季珪之所言，實際上是說名士風格有不同的流派。《世說新語・文學》「袁伯彥（當為彥伯）作《名士傳》成」注云：「宏以夏侯太初、何平叔、王輔嗣為正始名士，阮嗣宗、嵇叔夜、山巨源、向子期、劉伯倫、阮仲容、王濬仲為竹林名士，裴叔則、樂彥輔、王夷甫、庾子嵩、王安期、阮千里、衛叔寶、謝幼輿為中朝名士。」《晉書・袁宏傳》云宏撰《竹林名士傳》三卷；《隋書・經籍志》又載袁敬仲撰《正始名士傳》三卷。可見自南朝以來人們對名士風格即有不同的區別。據我們考察，中朝名士較之正始、竹林，時間相距較遠，當然有不同的時代背景和社會土壤；而何晏、王弼與阮籍、嵇康年代相若，論者卻分為正始、竹林，則正表現了這兩類名士生活態度的不同。

這三類名士對於生活採取的不同態度，深刻地反映了六朝社會的各個方面，是極有價值的研究課題。魯迅、王瑤等學者對此均有過論述。概言之，正始名士擅清談，講究服藥行散，注重服飾姿容；竹林名士善飲酒，在日常生活中任達自然，不為禮法所拘；中朝名士則兼而有之。因為經過一二百年的努力，「加上佛教的大力量，到了南朝後期士風已從絢爛而複歸於平淡」（余英時《士與中國文化》四三七頁）。考察六朝名士，我以為前人所做的三種分類是很有道理的。

2 服藥行散

現代社會的弊病之一，就是吸毒及毒品氾濫。而中國魏晉時期服用「五石散」風行一時，服食者多為正始名士，正始後亦有名士服食，但以正始居多，給當時的社會、人生籠罩了病態的陰影，實際上是一次吸毒運動。這是頗發人深思的。

「五石散」又名「寒食散」。因為服散的人除要飲少量熱酒外，只能吃冷的食物。就其原料說，是五種礦物質。魯迅《魏晉風度及文章與藥及酒之關係》據唐孫思邈《千金翼方》有關記載，認為「五石」指的是白石英、紫石英、石鐘乳、赤石脂和石硫黃。在這五味藥中，石鐘乳、白石英、石硫黃的功效是壯陽溫肺腎，主治陽痿等症；赤石脂的功效是斂瘡生肌，主治遺精、崩漏等；紫石英的功效是安神、暖子宮，主治虛寒不孕。但實際上魏晉時人的五石散方由正始名士領袖何晏改進配方，係由東漢名醫張仲景的兩個方子「侯氏黑散」和「紫石寒食散」合併加減而成。「五石」指的是岩石、紫石英、白石英、赤石脂和石鐘乳。其中岩石是一種含砷的有毒礦物，長期服用，則會嚴重中毒，直至死亡。

據說，一個人初期服用五石散，能加強消化機能和改進血象和營養情況。《全晉文》二十六王羲之帖云：「服足下五色石膏散，身輕行動如飛也。」可為佐證。嵇含還作了一首《寒食散賦》，序云：「余晚有男兒，既生十朔，得吐下積日，羸困危殆，決意與寒食散，未至三旬，幾於平復。」這樣的效應實際是假象，往往使人產生錯覺，從而誤導人們繼續服用。

因五石散的藥性非常猛烈，服用後，藥力發作，渾身燥熱，性情亢奮，需要吃冷食，需要「散動」。所謂「散動」是指服藥後周身發熱，但又不能休息，必須快步走路出汗以「散發」（亦稱「發石」），否則就有危險。為「散發」而走路，叫作「行散」，是正始名士的派頭之一。因此，往往不無得意地將它寫進詩文中。再加上五石散藥價很貴，非富貴人家吃不起。吃散、行散當然也就變為社會地位的象徵而為人所豔羨，以致有冒充服散者，鬧出笑話。《太平廣記》卷二四七引侯白《啟顏錄》說，後魏孝文帝時，有一個人在集市臥倒，翻來覆去叫喊發燒，說自己「石發」。有人問他：「什麼時候服石的？」他說：「我昨天吃飯，米中有石。」當然，這是個笑話，但亦可見服石已成為世風時尚了。

3 何、王其人

《世說新語・言語》引注秦丞祖《寒食散論》云：「寒食散之方雖出漢代，而用諸寡，靡有傳焉。魏尚書何晏首獲神效，由是大行於世，服者相尋。」漢代的「侯氏黑散」和「紫石寒食散」原是用來治療「五勞七傷」的虛弱症的，將其改變為五石散而服用的首倡者為何晏。

何晏本來是個美男子，姿容飄逸，面容潔白如玉。後因與名士們飲酒作樂，不分晝夜，又妻妾盈於後庭，縱欲無度，以致面容枯槁，身體虛弱，遂服用寒食散。據他說，服藥後精神爽朗，具有神奇效果，大概類似於吸毒後的一種不可言喻的快感。以後，王弼、夏侯玄、裴秀、嵇康、王羲之、王忱、王恭等都熱衷此道，這就極其可悲了。因為，一則何、王、夏侯等人都是當時的精英人物，此舉可謂天妒其才，可惜可歎；二則「明星效應」，登高一招，從者如雲，毒「澤」廣被。這當然是社會的悲劇。

何、王、夏侯三人都是玄學領袖。按照《說文解字》的解釋，「玄」的原初含義是指一種深赤而近黑的顏色，引申義是「幽遠」。春秋末年道家隱士老聃撰《老子》，第一章就說「玄之又玄，眾妙之門」，已帶有哲學概念的意味。漢末魏初，一些士大夫將屬於道家的典籍《老子》《莊子》與原本是儒家經典的《周易》合為一類，並稱「三玄」，結合當時的名辨學說予以多方引申和發揮，是謂「玄學」「清談」。夏侯玄曾任魏征西將軍，都督雍、涼軍事，又為時人目為「四聰」之一，但作為一個儒道兼綜的貴戚，他的玄學功力遠遜於何、王。真正能精思入微大暢玄風而堪稱正始名士領袖的，只有何晏和王弼。

何晏，字平叔，南陽宛（今河南南陽）人。其祖父，便是《三國演義》中那位因剛愎、魯莽而被殺的大將軍何進。何晏隨母為曹操所收養。在性格上，何晏表現出與乃祖迥然不同的陰柔。據《太平御覽》引《何晏別傳》記載：「晏時小養魏宮，七八歲便慧心大悟，眾無愚智，莫不貴異之。」曹操極為喜愛，甚至欲以為子。但據魚豢《魏略・曹爽傳》注，何晏在魏宮太不檢點，「無所顧憚，服飾擬於太子，故文帝特憎之，每不呼其姓字，嘗謂之為『假子』。」「假子」當然是個侮辱性的稱呼，類似於今天罵人「小雜種」。所以直到魏明帝時代，何晏一直不太得意。當時魏明帝一心要「務絕浮華譖毀之端」，結果何晏等一班名士均遭抑黜。「浮華」之罪何指呢？周一良《魏晉南北朝史札記》認為：「所謂浮華，非指生活上之浮華奢靡，而是從政治著眼，以才能互相標榜，結為朋黨，標舉名號如『四窗』『八達』之類以自誇。」但是，我以為周說失之無據。政治上的「浮華」朋黨子虛烏有，何晏「生活上之浮華」倒史實確鑿。例如《晉書》本傳說他「動靜粉白不去手，行步顧影」。此人似乎有「男模特」情結，前面說過他常穿太子的服飾，《晉書・五行志》還說他「好服婦人之服」，《世說・容止》說他「美資儀，面至白。魏明帝疑其傅粉。正夏月，與熱湯餅。既啖，大汗出，以朱衣自拭，色轉皎然」，以堂堂七尺鬚眉追求女性的容飾與審美。再例如縱情房事，再例如前面敘述的服藥行散。這些應該都是「浮華」的注腳。直到正始年間，曹爽輔政，何晏才得以揚眉吐氣，擔任吏部尚書，成了曹爽的心腹。不久，發生高平陵事變，曹爽落敗，何晏也因此為司馬懿所殺。

且不論其政治成敗和生活浮華，何晏在學術方面才華洋溢且用功頗勤，是當之無愧的領袖人物。《世說新語・文學》云：「何晏為吏部尚書，有位望，時談客盈坐。」注引《文章敘錄》云：「晏能清言，而當時權勢，天下談士多宗尚之。」可見他是一個有威望的清談家。不僅如此，他的玄學功力亦深，他是第一個提出「以無為本」的基本命題的人。《世說・文學》引注《魏氏春秋》說：「晏少有異才，善談《易》《老》。」名士裴徽也曾讚譽何晏說：「吾數與平叔共說老、莊及《易》，常覺其辭妙於理，不能折之。」（《三國志・魏書・管輅傳》注引）何晏曾撰有《道德論》《周易說》等，但都已散佚無存了，只有一部《論語集解》還流傳至今。這是頗讓人咨嗟的。

與何晏的浮沉宦海不同，王弼則似乎純然學術，是真正完成「以無為本」這個玄學理論架構的人，是正始名士中的天才領袖。王弼，字輔嗣，山陽高平（今山東金鄉）人。其叔祖父王粲是「建安七子」之一，當時大文豪蔡邕藏書近萬卷，因欣賞王粲文才，便把藏書送給了王粲。王粲死後，蔡邕這批珍貴藏書便落入了王弼之父王業之手，它為王弼提供了豐富的精神營養。晉人何劭為其作傳稱：「弼幼而察慧，年十餘，好老氏，通辯能言。」（《三國志・魏書・鍾會傳》注引）他雖與何晏同為風流名士，卻不太在意功名，專心致志於玄理的探賾索隱。何晏做吏部尚書時，地位名望都很高，當時來何晏處的清談客常常座無虛席。一次，剛剛辯論後，年未弱冠的王弼來了。何晏早聞王弼大名，就向王弼轉述了勝方的理論，然後問王：「這些道理我認為講得好極了，你能就此再提出問題嗎？」王弼立即發言詰難，在座的人都認為原勝方已敗，誰知王弼又自己作為辯論雙方反覆辯論了多次，在座的人目瞪口呆，為之嘆服。（《世說．文學》）王弼的著作，現存的有《老子道德經注》《老子指略》《周易注》和《周易略例》等。其中《老子道德經注》撰於正始四年，時王弼才十七歲，是一個天縱英姿的少年！據《世說．文學》注引記載，何晏完成了《老子注》後造訪王弼，見到王弼的《老子道德經注》，不由嘆服道：「若斯人者，可與論天人之際矣！」結果回去後將自己的書大加刪削，改為《道論》和《德論》兩篇文章。由此看來，王弼的玄理功力，何晏自以為難望其項背。可惜正始十年，王弼遇癘疫病故，年僅二十四歲。當時執政者司馬師聽到這個消息，也不禁為之「嗟歎者累日」。（《三國志．魏書．鍾會傳》注引）

總之，有這些既是豪門貴族，又是文壇領袖的人物宣導，士人趨之若鶩，服散之風作為一種時髦，愈煽愈熾，終於成了正始名士的特徵。

4 追求生命的長度

考察這場三世紀在中國發生的吸毒運動，人們不禁要問：當時的士人除了以為五石散能治病而服食外，還有什麼目的呢？究竟是一種什麼信念支持、鼓勵著他們，使他們昏昏然樂此不倦呢？

主要的目的當然是為了長壽，是求得生命的延長。何晏委婉地吐露了個中消息，他說：「服五石散非唯治病，亦覺神明開朗。」曹操《與黃甫隆令》就服食事移尊請教，則說得更坦率：「聞卿年出百歲，而體力不衰，耳目聰明，顏色和悅，此盛事也。所服食施行導引，可得聞乎？若有可傳，想可密示封內。」一天，王恭服過藥後，到外面行散，見到弟弟王爽，便問弟弟「古詩中何句最好」，他的弟弟還沒來得及回答，王恭卻自己吟詠起來：「所遇無故物，焉得不速老？」認為此句最佳。顯然，人生苦短，及時行樂，這是王恭一路行散考慮的問題。正始名士這種執著而又痛苦的追求是有其獨特的歷史土壤和理論土壤的。

誠然，「成仙是否可能」對道教來說不過是一個老問題。過去黃老學派的仙學家已經從導引、辟穀、行氣、燒煉金丹等技術手段出發，對此做了經驗性的解答。譬如《老子道德經河上公章句》斷言：「言不死之道，在於玄牝。」「人能抱一，使不離於身，則長存。」然而到漢末魏晉，這個問題卻引起了格外的關注。從一世紀末二世紀初起，東漢王朝的外戚和宦官交替掌握政權，他們之間明爭暗奪，進行著尖銳的鬥爭，同時又都對人民進行殘酷的壓榨掠奪。終於，激起靈帝中平元年（一八四年）的黃巾大起義，隨而產生獻帝初平元年（一九〇年）的董卓之亂和以後的軍閥大混戰。經過這些大的戰亂，中原形成「舊土人民，死喪略盡，國中終日行，不見所識」（曹操《軍譙令》）及「千里無雞鳴」「生民百遺一」（曹操《蒿里行》）的慘像，人民死亡枕藉，生產嚴重破壞。這種殘破不堪的現實社會和生活於其中的慘痛經歷，從逆方向加速了知識分子頭腦中人的覺醒，他們唱出了性命短促、人生無常的悲傷。如「人生寄一世，奄忽若飄塵」、「所遇無故物，焉得不速老」、「出郭門直視，但見丘與墳」（以上六句出自《古詩十九首》）、「人生有何常，但患年歲暮」（孔融）、「天地無終極，人命若朝霜」（曹植）……就連叱吒風雲的曹操統雄兵，下江南，旌旗蔽空，舳艫千里，氣吞東吳時，對月明星稀江天寥廓，也不禁歎道：

對酒當歌，人生幾何！譬如朝露，去日苦多！

曹植的《贈白馬王彪》則在沉鬱悲涼中更透出理性的思考：

人生處一世，去若朝露晞。年在桑榆間，影響不能追。自顧非金石，咄唶令心悲！

究竟如何能壽比金石呢？陸機《大暮賦序》云：「夫死生是失得之大者，故樂莫甚焉，哀莫深焉。使死而有知乎，安知其不如生？如遂無知邪，又何生之足戀？故極言其哀，而終之以達，庶以開夫近俗云。」這只是重彈莊子「大塊」「勞我以生」「息我以死」的濫調，結果只能給人們帶來更多的哀傷，而並不能「達」。正當士人們覺得死亡的黑夜將要籠罩的時候，一道五色靈光照亮了他們的眼睛——那就是道教。

前已敘及，「成仙是否可能」是中國黃老學派的一個老問題，發展到魏晉時代，道教已融合包括卜筮、占星、服食、導引、辟穀、行氣、燒煉金丹等在內的很多中國古代宗教迷信和神仙方術，進入一個新的階段。葛洪認為神仙是有的，不要因為自己沒有見過就輕易否定，劉向所撰《列仙傳》共載仙人七十有餘，難道是憑空捏造的嗎？他在《抱朴子‧內篇》中，不但寫了《論仙》專章，闡述神仙之必有，還寫了《仙藥》章，備論服食養生之道。特別是他在書中具體地講了煉丹術，還留存了不少道教的符籙。道教追求肉身不死，長生不老，正迎合了貴族士大夫的需要。因此，道教開始由民間進入統治階層。道教煉製金丹大藥，以求服後不死成仙的所謂「外丹」術，雖有可能肇始於漢代，但其作為系統的神仙丹鼎道派思想卻是在魏晉時期形成的。據陳寅恪《天師道與濱海地域之關係》，當時沿海地區信持天師道者極多。《晉書・孫恩傳》說孫恩世奉五斗米道，據會稽後，「號其黨曰長生人」。《郗愔傳》說郗「與姊夫王羲之、高士許詢，並有邁世之風；俱棲心絕谷，修黃老之術」。修道煉丹成神仙，求得生命的絕對延長，當然是好事；辦不到，則退而求其次，服藥導引，求得生命的有限延長也行。所以，服散應運而生了。更何況，很多著名的醫藥家同時又是神仙方士和道士，如華佗、葛洪、陶弘景等。更何況，最早的醫學書籍認為某些藥物能夠使人長壽不死，《神農本草經》就把五石散的白石英、紫石英、石鐘乳、赤石脂列為上品之藥。《抱朴子・仙藥》且云：「上藥令人身安命延，升為天神，遨遊上下，使役萬靈，體生毛羽，行廚立至。」於是，知識分子開始了嚴肅的思索。嵇康《養生論》充滿了對生命誠摯的企盼：「夫神仙雖不自見，然記籍所載，前史所傳，較而論之，其有必矣；似特受異氣，稟之自然，非積學所能致也。至於導養得理，以盡性命，上獲千餘歲，下可數百年，可有之耳。」於是，王羲之「與道士許邁共修服食，採藥石，不遠千里，遍遊東中諸郡。窮諸名山，泛滄海，歎曰：『我卒當以樂死！』」（《晉書・王羲之傳》）於是，從正始到梁、陳的很多名士們甘願全身瘙癢潰爛，甘願冒著生命危險，將五石散服下。「長壽」的目的是否能達到，這要到將來才能得到證明（因為眼前為服散而死者都可視為服法失當，而公認最會服散的何晏是被殺的）。至少服藥後是有現實效力的，即出現「人進食多」和「氣下顏色和悅」的現象。面色紅潤了，精神健旺了，他們當然以為青春回來了，壽命將會延長了。

服散的第二目的，是為了借藥力刺激增強性能力，有助於房中術。這一點王瑤先生在《文人與藥》中有精到的論述。房中術初見於《漢書・藝文志》，從漢代以來，與服食燒煉同為道教徒所信行。《抱朴子・至理篇》云：「然行氣宜知房中之術，所以爾者，不知陰陽之術，屢為勞損，則行氣難得力也。」又《微旨篇》云：「凡服藥千種，三牲之養，而不知房中之術，亦無所益也。」又《釋滯篇》云：「房中之術十餘家，或以補救傷損，或以攻治眾病，或以採陰益陽，或以增年延壽，其大要在於還精補腦之一事耳。」這可以從理論上證明正始名士是重視房中術的。前已敘及，五石散從藥理成分上說確實具有壯陽及治療陽痿的功效，而且據記載，這種藥能使人的皮膚變得異常敏感。這樣，在兩情歡悅之時，肌膚相貼，纖毫動於心，「心加開朗」。所以唐代名醫孫思邈也在他的《備急千金要方》開篇中說：「有貪餌五石，以求房中之樂。」也就是說，五石散在正始時被人曾經當作偉哥一類的壯陽藥使用。

在具體事例上，北宋的蘇東坡第一個將何晏服散與房中術聯繫起來。《通鑑・晉紀》三十七胡三省注引蘇軾云：「世有食鐘乳烏喙而縱酒色以求長年者，蓋始於何晏。晏少而富貴，故服寒散以濟其欲。」何晏生長在富貴窩裡，耽情聲色，有房室之傷是極自然的。同時代的管輅就說他「魂不守宅，血不華色，精爽煙浮，容若槁木，謂之鬼幽」。而服用五石散後，「首獲神效」，其內容可想而知。

服食的第三個目的是為了人倫識鑑的需要。五石散不僅是一種強壯劑，而且也是一種美容劑。

前面已敘及，一個人初期服用少量五石散，會改進血象，從而顏色和悅，雙目有神，而這正迎合了正始名士講究姿容美的心理。考察《晉書》《世說新語》等典籍，我們可以得出這麼一個結論：服藥派絕大多數是愛美的。何晏有「玉人」之稱，夏侯玄有「玉樹」之譽，就是竹林派的嵇康，因為他也兼服藥，所以「風姿特秀」，與其他竹林同志的「蓬頭散髮」不同。正始名士的這股頹風一直流傳到梁陳。

正始名士的愛美，除了藝術心理的作用外（從正始派到梁陳名士，逐漸樹立以維摩為心儀的標準），還有著功利的目的，這就是適應人倫識鑑的需要，以容止取悅於世。

東漢以來，以徵辟察舉之制選拔統治階級所需要的人才，而鄉閭清議是徵辟察舉的根據，於是，人物批評也就成了當時政治上極為重要的事情。這種「話語權」往往操在少數所謂有「知人之鑑」的人手中。所謂「臺閣選舉，徒塞耳目，九品訪人，唯問中正」。如山濤居選職十幾年，每到上司要他推薦官吏時，他就用簡短的幾句話來評價人物，扼要中肯，當時稱「山公啟事」。這些有「知人之鑑」的人的價值在於他能從一見的印象中給人以「題目」，而這「題目」的好壞對於其人的政治前途是關係極大的。《三國志．魏書．武帝紀》注引張璠《漢紀》說：「孔公緒能清談高論，噓枯吹生。」唐代李賢注《後漢書．鄭太傳》便說：「枯者噓之使生，生者吹之使枯，言談論有所抑揚也。」由此看來，孔伷（公緒）一言的作用是多麼大啊！而這些人的「一見即識」，當然先從儀表得出印象。中國古代即有「瞻形得神」的理論，孔子說過：「心不正則眸子眊焉。」墨子也說過：「無故富貴，面目美好者也。」到魏晉時，大家相信由形體的外部是可以認識到一個人的全部的。如劉劭《人物志．八觀篇》有「觀其感變」與「觀其情機」兩法；魏蔣濟著論，謂觀眸子可以知人；《抱朴子‧清鑑篇》云「區別臧否，瞻形得神，存乎其人，不可力為」。我們檢閱魏晉六朝的典籍，就可以發現，評論人物總是離不開議其儀表的。許劭有「汝南月旦評」的稱譽，曹操請他給自己下一評語，許劭說「子治世之能臣，亂世之奸雄」，為千古之絕唱；裴令公一見夏侯玄，就說「肅肅如入廊廟中」；潘陽仲見到童年的王敦，認為王「蜂目已露」，「豺聲未振」，將來一定會作惡，而不得善終。（均見《世說新語‧識鑑》）這樣的例子不勝枚舉。世風如此，正始名士當然要講究容止、修飾儀表，以博取「人倫之鑑」的一「題」了。

5 服食求神仙，多為藥所誤

因為五石散是一種劇毒藥物，服用之後，毒力發作，產生巨大的內熱，不能休息，需要一整套極為細微而煩瑣的程序將毒熱散發掉，即所謂「散發」，所以，如果散發得當尚可，如稍有不當，則五毒攻心，後果不堪設想。魯迅指出過，服散之後，因皮膚易於磨破，不能穿新的而宜於穿舊的，衣服便不能常洗。因不洗，便多虱。「捫虱而談」雖傳為美事，其實是不舒服的。更因皮膚易破，穿鞋也不方便，故不穿鞋襪而穿屐，當然心裡很苦。晉朝人多是脾氣很壞、高傲、發狂、性暴如火的。如有蒼蠅擾他，竟至拔劍追趕。說話也變得瘋瘋癲癲、糊糊塗塗，這都是吃藥的緣故。（見魯迅《魏晉風度及文章與藥及酒之關係》）長期服用五石散，則會嚴重中毒，直至死亡。在史籍記載中，服散而死者多不勝數。《世說新語》載郗愔吞符致疾，《晉書‧哀帝本紀》記述了哀帝餌長生藥過量中毒而卒。隋巢元方《諸病源候總論》記載了晉代名醫皇甫謐關於長期服散中毒的自述。他記載了許多中毒者的慘狀，如何晏的族弟何長互「舌縮入喉」；王良夫「痛疽陷背」；辛長緒「脊肉爛潰」；趙公烈「中表六喪」，即親戚中有六人死於服散中毒。皇甫謐自己是寒食散專家，也是一個服散的受害者。他三十五歲中風，半身不遂。為了治病，他四十七歲開始服用寒食散。服後感到心痛如針刺，身上關節都像脫離一樣，咳嗽不已，全身浮腫，渾身發熱，長出癰瘡，一天要用冷水百餘擔澆身，冬天也不能免。發熱時甚至要裸體吃冰塊，還曾痛苦得大呼「救命」，拔刀自殺。據《晉書》記載，皇甫謐服散七年，終至斃命。至於因服食五石散以致疾病纏身者更比比皆是，其中很多都是當時的精英人物。如《世說新語‧規箴》說，東晉殷覬因服散致使眼睛處於半失明的狀態，看人只能看到別人的半邊臉。大書法家王羲之一家多人服散而落下病患，《法書要錄》一書收錄的王羲之書法，其中不少內容是他詢問親人服散後的病狀的。晉哀帝「服食過多，遂中毒，不識萬機」（《晉書‧哀帝紀》）。此外，服食五石散的人也容易出現精神變態。有的人服後神情呆滯，脾氣暴躁，喜怒無常。如北魏太祖拓拔珪服散後經常憂鬱、憤怒、不安，幾天幾夜不吃不睡，獨自狂語不止。他猜忌群臣，經常無故認為臣下心懷不滿而橫加殺戮。我認為，前所述何晏的性變態應該也屬此類，都是服食五石散的遺禍。

「服食求神仙，多為藥所誤。」如果說開頭的追求長壽、配藥服藥，多少還帶一點科學實驗的性質，那麼，後來就純然是一場宗教迷狂了。這場由何晏發起的、以正始名士為中堅的吸毒運動，持續了約三百年，使千萬聰明的名士殘廢、喪生，是中國歷史上一場人才浩劫！

【第六章】

竹林七賢

……清涼會擬歸蓮社，沉湎終須棄竹林。長愛寄吟經案上，石窗秋霽向千岑。

—— 李建勳《鍾山寺避暑勉二三子》

1 七賢眾生相

有人打過一個比喻：竹林七賢就像在懸崖隙縫裡生長的瘦弱青松，軀幹虯曲，高高依偃，在寒風嚴霜裡低了頭，彎了腰，然而卻堅強地生存下來，歲寒心不改，依然是株株青松。

繼正始名士後，則有竹林名士，世稱「竹林七賢」，即以嵇康、阮籍、山濤、向秀、劉伶、阮咸、王戎七人為代表的一派名士。

嵇康，字叔夜，譙國銍縣（今安徽淮北市濉溪縣）人，是曹氏的女婿，做過中散大夫。他身高七尺八寸，儀表非常，工書畫，善撫琴，雖家世習儒，卻醉心老莊，蔑視禮法，非議周孔。終因言論放蕩罪而下獄遇害。

阮籍，字嗣宗，陳留尉氏（今河南尉氏）人。其父阮瑀是「建安七子」之一，曹操的很多文告書檄都出自其手，所以曹丕稱其「書記翩翩」。可惜阮瑀去世時，阮籍才三歲。他幼習六經，有濟世志。因政治黑暗，於是寄情山水，縱酒昏酣，不與世事。他著有《大人先生傳》《達莊論》，對名教禮法進行了辛辣的諷刺和猛烈的批判。晚年抑鬱寡歡，在好友嵇康遇害的第二年，他也抱病而歿。

山濤，字巨源，河內懷縣（今河南武陟西）人。他性好老莊，與嵇康、阮籍相交甚深。由於他兼具名士聲望和從政能力，仕途順達，位至三公。他和司馬懿的妻子有中表之親，雖很受司馬氏的信任，但又不失為一正派人物。後來做到吏部尚書，對所舉薦的人物「各為題目」（分別做出品評），再為上奏。他的評語精彩中肯，時稱「山公啟事」。他的生活以節儉著稱。後來謝安曾以此為題問大家：以前晉武帝每次賞賜東西給山濤，量總是很少。這是為什麼呢？謝玄回答得很妙：「這應是由於受賜的人要求不多，才使得賞賜的人不覺得給少了。」山濤能夠全身以終，就是得益於小心謹慎。

劉伶，字伯倫，沛國（今安徽沛縣）人。他容貌醜陋，深通老莊之道。一生以酒為命，不以生死為念。

阮咸，字仲容，阮籍的侄兒。他精通音律，妙解絲竹，不拘禮法，雖官至散騎侍郎，卻全然不理政事，尸位素餐而已。

向秀，字子期，河內懷縣人。他與嵇康友善，嵇康會打鐵，向秀常做嵇的助手。向秀在竹林名士中獨樹一幟，他甘於淡泊，中和平靜，以一種隨遇而安的恬靜和自娛自樂的達觀心態面對黑暗齷齪的現實。嵇康死後，向秀到洛陽做了個閒官。司馬昭看到他冷言問道：「聽說足下有高隱之志，怎麼會屈身此地呢？」向秀只得說：「以為巢父、許由等對堯不夠了解，不值得去效仿。」這是把司馬昭捧作堯，司馬昭聽了自然滿意。向秀這種向權奸屈節的話，嵇康是絕對不肯說的。向秀的保身大概得益於他對莊子思想的深刻領悟。《晉書．向秀傳》說：「莊周著內外數十篇，歷世才士雖有觀者，莫適論其旨統也。秀乃為之隱解，發明奇趣，振起玄風。讀之者超然心悟，莫不自足一時也。」由於向秀精研《莊子》，著有《莊子注》，開創了一代研讀《莊子》的風氣，使《老子》《周易》和《莊子》並列「三玄」，對玄學的發展有承前啟後的重大貢獻。

王戎，字濬沖，琅琊臨沂（今山東臨沂）人，出身士族。他雖然身材矮小，但神采清秀，英氣逼人，頗具名士魅力。據說他六七歲時，在宣武場上觀戲，猛獸忽然在檻中驚起，吼聲震天。眾人皆驚懼奔跑，唯王戎獨立不動，神色自若。還有一次，他與同伴在路邊玩耍時，見一李樹結滿了果實。同伴都奔去搶摘，只有他不為所動，說：「樹在路邊，結了果實卻沒有被人摘光，那一定是苦李。」後來一嘗，果然如此。另外，他清談名勝，擅長揮麈論辯，往往機鋒潛伏，頗多雋語，深得玄學言約旨遠之要義。因此，他頗受阮籍等人的賞識，得以躋身於竹林名士之列。無奈仕途數經坎坷，後位至三公，仍追念竹林之遊。

竹林七賢的名稱，最早見於《三國志・王粲傳》附《嵇康傳》裴松之注引《魏氏春秋》：

（嵇）康寓居河內之山陽縣，與之遊者未嘗見其喜慍之色。與陳留阮籍、河內山濤、河南向秀、籍兄子咸、琅琊王戎、沛人劉伶相與友善，遊於竹林號為七賢。

同樣標舉「竹林七賢」的記載，還見於《世說新語・任誕》之一和《世說新語・傷逝》之二。這就是後世所豔稱的「竹林七賢」的故事。

「竹林七賢」一詞極具風流浪漫色彩，幾乎成了清談、隱居、避世、飲酒、放達等的代名詞。然而，歷來就有人對此持懷疑態度，如相隔七賢約一百年的東晉戴逵的《竹林七賢論》引文康的話說：

中朝所不聞，江左忽有此論，蓋好事者為之耳！

因西晉建都中原，故東晉人稱西晉為中朝，而自稱江左。戴逵的說法有些強詞奪理，一個群體的稱呼在當時沒有出現而出現在後幾十年，應該不能作為否定該群體的證明。

近世陳寅恪先生《陶淵明之思想與清談之關係》一文，認為：「所謂『竹林七賢』者，先有『七賢』，即取《論語》『作者七人』之事數，實與東漢末三君八廚八及等名同為標榜之義。迨西晉之末僧徒比附內典外書之『格義』風氣盛行，東晉初年乃取天竺『竹林』之名加於『七賢』之上，至東晉中葉以後江左名士孫盛、袁宏、戴逵輩遂著之於書（《魏氏春秋》《竹林名士傳》《竹林名士論》），而河北民間亦以其說附會地方名勝，如《水經注玖・清水篇》所載東晉末年人郭緣生撰著之《述征記》中嵇康故居有遺竹之類是也。」

我認為，陳寅恪先生指出「竹林」出於佛家語是很精微的，將「竹林」與佛學聯繫起來，見解卓出。竹林或不必坐實，但聚會的七位主要的人物應不必懷疑。阮籍、嵇康、山濤、向秀之間的交往不僅史有明文，而且有他們自己的詩文作證。《世說・德行》其十六載王戎與嵇康同居山陽，《晉書》本傳載戎少為阮籍賞識，阮咸是阮籍的侄子，劉伶是阮籍的酒友。這七人之間存在某種聯繫是完全可能的。如果說，他們有一段時間同在山陽居住，常常在一塊飲酒清談，這並不是什麼難以想像之事。學兄唐翼明教授在《魏晉清談》（臺灣東大圖書公司版）中更考證七賢聚會的時間是齊王芳嘉平年間，因為如再早則王戎的年齡太小，再晚，嵇康就與山交了，義證兼賅，這裡就不贅引了。

中華人民共和國成立以後，在南京附近發掘了五座南朝墓葬，發現了《竹林七賢及榮啟期》的磚刻壁畫。榮啟期是春秋時期的名士，在東晉時為社會名流所崇敬。在三幅「七賢」畫中，以南京西善橋墓的「七賢」畫最為精美。由於畫在南北兩壁中，需要對稱，故一幅畫嵇康、阮籍、山濤、王戎四人，另一幅畫向秀、劉伶、阮咸、榮啟期四人，各人之間，又以青松、銀杏、闊葉竹分隔，形成各自獨立的畫面。畫嵇康，頭梳雙髻，赤足，坐於豹皮褥上，正怡然自得地彈琴；畫阮籍，頭戴幘，身著長袍，側身而坐，突出用口作長嘯的姿態，十分生動；畫山濤，頭裹巾，赤足曲坐，一手挽袖，一手執耳杯，突出飲酒的神態；畫王戎，露髻赤足，強調手弄如意的動作，正好是「王戎如意舞」的寫照；畫向秀，戴髻垂帶，袒肩赤足，突出閉目沉思的樣子；畫劉伶，一手持耳杯，一手斟酒，細膩地表現注視杯中的動作，正好刻畫了他嗜酒如命的形象；畫阮咸，挽袖持撥，彈一直頸琵琶（傳為阮咸所創用，故又名阮咸）。可以看出，每畫一個人物，都突出了他們的愛好，表達了他們特有的精神氣質。這也雄辯地證明了在東晉南朝時，「七賢」的歸屬已基本固定。

大致說來，嵇康以其反對司馬氏集團的鮮明立場，反對儒家學說的堅決態度，長於辯難的才幹，成了竹林七賢的當之無愧的領袖。而阮籍以其才學、聲望成為竹林七賢的又一面旗幟。阮咸、王戎因阮籍而入竹林之遊，向秀、山濤因嵇康而入竹林之遊，劉伶則與嵇、阮二人相遇，欣然神會，攜手入林。這些當屬情理之中的因緣。然而，竹林之遊也並不限七賢，嵇康的朋友呂安、阮侃、張邈、郭遐叔等人也都參與竹林之遊，不過不在七賢之目而已。

2 生命的長度和密度

竹林名士相聚的地點在山陽，時間在魏末正始、嘉平之間，相聚後主要的事情便是肆意暢飲。

當時司馬昭權勢益盛，陰謀篡竊，剪除異己。《晉書・阮籍傳》說：「魏晉之際，天下多故，名士少有全者。」嘉平之後，竹林名士各奔前程，結局非常不一樣。嵇康龍性難馴，反抗司馬氏而被殺；阮籍韜精酣飲，委蛇自晦；向秀遜辭屈跡，以求避禍；山濤、王戎依附司馬，坐致通顯；劉伶、阮咸與政治關係較疏，而心緒接近阮籍。儘管他們的政治態度及應付環境的方法不同，但在山陽聚飲時，都我行我素，堅持自己的行為方式，且都以談玄酣飲相友好，這當然是一段美好的人生歲月。山濤酒量很大，「飲酒至八斗方醉」（《晉書・山濤傳》），在任荊州刺史期間，他經常去「高陽池」喝酒，每次皆大醉而歸。為此，當地人還編了一首歌謠描述了他的醉態：「山公時一醉，徑造高陽池。日暮倒載歸，酩酊無所知。復能騎駿馬，倒著白接籬。舉手問葛強，何如并州兒？」「白接籬」是一種白色便帽，歪斜地戴著，還問并州籍的部下葛強，自己像不像并州的鄉親？是「真名士自風流」。阮籍聽說步兵營有人善釀酒，就求為校尉，「縱酒昏酣，遺落世事」（《魏書・王粲傳》注引《魏氏春秋》）。阮籍鄰家有美婦人「當壚酤酒」，他與王戎便常到婦家飲酒。阮籍喝醉之後，就在美婦人身邊睡覺，以致引起她丈夫的懷疑。有人責備他不合禮教，他反而說：「禮豈為我輩所設也！」劉伶喝酒更加狂放，喝至高興處，衣服褲子全脫光。有人忍不住笑。劉伶說：「你們笑什麼？我是把天地當作房屋，把居室當作衣褲，你們怎麼都鑽到我的褲中來了？」（《世說新語・任誕》）劉伶喝酒太多以致病了，其妻哭著勸他不要再飲酒，劉伶要妻子準備酒肉，他要敬祝鬼神，自誓斷酒。然後他跪著說：「天生劉伶，以酒為名。一飲一斛，五斗能酲。婦人之言，慎不可聽。」說完又飲酒吃肉酩酊大醉。阮咸與酒友們以大甕盛酒，圍坐暢飲，有時群豬上來爭飲，人豬共食，阮咸也不在乎（《世說新語・任誕》）。向秀與呂安在山陽以灌園所得，供酒食之資。嵇康是竹林派中唯一服藥而又飲酒較少者，但他醉時，也「傀俄若玉山之將崩」（《世說新語・容止》），高大白皙的身軀搖搖晃晃，煽情得很！在這以前，人們雖然也飲酒，但由於文學尚未獨立，酒也沒有被當作手段似的大量醉酣，所以酒與文人並沒有特別的因緣。漢末，隨著文學逐漸獨立，名士縱酒者日多。如孔融經常感歎：「坐上客常滿，樽中酒不空，吾無憂矣！」甚至寫有《難曹公制酒禁二表》為飲酒辯護，措辭激昂，終致棄市。八俊之一的劉表，專為飲酒做了三種酒爵，大號七升，中號六升，小號五升。客如醉酒臥地，就用帶針的棒子去刺，看其是否真醉（見《全三國文》卷八魏文帝《典論・酒誨》）。如果是偽醉，則拉起來罰飲。但在程度上，飲酒還沒有成為他們生活的全部，還沒有成為他們的最主要的特徵。只有在竹林七賢的酣飲論道之後，酒才成為文學「永恆的主題」，酒也才成為封建文人的標誌。

因為竹林名士的文辭談笑、舉手投足都帶有濃郁的酒香，我們盡可以將他們追謚為「飲酒派」；然而，「痛飲狂歌空度日，飛揚跋扈為誰雄」，竹林名士縱酒的目的何在呢？

如果說，正始名士服藥的目的是追求生命的長度，是為了長壽，那麼，竹林名士飲酒的目的則是追求生命的密度，是為了享樂。在人類社會發展史上，飲酒與宴樂從來都是聯繫在一起的，商紂造酒池肉林，就是一個證明，曹植《與吳質書》更直率地宣稱飲宴弦樂為「大丈夫之樂」：

> 願舉太山以為肉，傾東海以為酒，伐雲夢之竹以為笛，斬泗濱之梓以為箏。食若填巨壑，飲若灌漏卮；其樂固難量，豈非大丈夫之樂哉！

但是，考察竹林名士的酣飲，透過一派杯觥交錯、長嘯高談，我們見到的只是一種巨大的悲哀。魏晉時儒學獨尊的地位已經崩潰，儒教禮制逐漸解體，這種思想的解放的局面帶來了人的覺醒。人們意識到自身的存在價值，就愈益熱戀寶貴的生命，而愈益感受死亡的悲哀。死到底是什麼？至今仍是一個千古之謎。因為任何其他的人生難題，都可以通過科學的不斷進步獲得解決，而我們卻無法讓死者復生，回答人類關於死的疑問。六朝知識分子對此亦陷入深深的思慮之中。魏晉六朝名士們是深情與智慧兼具的。他們的深情偏重於悲哀，嵇康《琴賦》說：「稱其材幹，則以危苦為上；賦其聲音，則以悲哀為主；美其感化，則以垂涕為貴。」而這種悲哀總是與人生、生死的思考相交織，從而達到哲理的高層。這種對生死問題的思慮，在正始名士則體現為服散修煉，祈求生命的長度上。然而道教的服食求仙，並不能使所有的名士都接受。曹操說：「痛哉世人，見欺神仙。」（《善哉行》）曹植說：「苦辛何慮思，天命信可疑。虛無求列仙，松子久吾欺。」（《贈白馬王彪》）又作《辯道論》，大罵方士。向秀就對嵇康說過，人說導養得理，可以活到幾百歲到幾千歲。這種說法如果可信的話，應該就有這樣的人，但「此人何在？目未之見」。（向秀《難嵇叔夜養生論》）對服食求仙的懷疑，促使人們轉換思考的角度。《列子》是晉人所偽託，《楊朱篇》中有段話，可視為時人對生死問題的反思：

楊朱曰：百年，壽之大齊，得百年者，千無一焉。設有一者，孩抱以逮昏老，幾居其半矣；夜眠之所弭，晝覺之所遺，又幾居其半矣；痛疾哀苦，亡失憂懼，又幾居其半矣；量十數年之中，逌然而自得亡介焉之慮者，亦亡一時之中爾。則人之生也，奚為哉？奚樂哉？為美厚爾，為聲色爾。

顯然，這種反思是成熟而痛苦的。這時，佛教已在中土傳播，佛理也逐漸與玄學相融合。竺佛圖澄的高足釋道安《二教論》云：「壽夭由因，修短在業。佛法以有生為空幻，故忘身以濟物；道法以吾我為真實，故服餌以養生。」佛教承認人的肉體是遲早會死亡的，但學佛可使靈魂超度，從而給自己提出了一個「必聚必合」的希望和信仰，減輕了對死亡的恐懼感。這一套神不滅的報應說，給予當時的世人對於生命的無常以一種心理上的解脫，迎合了他們的需要。前已敘說，「富貴菩薩」維摩詰那智慧的神情、絕妙的辯才、飄逸的風姿、鮮美的服飾、珍貴的酒食使魏晉以來無數士人為之傾倒。我以為，這種傾倒就自竹林名士始。

在「服食求神仙，多為藥所誤」的教訓面前，在佛學思想的影響下，竹林名士採取了「不如飲美酒，被服紈與素」的態度。他們詛咒服食求仙，「春釀煎松葉，秋杯浸菊花。相逢寧可醉，定不學丹砂！」（范雲《贈學仙者詩》）他們放棄了對生命長度的追求，轉而追求生命的密度。需要指出的是，這種追求的悲觀情緒大大超過了服藥派。張翰放蕩不羈，有人問他，你難道不為身後的名聲著想？張答道：「使我有身後名，不如即時一杯酒。」（《世說新語．任誕》）劉伶常常乘著鹿車，攜著一壺酒，使人荷鍤跟隨，說：「死便掘地以埋，土木形骸，遨遊一世。」（《世說新語．文學篇》注引）畢卓說：「一手持蟹螯，一手持酒杯，拍浮酒池中，便足了一生！」（《世說新語．任誕》）既然無論賢愚善惡，無論貴賤美醜都難免一死，那麼還有什麼必要計較事業聲名呢？還有什麼理由來控制、壓抑血肉之軀的欲望呢？因此，竹林名士飲酒是為了享樂，其享樂觀又由慘痛的教訓和悲哀的理論積澱而成。

3 遠禍全身

飲酒的目的之二是遠禍全身。曹魏王朝末期，統治階級內部由尖銳的爭奪權力的鬥爭，演繹成恐怖性的大屠殺。魏明帝曹叡死時年僅三十五歲，承繼帝位的曹芳年僅八歲，於是不得不將政權委託給曹爽和司馬懿共同掌管。曹爽是曹魏的宗室，而司馬懿是幹練於軍事的重臣，二人間即展開明爭暗鬥。嘉平元年（二四九年），司馬懿終於以陰謀狡詐戰勝曹爽，把曹爽兄弟和其統治集團的諸名士何晏、丁謐、李勝、畢軌、桓範等誅滅三族。造就名士輝煌的第一個崢嶸絢爛的清談高峰轉眼間成為了歷史陳跡。後來司馬懿的兒子司馬師繼續掌權。在曹爽事件中倖免於難的夏侯玄從此「不交人事，不畜筆研」（《三國志．魏書．夏侯玄傳》），盡量避免觸犯司馬氏，但司馬師心狠手辣，於正元元年（二五四年）又誅滅了在政治上和他對立的名士夏侯玄、李豐、許允等。這一系列的事件造成了名士的厄運，時有「名士減半」之歎。司馬氏一方面大肆屠殺在政治上異己的名士，另一方面又高祭名教來作為其政治號召。對此，竹林名士極力發揮道家崇尚自然的學說，以抗擊司馬氏集團所提倡的虛偽的名教。同時，在政治上各以不同的方式拒絕與司馬氏合作（當然，這種抵抗並不是企圖從根本上動搖封建制度）。所謂「各以不同的方式」，主要根源於七賢的性格差異。如嵇康最富於儒者之剛。他本來就與曹魏有姻親關係，在感情上偏向魏室，對司馬氏集團疾惡如仇，斷然不與之合作。他在許多論文中，以精鍊名理的精神，闡發自然的意義，從理論上對虛偽名教以致命摧擊。他在《難自然好學論》中十分大膽地說，古代天子宣明政教的地方是停放靈柩的房屋，背誦詩文的話語像鬼叫的聲音，「六經」聖典是一些荒蕪之物，仁義道德臭不可聞。讀經念書會使人變成歪斜眼，學習揖讓之禮會使人變成駝背，穿上禮服會使人腿肚子抽筋，議論禮儀典章會使人長蛀牙，所以應該把這一切統統扔掉。在《與山巨源絕交書》中更是公開地宣告和司馬氏政權決裂。時任選曹郎的好友山濤調任散騎常侍，想把自己騰出來的官缺給嵇康，試圖以此緩和嵇康與司馬氏集團的關係，但與邪惡勢力水火不相容的嵇康感覺受到了莫大的侮辱，他把祿位看作腐臭的死鼠，藉以表示與當時政權的對立的態度。他以放任自然的情調，數舉「七不堪」，對照地描繪出官場生活之齷齪而不可忍耐，這實際上是對司馬氏政權的嘲諷奚落。他所謂「二不可」，則是公開承認自己「非湯武而薄周孔」，對司馬氏政權進行無情的正面攻擊。本來，嵇康並不是要為這樣一樁小事便大張旗鼓地宣稱與好友決絕，他是要藉此表明自己的志趣和政治見解，剛烈地宣示與司馬氏政權對立的立場，而且用對好友的惡罵來為好友「撇清」，使之不至於受自己連累。（後來嵇康臨刑時將自己的兒女託付給了山濤，留言：「巨源在，汝不孤矣。」可見對山濤的人品還是肯定的。）比較而言，阮籍則處事委婉、含蓄得多。

說到阮籍與嵇康性格的差異，最能體現這種差異的是如何應付鍾會。鍾會是什麼人呢？鍾會是一個慣於惹是生非的人。他是魏太尉鍾繇之子，從司馬懿父子征討毌丘儉、諸葛誕等有功，被視為心腹，少年得志，趾高氣揚。羅貫中《三國演義》描寫他與鄧艾「二士爭功」，應該還是有一些性格根據的。他想找阮籍的岔子，多次就當時的政治形勢等問題詢問阮籍的意見，阮籍總是爛醉如泥，不能回答他的問題，使得他無從下手，最後只得作罷，兩不相犯。就像《雜阿含經》中那隻烏龜，將頭尾四肢縮藏於殼內，野狗只好又餓又乏地嗔恚而去。嵇康則不同。有一天，鍾會又帶著幾個人來到嵇康住的地方，嵇康正在一棵大柳樹下打鐵。嵇康既不停下手中的活計，又不與鍾會打招呼，完全不理睬鍾會。過了一會兒，鍾會怏怏離去。嵇康才開口問道：「何所聞而來？何所見而去？」鍾會回答說：「聞所聞而來，見所見而去。」於是，他對嵇康懷恨在心，多次在司馬昭面前說嵇康的壞話。不久，碰上嵇康好友呂安的哥哥呂巽姦淫呂安的妻子，呂巽惡人先告狀，反誣呂安不孝。書生氣十足的嵇康卻為呂安辯誣。呂巽與鍾會相互勾結，沆瀣一氣，極力攛掇司馬昭把呂安與嵇康雙雙殺害。

嵇康的死是極其悲壯的。赴難的時候，學生數千人和他的兄弟親戚與他訣別，他神色不變。又問他的哥哥：「我向來彈的琴帶來了嗎？」哥哥說：「帶來了。」於是嵇康顧視日影，接過琴，從容地彈奏了一曲《廣陵散》，歎道：「袁孝尼曾經想跟我學《廣陵散》，我每每吝惜，不傳授給他。《廣陵散》從現在起就絕響了！」然後就難。《晉書》本傳說：「（康）時年四十，海內之士，莫不痛之。」可見嵇康在社會上聲譽之高，影響之大。所幸的是，嵇康死，《廣陵散》並未絕。這是袁孝尼的功勞。袁孝尼即袁准，是嵇康的外甥，求嵇康授《廣陵散》，未獲准，乃竊聽，然後默記之。那麼，《廣陵散》究竟是一部什麼樣的琴曲呢？原來，此曲是嵇康創作的一部帶有政治色彩的琴曲，他假託戰國聶政刺韓相俠累之故事，暗喻反魏相司馬父子之意，有《井裡》《別姊》《亡身》《衝冠》《投劍》《呼幽》《長虹》《發怒》《寒風》《峻跡》《取韓相》等拍名。這樣，也就令一向胸懷寬廣、磊落坦蕩的嵇康不得不多了一層顧忌，不得不假託神仙鬼怪之名，說是客居荒野旅店之夜，無頭鬼神所授，使之蒙上一層神秘的色彩，以避世人耳目。這是他不肯傳授給袁孝尼，直到死才向世人宣示的真正原因。

嵇康的死又是極具六朝名士色彩的，面對屠刀仍不失風度，將臨大限仍保持瀟灑。像這樣的情景還有陸機赴死。陸機在和弟弟陸雲被綁赴刑場的時候，對陸雲說：「還能再聽到家鄉華亭上空的鶴叫聲嗎？」顯然他此時想到了弟兄倆年輕的時候在華亭的閉戶讀書。還有詩人謝靈運。靈運的鬍鬚長得很秀美，他在臨刑問斬時，還記得提出將自己的鬍鬚施捨給南海祗洹寺作維摩詰像軀之鬚，這真是透徹到底的名士風流！

當時的形勢確實如《晉書》所言「天下多故，名士少有全者」，所以竹林名士常常深切地懷抱著憂生念亂之情，並時刻警惕著如何周密地隱蔽自己。阮籍《詠懷》其十一就反映了作者意識到自己生活在一個危機四伏的環境裡的極端苦悶和壓抑的情緒：

一日復一夕，一夕復一朝，顏色改平常，精神自損消。胸中懷湯火，變化故相招。萬事無窮極，知謀苦不饒。但恐須臾間，魂氣隨風飄。終身履薄冰，誰知我心焦！

末兩句說，我一生如同在薄冰上行走，時時有喪命的危險，誰知道我心中的焦慮呢？遠禍全身的企望，溢於言表。

竹林名士認為，要遠禍全身，辦法有兩個。一是慎言。王戎說，與嵇康一塊居住山陽二十年，從沒有見過嵇康對事對人有喜怒之色。嵇康可說夠謹慎了。而嵇康卻說：「阮嗣宗口不論人過，吾每師之而未能及。」（嵇康《與山巨源絕交書》）則阮籍的小心可想而知。當時有人甚至寫了一篇

《不用舌論》，說一則道理玄妙，不可言傳，二則「禍言相尋」，只緣開口，所以只好捲舌不用了（《全晉文》卷一百零七張韓《不用舌論》）。一是縱酒。用酒作慢形之具，借酒裝糊塗，來躲避政治上的迫害和人事上的糾紛。對於竹林名士飲酒的心理，梁沈約《七賢論》有極精審的分析。他逐一考察了嵇康、阮籍、劉伶等在司馬氏暴政下進退兩難的名士，指出：「故毀形廢禮，以穢其德；崎嶇人世，僅然後全。……慢形之具，非酒莫可。故引滿終日，陶瓦盡年。」

借酒遠禍最成功的莫過於阮籍。

阮籍青年時應該是個躊躇滿志的英俊人物，本傳說「籍本有濟世志」「容貌瑰傑」「志氣宏放，傲然獨得」，但言之不詳。

阮籍曾登上廣武山。這裡屬河南河陰，東連滎澤，西接汜水，有兩個小山頭，東面的叫東廣武，西面的叫西廣武，兩山相距約兩百米，其間隔一澗。漢四年，劉邦與項羽各據一山，兩軍對峙。當時項羽做了一個高腿的俎（放祭品的器物），把劉邦的父親劉太公綁在俎上，放置高處，讓漢軍可以望見。項羽告訴劉邦說：「你現在如果不快快投降，我就烹殺太公！」打不贏人家，就要殺人家父親，凶神惡煞，真是一派「霸王」腔！而劉邦又痞又賴，不吃他那套，當下笑嘻嘻地回答：「我與你都是楚懷王的臣子，當年懷王說：『你們約為兄弟。』所以我的父親就是你的父親。你如果一定要烹殺你的父親，則請你分給我一杯羹！」有匹夫之勇，同時又兼有婦人之仁的項羽又氣又惱，無計可施，只得作罷。

阮籍登臨楚漢相爭時的古戰場，憑弔劉、項對語處，喟然長歎：「時無英雄，使豎子成名！」這是一句千古名言。這裡先解釋一下，所謂豎子，就是小子，對人輕蔑的稱呼。當年范增幫助項羽設下鴻門宴，請劉邦赴會，要殺劉邦。項羽卻遲遲不忍下手，讓劉邦走脫，氣得范增恨恨地罵道：「豎子不足與謀（這小子真不配和他謀事）！」細加推究，對阮籍的話可以有三種解釋。

一、項羽雖然「力拔山兮氣蓋世」，但有匹夫之勇，婦人之仁，算不得英雄；而劉邦這個豎子，卻靠無賴成就聲名。

二、劉邦、項羽之流都是豎子，當時根本沒有真正的英雄，因此讓劉、項浪得虛名。

三、劉、項都是英雄，可惜俱往矣，現在自己周圍卻都是些豎子。

不管哪種解釋在文義上都通，都能見出阮籍以孤高自許，宏圖壯志，眼空無物！我以為，揆之以當時的語境，慷慨生悲，阮籍表達的應該是第三種解釋。

晉王朝是靠不光彩的手段奪取天下的，司馬氏集團是極其殘暴黑暗的政權。當年司馬懿處置曹爽一黨，手段極其殘忍。《晉書》卷一《宣帝紀》云：「誅曹爽之際，支黨皆夷及三族，男女無少長，姑姊妹女子適人者，皆殺之。」「高平陵事件」實則是一場大屠殺。魏元帝咸熙二年（二六五年）八月，司馬昭病死，其子司馬炎嗣為相國、晉王。但只過了四個月，這位年僅二十歲（虛歲）的晉王，還等不及過年，就逼使與自己同齡的魏元帝曹奐「禪」位，然後他又廢曹做陳留王，自己登基稱帝，立國為晉。又追尊司馬懿為宣皇帝，司馬師為景皇帝，司馬昭為文皇帝，從此，魏國告亡，晉朝開始了。這是司馬祖孫三代四人欺人孤兒寡母的結果，勝之不武，絲毫不值得誇耀。所以數十年後，明帝聽王導講「帝（宣帝司馬懿）創業之始及文帝（司馬昭）末高貴鄉公事」，竟「以面覆床」，羞慚得抬不起頭，說：「若如公言，晉祚復安得長遠！」（照您這樣說的話，晉朝的國運哪裡能夠長久呢！）在阮籍的年代，司馬氏集團高祭名教，以殺戮來維持統治，一時有「名士減半」之歎，因此，阮籍發出「時無英雄，使豎子成名」的歎喟是一點也不奇怪的。

作為目空一世的英雄人物，阮籍可以說是有膽有識的。《晉書‧阮籍傳》說：「籍又能為青白眼。」所謂青眼，就是眼睛正視，眼珠在中間，表示對人尊重或喜愛。所謂白眼，就是眼睛向上或向旁邊看，現出眼白，表示輕視或憎惡。魯迅在《魏晉風度及文章與藥及酒的關係》中說：「白眼大概是看不到眸子，恐怕練習很久才能夠。青眼我會裝，白眼我卻裝不好。」阮籍平生最憎惡禮俗之士，對那些標榜名教的司馬氏集團的走狗是不屑正眼視之的。他嘲名士，愚禮法，白眼向人斜，尤其鄙視那些假仁假義之徒，將他們比喻成「處褌中，逃乎壞絮」「行不敢離縫際，動不敢出褌襠」的蝨子。發出了「炎丘火流，焦邑滅都，群虱死於褌中而不能出」的詛咒（見《大人先生傳》）。有一次嵇喜來訪，阮籍看不起這種俗人，當然白眼應對，嵇喜自覺沒趣，於是告退。他的弟弟嵇康聞知後，就帶上古琴與酒造訪。阮籍與嵇康一見如故，覺得挺投緣的，「乃見青眼」。試想一個人如果對周圍齷齪的人事一概以白眼蔑之，以真我面對現實，這該需要多大的勇氣啊！順便說一下，由於阮籍的「青白眼」，從此中國詞典裡也有了「垂青」「青盼」等詞，也就產生了「途窮反遭俗眼白，世上未有如公貧」（杜甫《丹青引贈曹將軍霸》）、「馬氏識君眉最白，阮公留我眼長青」（許渾《下第貽友人》）等參透世情、膾炙人口的詩句。

阮籍的有膽識從下面的一樁事情也可看出。他年輕時曾擔任尚書郎一類小吏，後因病退養。等到大將軍曹爽輔政，召阮籍為參軍，阮藉口生病而婉辭，隱居到鄉下。這時，曹魏與司馬氏的鬥爭日趨激烈，曹爽哪裡是陰謀家司馬懿的對手？一年後，司馬懿和他兒子司馬師趁魏帝和大將軍曹爽到洛陽城南高平陵祭祀魏明帝陵墓之機，突然關閉城門，發動政變，迫使曹爽交出兵權，然後殺掉曹爽及其黨羽。從此，魏國政權落到司馬氏手中。阮籍當然是厭憎司馬氏的，但如果這之前他給曹爽當參軍的話，這場屠殺是在劫難逃的。因此，大家都佩服他的遠見卓識。他就像一個圍棋高手，在黑白棋勢難分高下時，算計出對方的幾步、十幾步甚至幾十步應對，從而給自己投下賭注。後來，為應付險惡的政治環境，他變得「發言玄妙，口不臧否人物」，與世事保持一種若即若離的狀態。他原本喜歡飲酒，這時更將酒作為逃避政治鬥爭、遠禍全身的手段。司馬昭的親信鍾會多次找阮籍談論時事，企圖借機陷害，也都被阮籍用長醉的辦法應付過去。即使萬一說錯了話，也可以借醉求得諒解。司馬昭為兒子司馬炎求婚於阮籍，阮籍不願，又不能明拒，於是就接連沉醉六十日不醒，使求婚者沒有機會提出，只好作罷。司馬昭要晉爵晉王，加九錫之禮，他的親信讓阮籍寫勸進文章，阮籍也借醉拖延，等到使者為取表章把他叫醒，他才寫了一篇文辭清麗的空話敷衍了事。誠如胡仔《苕溪漁隱叢話》引《石林詩話》云：

晉人多言飲酒，有至沉醉者。此未必意真在於酒。蓋時方艱難，人各懼禍，惟託於醉，可以粗遠世故。蓋陳平、曹參以來用此策。《漢書》記陳平於劉呂未判之際，日飲醇酒戲婦人，是豈真好飲邪？曹參雖與此異，然方欲解秦之煩苛，付之清淨，以酒杜人，是亦一術。不然，如蒯通輩無事而獻說者，且將日走其門矣。流傳至嵇、阮、劉伶之徒，遂全欲用此為保身之計。此意惟顏延年知之，故《五君詠》云：「劉伶善閉關，懷情滅聞見。韜精日沉飲，誰知非荒宴。」如是飲者未必劇飲，醉者未必真醉也。

以酒避禍確實是有些效果的，運用成功者除上面述及的阮籍外，見諸史籍的六朝名士還有阮裕、顧榮、謝朏等。不過，縱酒的竹林名士的內心是極其痛苦的。阮籍常常隨意駕車出遊，前面沒有路了，就痛哭而返（《晉書．阮籍傳》）。劉伶觸怒了別人，那個人揎衣捋袖想鬥毆，劉伶卻和顏悅色地說：「雞肋豈足以當尊拳。」（《世說新語．文學篇》注）這種變態的行為，應該都視為正直而聰明的知識分子在險惡的環境下委曲求全的悲涼心理的流露。然而，縱酒並未能幫助竹林七賢逃脫禮法的大網。嵇康棄首，廣陵曲散，向秀遂應本郡計入洛，王戎、山濤等人也俯首入仕，那酩酊後的自由境界也就灰飛煙滅，只剩下當年聚飲的黃公酒壚獨對斜陽。

4 酩酊中的超越

飲酒的第三個目的是自我超越，取得一個物我兩忘的自然境界。王忱曾感歎說：「三日不飲酒，覺形神不復相親。」王薈說：「酒自引人著勝地。」王蘊說：「酒正使人自遠。」（均見於《世說新語．任誕》）這就透露了此中消息。什麼是形神相親、人人自遠的勝地呢？我以為，魏晉以後，特別是正始以後，思想文化形態上發生了諸家思想的多元融會和每家思想的多向演化。儒、釋、道三家思想在彼此的撃撞衝突中尋找契合點，以道化儒，出儒入道，援道入佛。莊子以為，「古之真人，不知說生，不知惡死，其出不訢，其入不距，翛然而往，翛然而來而已矣。」佛說以為，「若能空虛其懷，冥心真境」。道家的本無之義與佛家超越感覺的真實而去把握永恆虛寂的涅槃境界原來就存在某種微妙的聯繫。同時，士林中的高蹈之風助長了人們超塵脫俗的精神追求，援道入佛使「無為」之說與般若精義妙相契合，從理論上將人們，特別是從事文學創作的知識分子導向一種永恆的寧靜和無所滯礙的空靈境界。竹林名士大多是文學之士，他們對「真」境的追求是必然的。然而，這種境界平時卻不易達到，因為一個人無論怎樣避世，到底免不了世情的牽累，很難真正做到「空虛其懷」。只有在飲酒中，在酩酊大醉中，在酒精的興奮作用下才能醺醺然於冥想中產生一種超脫現實的幻覺，做出驚世駭俗的舉動，達到「真」的境界。從這個意義上說，酒是竹林名士追求超越的意境美的渡舟。劉伶曾寫有《酒德頌》，文中虛擬了一位嗜酒怪誕的大人先生，實則是作者的自我寫照，稱酒後的妙處是「兀然而醉，豁爾而醒，靜聽不聞雷霆之聲，熟睹不見泰山之形，不覺寒暑之切肌，利欲之感情，俯視萬物之擾擾，如江漢之載浮萍」。無疑，這種物我兩忘的境界正是文學創作所需要的心境。從竹林名士起，酒就與文學結下了不解之緣。酒徒非名士，有之；名士非酒徒，似頗罕見。以後，「李白斗酒詩百篇」「一曲新詞酒一杯」等，也就不足為奇了。

5 情之所鍾，正在我輩

竹林名士是多情的。王戎就說過：「情之所鍾，正在我輩。」（《世說新語・傷逝》）向秀在《答養生論》中公開宣稱：「有生則有情，稱情則自然得。若絕之於外，則與無生同，何貴於有生哉！」當時的玄學清談就流行「聖人有情」說，所以竹林名士往往對萬事萬物一往情深。雖然各人的思想狀態、政治立場及生活道路迥異，雖然也存在著年齡差距，如最長者山濤與最幼者王戎相距整整二十八歲，但是他們意氣相投，都視山陽聚飲為記載著他們生命的歡樂和意義的難忘歲月。

嵇康是他們的領袖人物，嵇被殺害後，阮籍於次年即抑鬱而亡。向秀被迫入仕前，特地探望了嵇康的山陽舊居。當時正值寒冬，林木蕭瑟，斜陽慘澹，忽然傳來鄰人吹笛的聲音，若斷若續，如泣如訴，於是勾起了他對昔日朋友們歡樂遊宴的似水流年的美好追憶。在百感交集下，寫下了著名的《思舊賦》。賦的結尾云：

> 悼嵇生之永辭兮，顧日影而彈琴。託運遇於領會兮，寄余命於寸陰。聽鳴笛之慷慨兮，妙聲絕而復尋。停駕言其將邁兮，遂援翰而寫心。

後來「山陽聞笛」成了追思好友的著名典故，如「縱有鄰人解吹笛，山陽舊侶更誰過」（劉禹錫《傷愚溪》）、「掩淚山陽宅，生涯此路窮」（武元衡《經嚴秘校維故宅》）、「何須更賦山陽笛，寒月沉西水向東」（許渾《同韋少尹傷故衛尉李少卿》）之類皆是。《世說新語・傷逝》記載王戎當了尚書令後，「著公服，乘軺車，經黃公酒壚下過」，回憶往事，睹物思人，對後車的人感歎說：「吾昔與嵇叔夜、阮嗣宗共飲於此壚，竹林之逝，亦預其末。自嵇生夭、阮公亡以來，便為時所羈紲。今視此雖近，邈若山河！」「視此雖近，邈若山河」八字的力度是極為深沉的，對近況的淒傷，對往事的依戀，都寄寓在這深深的歎息之中。

總之，在六朝名士史上，竹林是由正始風氣轉為中朝風氣之樞紐，也是清談與放蕩之風合流的開始。較之素稱為清談的黃金時代的正始之音，它是具有另類魅力的白銀時代。它像是一個巔峰，既登峰造極，又開始走下坡路了。

6 嵇康冤獄

罹禍

人生是「煙濤微茫信難求」的。有時候，一樁看似與你無關的事情，卻是決定你人生吉凶的轉捩點。嵇康與山濤絕交，寫了《與山巨源絕交書》。魯迅說，司馬昭「因這篇文章，便就是得將嵇康殺了」。其實也落入皮相。嵇康是天下名士，司馬氏不會因一篇文章而冒天下之大不韙殺嵇康。他們寧願等待，捕捉一個能杜絕天下人之口的理由。嵇康是死於一樁與他完全無關的事情，這就是發生在景元二年（二六一年）的呂巽姦淫弟媳一案。誠如張雲璈《選學膠言》所說：「古今不平之事，無如嵇呂一案。」嵇康之獄是一場徹底的冤獄。對此，干寶《晉紀》記錄最詳，《文選・思舊賦》《三國志》《世說新語》都有類似的記載。

呂巽、呂安兄弟是鎮北將軍呂昭的兒子，嵇康最開始是與呂巽交好，後來又通過呂巽結識了他的同父異母兄弟呂安，兩人一見，意氣相投，便成莫逆之交。概言之，呂安崇拜嵇康的學識人品，嵇康則報之以命，在「世人皆欲殺」的氣氛下，敢於搭上自己的性命為朋友出頭。呂安起初隨父呂昭居住山東，而山東距嵇康居住地河內山陽（今河南焦作一帶）路途遙遠，《世說新語・簡傲》云：「嵇康與呂安善，每一想思，千里命駕。」干寶《晉紀》則云：「初，安之交康也，其相思則率爾命駕，千里從之。」只要是呂安心裡一思念起嵇康，就立即駕車啟程，不遠千里去探視朋友。

「率爾」，就是任性，不假思索，想去就去。十足的魏晉名士做派！十足的個性張揚！要知道，當時還是木輪車時代，「千里命駕」何其不易，因此，「千里命駕」也就成了友朋情篤的一個典故。

當然，呂巽也是嵇康的好友。然而，嵇康萬萬沒有想到，呂氏兄弟的家事鬧劇，竟讓自己捲入官司，並走上一條不歸之路：他視為好友的呂巽，竟成為自己入獄被害的重要推手。

《莊子》說：「人情險於山川。」自古以來，「知人」就是一門莫測高深的學問。呂巽平時看起來儒雅溫藉，結交名士，其實人面獸心，是個宵小之徒。呂安的妻子徐氏長得美豔動人，呂巽垂涎已久。有一次，趁弟弟呂安離家外出，呂巽竟設法將弟媳徐氏灌醉，將其誘姦。呂安回來，聽說此事，十分震怒，想將呂巽告官，並休掉妻子。呂安將自己的打算告訴好友嵇康，並徵求他的意見。

嵇康聽後氣憤異常，但他轉念一想，認為家醜不可以外揚，一旦告兄休妻，便會家庭破碎，呂氏兄弟兩敗俱傷，都難以立足於社會。作為好友，嵇康勸呂安暫且隱忍不發，由他從中斡旋調停。應該說，到此嵇康的想法和採取的措施都是無可非議的。

於是，嵇康面責呂巽，要求他痛改前非，善待弟弟。呂巽對嵇康許諾只要不見官，以後不再發生此事，永不加害呂安，並信誓旦旦，以與呂安為同父兄弟的關係立誓。嵇康隨即將調解的結果告訴呂安，呂安雖然氣憤，還是表示聽從嵇康勸導，亦不再追究。應該說，至此一場家庭糾紛可以大事化小，小事化了。

然而，此時的呂巽已經投靠了司馬昭，是司馬昭的掾屬，深受寵信，而且，他還和司馬昭的心腹、司隸校尉兼鎮西大將軍鍾會關係密切。呂巽做賊心虛，總擔心呂安以後有一天會告到官府，讓自己聲名掃地。為了徹底根除後患，便出爾反爾，來了個惡人先告狀，狀告呂安不孝，毆打母親

（呂巽生母）。呂巽此舉，可謂痛下殺手。因為司馬昭正大力宣揚「以孝治天下」，「不孝」是反對名教的大罪狀，輕者流放，重者殺頭。當年阮籍喪母期間飲酒食肉，大臣何曾就對司馬昭進言：「公方以孝治天下，而阮籍以重喪，顯於公坐飲酒食肉，宜流之海外，以正風教。」幸虧司馬昭意在籠絡阮籍，阮才免於流放之刑。所以呂巽以「不孝」狀告呂安正投合了司馬氏的政策，找到了治罪依據，是力度極大的誣告。加之呂安原本就是有「異見」的名士，當局有心坑害而無人庇護，於是呂安立刻以「不孝」罪被逮捕，並被判流放到邊遠地區。應該說，呂氏兄弟的家庭糾紛發生了惡性的變化，已經讓人嗅出一點你死我活的血腥的氣味，但是，還是與嵇康沒有一點關聯。

問題在於此人是嵇康！一代名士，澡雪精神，他是那樣的信念堅定，那樣的篤於情義，那樣的疾惡如仇！得知好友蒙冤流放，嵇康既震驚又懊惱，想到自己出於好心的調停，竟然被卑鄙的呂巽所利用，致使呂安錯失先機，坐等受辱受罪，他的胸膛燃燒著怒火，奮筆寫下了《與呂長悌絕交書》，痛斥呂巽背信棄義、陰險狠毒的無恥行徑。

在這篇三百餘字的短文中，嵇康以冷峻的語言回顧了與呂巽的交往，揭露了呂巽在這次事件前後殘害手足的醜陋面目，果決地表示要與其絕交。因書信精練，謹轉錄如下：

> 康白：昔與足下年時相比，以故數面相親，足下篤意，遂成大好，由是許足下以至交，雖出處殊途，而歡愛不衰也。及中間少知阿都，志力開悟，每喜足下家復有此弟。而阿都去年向吾有言，誠忿足下，意欲發舉，吾深抑之，亦自恃每謂足下不得迫之，故從吾言。間令足下，因其順吾，與之順親。蓋惜足下門戶，欲令彼此無恙也。又足下許吾，終不繫都，以子父交

為誓，吾乃慨然感足下重言，慰解都，都遂釋然，不復興意。足下陰自阻疑，密表繫都，先首服誣都，此為都故信吾，吾又非無言，何意足下苞藏禍心耶？都之含忍足下，實由吾言。今都獲罪，吾為負之。吾之負都，由足下之負吾也。悵然失圖，復何言哉！若此，無心復與足下交矣！古之君子，絕交不出醜言，從此別矣！臨別恨恨。嵇康白。

信中的都，即阿都，呂安的小名。嵇康說，足下暗地裡起疑心，秘密揭發誣陷阿都，惡人先告狀！這都是因為阿都先前相信了我，沒有告發足下，哪裡會想到足下包藏禍心？阿都之所以容忍，是因為我的勸說。如今阿都被判罪徙邊，是我對不起他。我之所以對不起他，是由於相信了足下的誓言！足下對不起我。為此，我十分惆悵，沒有什麼好說的了。像這樣的朋友，我也沒有什麼心思繼續交往了。古時候的君子絕交時，不說對方壞話。我鄭重與足下絕交！此時我也是憤恨不已。

這是《嵇中散集》中的第二封絕交書。寫給山濤的絕交書長篇大論，洋洋灑灑，佯為絕交，實則明志。此書則截然不同，三百餘字蘊含著因呂巽失信的錯愕、震驚、失望，自己有負呂安的內疚、自責、悔恨。但凡無話可說，才是真正的絕交，因此此書是一封徹徹底底的絕交書。疾惡如仇的嵇康想通過這封書信將自己與醜惡的呂巽徹底地切割開來。他萬萬想不到，從這封信開始，在那些陰謀家、告密者的眼中，嵇康將自己牢牢地與呂安「不孝」案聯繫在一塊了。這真是意外的「收穫」！他們躲藏在陰暗的角落，為之竊喜。

何止如此，面對好友的牢獄之災，熱血男兒嵇康才寫完絕交書，就打點行裝，奔赴洛陽，他要去為呂安辯護，申述冤情。哪怕前面是萬丈深壑，哪怕前面是熊熊烈火，他也要撲上前去。

這就是嵇康！

然而事與願違，深鑿和烈火凶狠地吞噬了嵇康和呂安，普普通通的家庭糾紛終於釀成一樁昭昭兩千年的血的冤獄。事件是由呂安的告別信引發的。

呂安想到妻子遭受污辱，自己莫名判刑，在流放途中，他憤懣難排，給好友嵇康寫了一封告別信。信中主要回顧了兩人的友情和意氣相投的交往，信末則是長歌當哭：「去矣嵇生，永離隔矣！煢煢飄寄，臨沙漠矣！悠悠三千，路難涉矣！攜手之期，邈無日矣！思心彌結，誰云釋矣！……臨書悢然，知復何云！」

當時對於持異見的名士而言，可謂文網高張，可能是憤恨之火焚燒了受傷的理智，呂安在信中還這樣激昂慷慨地直抒胸臆：

顧影中原，憤氣雲湧。哀物悼世，激情風烈。龍睇大野，虎嘯六合。猛氣紛紜，雄心四據。思躡雲梯，橫奮八極。披艱掃穢，蕩海夷岳。蹴崑崙使西倒，蹋泰山令東覆。平滌九區，恢維宇宙。斯亦吾之鄙願也。時不我與，垂翼遠逝，鋒距靡加，翅翮摧屈，自非知命，能不憤悒者哉！

呂安以文學的筆法，誇張地表達了自己對呂巽誣陷好人、有司顛倒黑白的憤怒與厭惡。他說，回望中原，心中憤恨之氣鬱結，有如雲海翻湧。哀歎萬物無常，感傷世道淪落，激情奮發，有如疾風猛進。蚪龍凝望著曠野，猛虎長嘯於天地之間。勇猛之志，紛然而生；雄壯之心，佔據四方。我要攀登那雲路天梯，橫行海內，去除艱險，掃卻污穢，傾倒江海，夷平山岳。腳踢巍峨的崑崙山，讓它向西傾倒；足踏雄偉的泰山，使它向東傾覆。平定滌蕩九州，重新恢復宇宙的秩序。可歎我不得其時，只能垂下翅膀，去至遠方。這樣刀鋒不能加於我，而翅翼摧傷，我自問還不能通達天命，又怎能不憤恨呢！

在司馬氏密探間諜遍布全國各地的時代，這封信很快落到司馬昭的手裡，並給予另類的要命的解讀。他們根本不理會這是義憤書生的牢騷語，根本不深入考察文章所指，固執地認為呂安有非凡之志、謀逆之心，書信是呂安、嵇康的互通心曲，故而是二人謀反的戰鬥檄文。在荒謬的「邏輯推理」下，整個案件陡轉直下，以「不孝」罪被流放的呂安很快被押送回京，重新以謀反罪待判。

這時，光風霽月的嵇康卻公然來到洛陽，毅然決然地為好友的冤案作證。於是司馬昭趁機把嵇康收送廷尉，準備將兩人一同治罪。

審訊中，嵇康和呂安自然不肯屈招，對「謀反」的指控斷然否認。呂安還有封書信，紙寫筆載，解讀不同而已。嵇康則完全是局外之人，如何治罪呢？然而，在司馬氏集團眼裡，此人早已在冊。嵇康是曹魏舊臣，是一個持異見的名士，而且嵇康總是和當局作對。司馬氏宣導名教，嵇康偏偏提出「越名教而任自然」；司馬昭好不容易親自率兵平息了毌丘儉、文欽淮南之叛，嵇康卻撰寫了《管蔡論》，極力聲辯管、蔡無罪，以古諷今，為毌丘儉、文欽張目；司馬氏禮敬湯、武、周、孔，奉其言如法旨，嵇康卻偏要「非湯武而薄周孔」；司馬氏想借禪讓謀篡逆，嵇康卻「輕賤唐虞而哭大禹」，煽惑士子。至於說嵇康躲避徵辟，避難河東，更明顯是與執政者不合作了。司馬昭當然想利用這一呂安事件，懲治嵇康，以儆效尤。

然而如何定罪？罪懲何等？仍然是未定之數。

囚居幽憤

廷尉所轄的洛京大牢是低矮而潮濕的，用於通風的小窗卻很高，人站在房裡，根本看不到窗外。只有遠遠地時不時傳來一陣陣秋蟬的低唱；西風颼颼，偶爾吹颳進一兩片黃葉，算是大自然對監犯的問候。

嵇康一生淡泊仕進，敝屣功名，他最鍾愛、最珍視者有二，一是友情。至今竹林的縱飲和吟嘯仍然是他的靈魂的聖宴。這一次，他就是因為好友出頭而受苦。二是自然。河東雄偉的群山，山陽恬靜的田園，明淨的陽光，悅耳的鳥鳴，芬芳的花草，現在都成了奢侈的回憶。幸虧家人和弟子趙至探監時，帶來了他的綠綺琴，他可以晨昏撫弄，聊遣積愫。後來江淹《恨賦》云：「中散下獄，神氣激揚。濁醪夕引，素琴晨張。秋日蕭索，浮雲無光。鬱青霞之奇意，入修夜之不暘。」就是摹寫了嵇康囚居的風采。

廷尉的審訊可能使嵇康預感自己來日無多，面對這樣一個極端邪惡的政治局面，面對無奈接受生命被終止的殘忍命運，嵇康寫下了可能是他的絕命之作的《幽憤詩》。

詩以「幽憤」為名，是取班固《漢書》評司馬遷被誣下獄，「既陷極刑，幽而發憤」「幽而發憤，乃思乃精」之意，用內心獨白的方式，回首前塵，抒發自己悲劇人生的憂鬱悲憤。全詩一改嵇康過去凌厲奔騰的風格，少有激揚褒貶的語言，冷靜的反思如水銀瀉地，時而哀怨，時而悔恨，時而憶往昔，時而追來者，展示了自己平素的生活，檢討了自己褊狹的個性和粗疏的處事方式，真摯深沉，充滿了對世局的無奈和自己的希冀無法實現的悲哀和惆悵。

嗟余薄祜，少遭不造，哀煢靡識，越在襁褓。母兄鞠育，有慈無威，恃愛肆姐，不訓不師。爰及冠帶，馮寵自放。抗心希古，任其所尚。托好老莊，賤物貴身。志在守樸，養素全真。

曰余不敏，好善闇人。子玉之敗，屢增惟塵。大人含弘，藏垢懷恥。民之多僻，政不由己。惟此褊心，顯明臧否。感悟思愆，怛若創痏。欲寡其過，謗議沸騰。性不傷物，頻致怨憎。昔慚柳惠，今愧孫登。內負宿心，外恧良朋。仰慕嚴鄭，樂道閒居。與世無營，神氣晏如。咨予不淑，嬰累多虞。匪降自天，實由頑疏。理弊患結，卒致囹圄。對答鄙訊，縶此幽阻。實恥訟免，時不我與。雖曰義直，神辱志沮。澡身滄浪，豈云能補。

嗈嗈鳴雁，奮翼北遊。順時而動，得意忘憂。嗟我憤歎，曾莫能儔。事與願違，遘茲淹留。窮達有命，亦又何求。古人有言，善莫近名。奉時恭默，咎悔不生。萬石周慎，安親保榮。世務紛紜，祇攪予情。安樂必誡，乃終利貞。煌煌靈芝，一年三秀。予獨何為，有志不就。懲難思復，心焉內疚。

庶勖將來，無馨無臭。採薇山阿，散發岩岫。永嘯長吟，頤性養壽。

嵇康先回顧自己的成長，雖然自幼喪父，但幸得母親與長兄疼愛，無拘無束地自由成長。長大後，自己心慕老莊，輕賤名利，持守淳樸，希望能保身全真。然而，自己生性剛烈，不善於選擇朋友，又愛褒貶是非。當前宵小、權奸當道，雖然自己不與人為害，但卻招來怨恨而淪落至此。於古有愧於柳下惠的正直坦蕩，於今也愧對孫登的教誨，對內違背了自己的夙願，對外辜負了好友的規勸。接著，嵇康述說嚮往安貧樂道、怡然自適的隱世生活，但是命運卻不眷顧自己，屢遭磨難。在這有冤屈也無法申訴的地方，還要受到吏皂們粗鄙的審訊，使身心受到極大的恥辱，就是引來滄浪之水也無法洗去自己的冤屈。詩的結尾，嵇康深情地表達了對於順應時命、遺棄虛名、隱逸山林、長嘯歌吟的自由生活的嚮往。

因為此詩與嵇康以往慷慨任氣的風格不同，自責自省的文字頗多，所以也引起了一些學者的疑惑。如明代學者李贄就在《焚書》中說：「若果當自責，此時而後自責，晚矣，是畏死也。既不畏死以明友之無罪，又復畏死而自責，吾不知之也。」李贄無法理解嵇康在《幽憤詩》中的自責自省，認為這是畏懼死亡的表現，與他後來凜然臨刑的形象截然相反，因而推測此詩經過後之好事者的增改修飾，不是嵇詩的原貌。其實，作為一代名士，嵇康是在現實艱難和自我選擇不可調和時，把人生的焦點集中到自己身上，心胸坦蕩地去承擔命運中的困厄。一個人越是珍視生命，生命遭到迫害時的痛苦就越強烈而深刻。可貴的是，嵇康雖然身陷囹圄，仍然沒有動搖對高尚理想的追求，仍然挺身而出，對不平的現實做出不妥協的反抗。

當嵇康在獄中撰寫《幽憤詩》的時候，外面他的家人和朋友又憂又急，從山陽到洛陽，奔走營救。仲兄嵇喜、山濤、阮籍、阮咸、王戎等人紛紛利用各自的關係，找廷尉、找大臣，打聽嵇康究竟所犯何罪，怎樣才能解救出來。兩三天下來，消息彙總，背景清楚了，此案係由司馬昭親自審定，如何定性，如何量刑，都由司馬昭過問，大有「欽犯」的味道。嵇喜、山濤們都嚇呆了，大家束手無策，只寄希望於嵇康所犯罪過不大，量刑時司馬昭能動惻隱之心，寬宥處理。

弟子趙至從山陽趕來後，心急如焚，在太學生和豪俊之士中發動救援。嵇康以其才情卓識，引萬民景仰，早已是士林偶像。現在見自己的偶像無辜遭受縲絏，民怨沸騰，三千多名太學生即在趙至發動之下，聯名上書請求赦免，請以為師。與之同時，一些豪俊之士則義形於色，趕至廷尉衙門，自願陪嵇康一同入獄。

事情正在悄悄地起變化。這時候一個人走了出來干預此事，用他的手加力，將一代名士推上了斷頭臺。這個人就是鍾會。

鍾會與嵇康一生中只有兩次交集，而且面對面的交集還只有一次。

第一次是鍾會投書。

《世說新語・文學》云：「鍾會撰《四本論》，始畢，甚欲使嵇公一見。置懷中，既定，畏其難，懷不敢出，於戶外遙擲，便回急走。」事情發生在正始後期，嵇康揮塵河洛，才名傾動朝野，其時鍾會還只是一個世家子弟，剛剛脫稿《四本論》，頗為自得，懷揣書稿去見嵇康，臨門卻隔牆擲書而歸。鍾會這樣做，我以為有三個原因。

其一，是請教。其時嵇康已然是學術界的「大佬」，鍾會不過是新銳。登門禮敬，亦是常理。

其二，表示鍾會膽怯。漢末以來，才性問題一直是士林比較關注的問題。才主要是指人的才華能力，性主要指人的道德品行。所謂四本，是指才和性的四種關係，即才性同、才性異、才性合、才性離。鍾會是主張才性合的代表人物，他總結當時的各家觀點，又在此基礎上引申發揮，撰就《四本論》。這篇文章現已亡佚，但鍾會持才性合的觀點則是確然無疑的。而嵇康雖然沒有直接撰寫關於才性之辨的論著，但他寫了《明膽論》，論述智慧和膽量之間相互制約的關係，從中可以推測，在才性之辨的論題上，嵇康應當是才性離一派。鍾會可能是擔心自己的文章會遭到嵇康的當面駁斥而「擲書而歸」。這種逃避，反映了鍾會對嵇康心存忌憚。

其三，鍾會生性爭強好勝，將自己的新著送給嵇康看，也有一點示強、挑戰的意味。對於這本隔牆擲落的著作，嵇康是否讀過，讀後看法如何，沒有歷史記載，我們不得而知。對於鍾會來說，這次拜訪是不愉快的，由於意識到自己的忌憚以及弱勢，甚至本能地產生了敵意。當然，對於鍾會的敵意，嵇康是一無所知的。

嵇康與鍾會的第二次交集頗富戲劇色彩，時當甘露三年（二五八年）諸葛誕叛亂被司馬昭鎮壓不久。嵇康已辭去中散大夫，身為曹魏姻親的嵇康雖不熱衷仕進，但眼見司馬氏一次次用鮮血鋪就篡權之路，又一次次用禮法來欺瞞天下，他那疾惡如仇的儒者之剛，只能宣洩在鍛鐵揚槌之中。而鍾會卻徹底投靠了司馬氏。典午之變後，鍾會獲賜爵關內侯，此後又在司馬氏剪除異己的征伐中屢出奇謀，人稱張良再世。由於在平定諸葛誕叛亂中立功最大，遷任司隸校尉，甚得司馬昭寵信，但凡朝廷大小事，官吏任免，鍾會多有插手。然而，時代崇尚玄學清談，鍾會既要當朝臣大將，也要成為清談名士，所以他不恥到牢獄，想與身陷縲絏的名士領袖夏侯玄套近乎，實現多年來與夏侯玄結交的夙願。所以他在志得意滿之際，也突然造訪嵇康。

這次的鍾會當然不是當年在嵇康家園牆外徘徊良久而不敢叩門，最後擲書而去的小青年了。他在十餘騎衣著鮮麗的隨從侍擁下，馬蹄嘚嘚來到了嵇康的鍛鐵工坊。這是一次居高臨下的造訪，準確地說是駕臨。

當鍾會一行趾高氣揚地在大柳樹下拴好馬，踱到工坊時，衣衫破舊的向秀正蹲在地上拉風箱，嵇康旁若無人、揮汗如雨地叮叮噹當揚槌打鐵，好像沒有看到有貴客來臨一樣。

鍾會本以為嵇康會誠惶誠恐、熱情接待的，如此冷遇，讓他在眾人面前丟盡了顏面。他勉強在旁邊站了一會兒，沒趣地轉身離去。

這時，一直沉默不語的嵇康瞟了一眼，突然發話了：「何所聞而來？何所見而去？」

這句話沒頭沒腦，但又蘊含機鋒。嵇康指出，其一，你來是銜命而來，去則有所覆命。其二，自己不憚公開「何」，你去向主子稟報好了，我不怕！八百年後明朝的李贄讀懂了嵇康的機鋒：「方其揚槌不顧之時，目中無鍾久矣，其愛惡喜怒，為何如者？」（《初潭集》）

鍾會是何等聰明之人，對此難堪尷尬的場面，他拋下一句冷冰冰的回答，扭頭跨身上馬，憤憤而去：「聞所聞而來，見所見而去。」

鍾會的回答也藏有機鋒。其一，我坐實了「何」的內容。其二，我將向上面有所覆命，你等著吧！

這就是嵇、鍾一生中僅僅交談的兩句話，記載在《世說新語‧簡傲》和《晉書》本傳等典籍中。

這次嵇康陷獄，鍾會時任司隸校尉兼鎮西大將軍，司隸校尉不僅監察京師百官，其管轄範圍包括今天的河北南部、河南北部、山西南部和陝西渭河平原等，權力極大，而且，鍾會還是司馬昭的心腹大臣。早年投書的不快以及嵇康鍛鐵時對他的藐視，他一直耿耿於懷。嵇康算是被小人記掛了。兩年前，他窺伺到司馬昭對嵇康有羅致招攬之意後，曾陰險地向司馬昭進言：「嵇康，臥龍也，不可起。公無憂天下，顧以康為慮耳。」也就是說，嵇康是諸葛亮式的人物，不能起用，應該早日除掉，以絕後患。正元元年（二五四年），毌丘儉在淮南起事，嵇康準備回應，後因聽從山濤的勸阻而作罷。鍾會偵聽動態，也進讒司馬昭。不過因為沒有充分的證據，無法將嵇康治罪。

對於鍾會來說，這一次可謂機會難得。於是，他在廷議中進言：「現今政治開明，國家大治，偏僻的邊境沒有詭詐刁民，街口巷尾也沒有不滿的議論。而嵇康上不臣服天子，下也不事王侯，輕時傲世，不願為時所用，且又傷風敗俗。過去姜太公誅殺不願出仕的華士，孔子誅殺行為怪癖、言論狂謬的少正卯，都是因為他們負才惑眾。臣以為，現在誅殺嵇康正是清潔王道。」

鍾會的痛下殺手，固然出於私心，出於睚眥必報的陰惡的本性，卻也主要是迎合了司馬昭的心思，他所羅織的「不為所用」「輕時傲世」「負才惑眾」的理由無疑正是司馬昭之所慮。而且，前兩項也是人所共知的事實。司馬昭聽後深有感觸。也就在這時候，太學生聯名上書，豪俊之士自願陪獄，洛京震撼，群情洶洶，更證明鍾會所言並非危言聳聽。對於危及統治之事，專制者是毫不手軟的。於是，司馬昭殺心陡起，不再猶豫，當即與鍾會密謀，以嵇康「言論放蕩，害時亂教」為由，判其死刑。同時，以「不孝」和「謀反」之罪，將呂安處死。

臨刑

當嵇康獲知自己將要被處死時，他極大地震驚了！他知道司馬昭的凶狠，知道此次落到他們手中，會被判以重刑，但被處以極刑，則完全沒有想到！他是那麼愛惜自己的生命，就在剛剛寫成的《幽憤詩》的結尾，他還抒發了遁世隱逸、長嘯歌吟、養生全真的夙願。然而，司馬氏竟要剝奪他的生命！

嵇康畢竟是一代名士，在極度震驚、極度悲傷之後，他的情緒漸漸穩定下來。世界如此荒唐，如此殘忍，死了不也是一種解脫嗎？就像《莊子・在樂》所說的那樣：「死無君於上，無臣於下，就無事實之事，徒然以天地為春秋，雖南面之樂不能過也。」

除了對生命的無限眷戀，讓嵇康牽腸掛肚的莫過於自己的一對兒女了。女兒尚且待字閨中，幼子嵇紹才十歲左右，繈褓喪父的嵇康一想到自己逝去後兒女淒苦無依的情況，他就心如刀割。沒有父親的陪伴呵護，女兒的出閣擇婿，兒子的治學立業，都將充滿坎坷崎嶇。這時候，舐犢情深的嵇康強忍酸楚，冷靜地給兒子留下自己的絕筆《家誡》。嵇康一反過去任情不羈的行為和思想，以自己對俗世的思索和人生況味的體察，以堅守志向為主線，詳細敘述了為人處世的方方面面，反覆告誡，希望兒子能夠懂得人情世故，懷大志，拘小節，謹慎生活，在世俗中順利成長。

《家誡》字裡行間，浸透著深深的無奈與悲哀。嵇康希望子女尤其是幼子嵇紹既要胸懷大志，正直做人，又要謹言慎行，避免災禍。這與嵇康自己狂放任情的一生形成了鮮明的反差。其實嵇康寫《家誡》類似當年阮籍對兒子阮渾欲加入竹林七賢放浪縱恣予以勸阻。阮籍說：「仲容（阮咸）已預吾此流，汝不得復爾！」家人中已有阮咸加入竹林，你就不要來了！為什麼阮籍的言行如此矛盾呢？戴逵《竹林七賢論》說得好：「蓋以渾未識己之所以為達。」阮籍認為阮渾還沒有真正認識到放達的原因，這其中飽含面對險惡的政治環境如履薄冰般的焦慮，也包含著為了個人的志向選擇人生的痛苦。他們對老莊偏執地追求是對現實虛偽名教的反抗，骨子裡卻還是不願後代重演自己的人生悲劇。魯迅則在《魏晉風度及文章與藥及酒之關係》中中肯地指出：「嵇康是那樣高傲的人，教子卻要他這樣庸碌。由此我們知道，嵇康對於自己的舉動也是不滿意的。所以批評一個人的言行實在難，社會上對於兒子不像父親，稱為『不肖』，以為是壞事，殊不知世上正有不願意他的兒子像他的父親哩。試看阮籍、嵇康，就是如此。這是因為他們生於亂世，不得已才有這樣的行為，並非他們的本態。但又於此可見魏晉的破壞禮教者，實在是相信禮教到固執之極的。」

刑期臨近，彤雲低鎖，朔風透骨。仲兄嵇喜和妻子長樂亭主帶著一雙兒女前來探監。當嵇康將妻子和女兒都鄭重拜託仲兄照料，又將《家誡》文稿交到兒子嵇紹手中時，全家人哭成了一團，嵇紹更是緊緊地抱住了父親戴著鐐銬的腿。

嵇康只是淚眼盈盈，他撫摸著嵇紹的頭，又用衣袖小心地為嵇紹拭去涕淚：「莫哭，莫哭。有巨源在，你不會孤苦無依的。」嵇康平靜地說。

接受託孤重任的山濤並不在場。此時，旁邊站著自己的仲兄、兒子的親伯父嵇喜，嵇康沒有託孤於他，嵇喜有點意外，有點納悶，但他還是鄭重地點頭，說：「愚兄遵命。」嵇康之所以交給山濤託孤的重任，是因為其一，他與山濤交情最篤。其二，山濤為人正直，不貪財，不好色，能夠教育嵇紹成為有良好品格的人。其三，嵇康知道如今已經進入了晉朝的新時代，山濤是晉室幹練的重臣，有條件撫育嵇紹成長。這當然是做父親的慘澹苦心。

山濤果然不負好友之託。等到嵇紹成人後，山濤直接向武帝司馬炎舉薦，說：「《康誥》有言『父子罪不相及』。嵇紹賢侔郤缺，宜加旌命，請為秘書郎。」晉武帝原本就非常器重山濤，就說：「如卿所言，乃堪為丞，何但郎也。」於是發出徵詔，任命嵇紹為秘書丞。

當嵇紹向山濤詢問是否該出來做官時，山濤說道：「我已經為你考慮很久了！天地之間，四時變化，尚且有消長更替，何況人事，哪有一成不變的呢？」應該說，山濤的考慮是體察了嵇康的用心的。當然，這是後話了。

再回到此次冤獄。嵇喜一行臨別時，嵇康囑咐嵇喜在臨刑那天一定要將自己心愛的瑤琴帶來。

從某種意義上說，一代名士嵇康是當時知識分子的神聖人格的代言人，民眾對於這樣的偶像的崇拜，不會因其入獄，而有絲毫減弱。在嵇康囚居的日子裡，太學生聯名上書和豪俊之士的自願陪獄聲勢愈益浩大。可悲的是，司馬氏集團不僅沒有在民意面前妥協，反而更加驚恐，更加害怕嵇康的聲名和力量會危及、削弱他們的統治，於是加速了處死嵇康的步伐。

景元三年，洛京的冬天是陰冷的，行刑的那天卻放晴了，陽光燦爛，天空湛藍，遠處甚至還望得見龍門群山峰頂閃耀的積雪。嵇康和呂安的處斬地點是建春門外的馬市，時間則是午時三刻。

通往行刑處的官道兩旁早已擠滿了人，有普通的洛陽市民、販夫走卒，更有大批大批義形於色的太學生。嵇喜和山濤、阮籍、向秀、劉伶、阮咸、王戎等一班朋友淚眼盈盈地默然肅立，趙至淚流滿面，和太學生們站在一起。大家都趕來向嵇康告別，為嵇康送行。

嵇康和呂安衣著整潔，穿著士子通常穿的藍布棉衫，從監獄到馬市的路上，他們安然而行，不時相視，微微一笑，視典刑官、劊子手、眾衙役如無物，真是響噹噹的名士風骨！他們好像不是被押赴刑場，而是相約赴竹林縱飲，或是趁晴日去柳樹下鍛坊鍛鐵，或是去溪澗邊調試新琴。

到馬市行刑處，二人席地而坐，典刑官詢問其有何要求或交代。嵇康眯縫著眼睛，瞄了瞄豎立在行刑台前竹竿下的日影，他知道距離行刑還有片刻。於是，嵇康招呼哥哥嵇喜上前，索取了自己的瑤琴，嵇喜以布衾墊底，鋪設於刑台之上。

這舉動本身就是前無古人後乏來者的風流之舉，人們一下子全安靜了下來，靜靜地聽著，眼巴巴地看著。

這一切嵇康好像全然無視，他接過琴後，嘴角出現了一絲不易察覺的微笑，隨即熟練地調試了一下音色，神色自若地彈起了自己生命中最看重的樂曲。

「《廣陵散》？《廣陵散》！」人們都從心底喊了出來。

激越的音符在嵇康手指間迸發著，跳躍著，飄浮著，擴散著，有時輕快，有時鏗鏘，如怨如慕，如泣如訴，琴曲昂揚激蕩，表現了聶政從怨恨、隱忍到憤慨、爆發的感情發展過程，展示了聶政反暴政的不屈精神。死神在這裡也望而止步。嵇康的臉上無限祥和，心中一片光明，他已遠離齷齪，遠離殘忍，眼前有的只是竹林搖曳，松風清肅，花底鶯聲，溪間魚影，他用指尖的跳躍揉動，營造出人鬼俱寂的春天。

曲終音息，竹竿日影也顯示行刑時刻已到，嵇康雙手輕撫著琴身，長歎道：「昔袁孝尼嘗從吾學《廣陵散》，吾每靳固之，《廣陵散》於今絕矣！」

語畢，嵇康從容就刑。面對死亡，嵇康用生命和靈魂演繹出了一種從容，一種風骨，將瞬間變成了永恆。世上似乎唯有嵇康，才有這樣的千古風流。

是年景元三年，嵇康四十歲。

【第七章】

中朝名士

……使我高霞孤映，明月獨舉，青松落蔭，白雲誰侶？……

—— 孔稚圭《北山移文》

1 「山寨版」名士

晉南渡以後，因西晉在中原，故稱西晉為中朝。不過，筆者所說的「中朝名士」，包括泰始之後以迄梁、陳的大多數六朝名士。余英時先生在《士與中國文化》第七章中說，經過一二百年的努力加上佛教的大力量，到了南朝後期士風已從絢爛而復歸於平淡。「中朝名士」正是一代平淡之輩。用現代時髦的話說，是「山寨版」名士。

中朝名士在氣質上，在精神上，較之正始名士和竹林諸賢，確只是末流了。魯迅先生在《魏晉風度及文章與藥及酒之關係》中說得好：「劉勰說，『嵇康師心以遣論，阮籍使氣以命詩。』這『師心』和『使氣』，便是魏末晉初的文章的特色。正始名士和竹林名士的精神滅後，敢於師心使氣的作家也沒有了。」沒有了正始和竹林的精神，有的只是他們的病態的形跡。西子已逝，捫心效顰，情何以堪！加之東晉以後儒學受挫，玄風益煽。眾所周知，儒學實際上是窮人學問，是入世學問，講修身守法，而玄學是富貴哲學，講驚世駭俗。葛洪在《抱朴子・疾謬》中將這些病態的形跡一一列舉如下：

蓬頭亂鬢，橫挾不帶。或褻衣以接人，或裸袒而箕踞。朋友之集，類味之遊……其相見也，不復敘離闊，問安否。賓則入門而呼奴，主則望客而喚狗。其或不爾，不成親至，而棄之不與為黨。及好會，則狐蹲牛飲，爭食競割，掣撥淼折，無復廉恥。以同此者為泰，以不爾者為劣。

也就是說，朋友們相聚見面，既不敘舊問安，也不切磋學問，砥礪道德，而是以無理取鬧為樂，放浪胡來，醜態百出。《宋書・五行志》載：「晉惠帝元康中，貴遊子弟相與為散發裸身之飲，對弄婢妾。」均屬此類。《世說新語・德行篇》注引王隱《晉書》也提出了同樣的佐證：

魏末阮籍嗜酒荒放，露頭散髮，裸袒箕踞。其後，貴遊子弟阮瞻、王澄、謝鯤、胡毋輔之之徒，皆祖述於籍，謂得大道之本；故去巾幘，脫衣服，露醜惡，同禽獸。甚者名之為通，次者名之為達也。

據此可知他們的所謂「祖述於籍」只是形似阮籍罷了。例如中朝名士之首阮瞻，字千里，他的父親阮咸及叔祖父阮籍同為竹林名士。阮籍惡惡善善，能為「青白眼」，阮咸狂放不羈，阮瞻卻與乃祖乃父大相逕庭，沒有什麼不羈形跡。他清虛寡欲，與世無爭。一次，阮瞻與眾人同行，當時烈日當空，口渴難耐，忽見路邊有一口小井，眾人爭先恐後地跑去飲水，唯獨阮瞻逡巡在後，等眾人飲完之後才去，其與人無競如此。竹林名士那種敢於反抗潮流的稜角是完全沒有了。著名的「三語掾」典故就反映了阮瞻的思想傾向。一次，司徒王戎問他：「聖人貴名教，老莊明自然，其旨同異？」阮瞻答曰：「將無同。」王戎咨嗟良久，以為他說得太精闢了，即命辟之為掾，時人稱之為「三語掾」。其實「將無同」三字，既可解釋為「得無同」，也可解釋為「也許同」，也可解釋為「也許並無不同」，是典型的和稀泥的回答！

竹林名士不論是飲酒服藥、奇癖怪好，或是著高屐、戴斗笠、懸紫羅香囊等，皆凸顯真我，皆有「我與我周旋久，寧作我」（殷浩語）的精神追求，皆有一種哲學體驗和美學探求的意義。而中朝名士的盲目模仿就完全是兩回事了。他們大多原本是北方的「高門放誕之士」，來到素樸明淨的江南後，世稱「貴遊子弟」，穿著上講究「熏衣剃面，傅粉施朱」，著高底鞋，乘長簷車。靠的是錦花坐墊，鋪的是絲綢枕褥，左右陳設的是種種名貴的古董和器玩，「從容出入，望若神仙」。（見《顏氏家訓．勉學》）精神上，他們則打出了「達」的旗號。於是，就產生了「八達」。《晉書．卞喜傳》就有「時貴遊子弟多慕王澄、謝鯤為達」的記載。

中朝名士的這種「達」，他們以為源頭可以上溯到「三玄」中《莊子》的任情放達。據《莊子》一書介紹，莊周及同道齊萬物，等生死，故有一些諸如妻死鼓盆而歌、援髑髏而眠的詭異行為。莊子任情放達，特立獨行，而阮瞻、謝鯤等「八達」恰恰只有「放達」而丟掉了「任情」。他們片面理解並奉行《莊子．達生》「達生之情者，不務生之所無以為」，認為通達人生的人不應當有所作為，去改變現實。這當然是種參透人生的消極處世態度。「達」之甚者，當然首推謝鯤為首的「八達」。所謂「八達」，也就是當時玄學界的八大天王。「八達」之所為，《晉書．光逸傳》倒是留下了寶貴的資料：

尋以世難，（逸）避亂渡江，復依（胡毋）輔之。初至，屬輔之與謝鯤、阮放、畢卓、羊曼、桓彝、阮孚散發裸裎，閉室酣飲已累日。逸將排戶入，守者不聽，逸便於戶外脫衣露頭於狗竇中窺之而大叫。輔之驚曰：「他人決不能爾，必我孟祖也。」遽呼入，遂於飲，不捨晝夜。時人謂之八達。

這段文字活靈活現，如在眼前。從狗洞中鑽進頭來，並大叫，竟至受到主人的熱烈歡迎，這種作客方式古今中外似屬罕見。所以章太炎先生在講到東晉、南朝的歷史時評價說：「蓋放蕩之至，竟似習與性成矣。」（《太炎文錄》卷一，七十二頁）他們的酣暢任達，必然既沒有痛苦的回味，也缺乏對光明的追求，而只留下空虛輕浮、縱情享樂。《世說新語・簡傲》載，王澄離開京都去任荊州刺史，他的哥哥王衍及當時名士都前來送行。當時院子裡有棵大樹，樹上有個喜鵲窩。王澄竟不管客人，脫掉長袍，取下頭巾，逕直上樹掏小喜鵲。下來後又繼續把玩手中的小喜鵲，旁若無人。作為一個官吏，竟有如此荒唐之舉，實在叫人啼笑皆非。還有謝鯤，字幼輿，號「八達」之首，名重一時，鄰家高氏有女貌極佳麗，謝鯤曾經輕薄地挑逗她，高女不堪謝鯤性騷擾，奮力向他投擲織梭，打折了他的兩顆牙。旁人譏刺道：「任達不已，幼輿折齒。」謝鯤聽說後，不以為羞，反而傲然長嘯曰：「猶不廢我嘯歌！」對於這樣的無賴，同族謝安還拍手叫好：「若遇七賢，必把臂入林。」《世說新語・任誕》載，周顗素來德高望重，有一次他與朝中名士到尚書紀瞻家觀賞歌舞。紀瞻愛妾聲色俱佳，楚楚動人。周顗不能自已，當眾脫掉褲子，欲姦其妾。有人嘲笑他，而周顗卻辯解說：「吾若萬里長江，何能不千里一曲？」當眾露出自己的生殖器還毫無羞慚，其放任無忌已達到了不可思議的程度。《晉書・王忱傳》載，王忱岳父的親人死了，王忱乘著酒興去弔喪。岳父正在傷心痛哭，王忱和十幾個朋友卻手牽著手，散髮裸體而入，圍著哭泣的親友繞了三圈，揚長而去。

他們的任達不僅表現在日常生活中，對於政治生活也到了無家無國的麻木程度。在天下分崩、朝野危懼的時日，山簡卻優遊卒歲，常常醉臥池上。（《晉書・山簡傳》）王衍累居顯職，但遇事推脫責任，以「不予世事」自釋。（《晉書・王衍傳》）周嗜酒成性，雖職任僕射，卻「只有姊喪三日醒，姑喪三日醒，大損資望」，於是時人送給他一個「三日僕射」的雅號。（《晉書・周顗傳》）王澄為荊州刺史，「日夜縱酒，不親庶事，雖寇戎急務，亦不以在懷。」（《晉書・王戎傳附王澄傳》）王恭不打自招地說：「名士不必須奇才，但使常得無事，痛飲酒，熟讀《離騷》，便可稱名士。」（《世說新語・任誕》）對於他們來說，清談只是語言遊戲，飲酒只是高尚點綴。無怪乎戴安道分析說：「竹林之為放，有疾而為顰者也；元康之為放，無德而折巾者也。」（《晉書・戴逵傳》）這裡引用了兩個典故，一方面是說，竹林名士的放達，乃椎心泣血的心結所致，就像美女西施因心痛經常在人面前捂捫著心口，皺著眉頭，自有風情，惹人憐惜。另一方面是說，中朝名士的放達，徒慕其形式，是為了趕時髦，就好像人們模仿郭泰遇雨折頭巾那樣可笑。無疑，戴逵所言，是極有見地的。

2 身在江湖，心存魏闕

中朝名士中不乏熱衷名利的偽君子。《世說新語・排調》說，驃騎將軍何充到瓦官寺拜佛很頻繁，阮裕便嘲諷他說：「您志向遠大，可謂包容宇宙，超越古今！」何充丈二和尚摸不著頭腦，便問：「您今天為什麼突然這樣誇獎起我來了？」阮裕說：「我希望混個太守當當，尚不能如願。您企圖成佛，難道志向不遠大嗎？」阮裕所言，也透露了自己冀想升官的心聲。又如《南史》記載，宋何尚之為尚書令，元嘉末致仕，居方山著《退居賦》以明所守。「議者咸謂尚之不能固志，後果然」。又如南齊周顒曾隱居北山（即鍾山），自視清高，博得美譽。後又應召任海鹽令，任期滿後入京，將路過北山，孔稚圭便寫了著名的《北山移文》，假託北山神靈譴責周顒，對當時「身在江海之上，心居魏闕之下」，偽作清高而趨名嗜利的假隱士的醜態做了辛辣的嘲諷。其中寫到周顒出仕後山林空虛荒涼的景象：

使我高霞孤映，明月獨舉，青松落蔭，白雲誰侶？澗戶摧絕無與歸，石徑荒涼徒延佇。至於還飆入幕，寫霧出楹，蕙帳空兮夜鶴怨，山人去兮曉猿驚。昔聞投簪逸海岸，今見解蘭縛塵纓。於是南岳獻嘲，北隴騰笑，列壑爭譏，攢峰竦誚。慨遊子之我欺，悲無人以赴吊。故其林慚無盡，澗愧不歇，秋桂遺風，春蘿罷月；騁西山之逸議，馳東皋之素謁。

駢散相間，文氣貫注，把那種假名士、真市儈的嘴臉刻畫得唯妙唯肖！幾百年後，只有北宋王安石，因自己不忘仕進，曾作七絕云：

偶向松間覓舊題，野人休誦北山移。
丈夫出處非無意，猿鶴從來不自知。

多少為周顗做了些無力的辯解。

3 垮掉的一代

元康以後，竹林名士的反抗精神日漸式微，名士日漸墮落。

名士大多是貴遊子弟，他們生活的環境，是輕歌曼舞、燈紅酒綠的溫柔鄉，誠如梁楊皦《詠舞詩》所云：折腰送餘曲，斂袖待新歌。羞容生翠羽，曼睇出橫波。

他們「膚脆骨柔」「體羸氣弱」，到了梁、陳時，有些士大夫甚至不能騎馬，有位建康令王復，見到馬嘶噴跳躍，竟然周身震慄，說了一句「千古奇談」：「正是虎，何故名為馬乎？」

中朝名士及以後的江左名士在溫柔鄉中加速了腐化。據顏之推在《顏氏家訓》中說，這些名士全靠俸祿，不知稼穡，人世事務完全不懂。他們通常寬衣大帶，高冠高底鞋，香料熏衣，剃面搽粉，塗抹胭脂，出門坐車轎，走路要人扶持。這種衰弱得不堪一擊的名士遇到兵鋒競起的動亂，就會大量喪生。如孫思亂後，東方諸郡大饑，很多名士連掘些草根充饑的本領都沒有，只能披著精製的羅衣，抱著心愛的珍寶，關上大門，整家整家地餓死。（《世說》注引王隱《晉書》）

另一方面，名士的厄運，也伴隨著短命的王朝。不少人直斥「清談誤國」。桓溫入洛時，與諸僚屬登平乘樓眺望中原，曾慨歎說：「遂使神州陸沉，百年丘墟，王夷甫諸人不得不任其責！」並把清談名士斥為：「啖芻豆十倍於常牛，負重致遠曾不若一羸牸！」這是一句刻毒的罵人的話，是說養這幫名士如同養牛，給它餵吃常牛十倍的飼料，拖東西跑遠路還不如一頭瘦弱的老牛！

桓溫的話，可以視作中朝名士（亦包括以後的江左名士）的輓詞。

泰始以後的兩百多年，真正繼承了正始名士和竹林名士精神的是陶淵明。《廬山記》卷二記載，廬山有清泉繞寺而過，湍流成溪，僧人慧遠每次送客到這裡便停步，老虎就大聲吼叫，因此人稱「虎溪」。據說，有一次慧遠送陶淵明和著名道士陸修靜下山，邊走邊談，到虎溪時談得忘情，不知不覺走過了路頭，等到驚覺，三人不由同時大笑，笑聲伴著虎吼聲回蕩山谷。這便是著名的「虎溪三笑」的故事。有人指出陸修靜晚出許多年，不可能和陶淵明、慧遠交往，在此我不想拘泥於「虎溪三笑」的真實性，只想體會其中的象徵意義。儒、釋、道三家融入一笑，水色山光，笑聲虎吼，陶淵明真正是名士風度！陶淵明自己種秫釀酒，並採擷菊花服食，在齷齪、黑暗的社會始終保持了高尚的節操。梁昭明太子《陶淵明集序》云：「有疑陶淵明詩篇篇有酒，吾觀其意不在酒，亦寄酒為跡者也。」陶淵明和阮籍、嵇康遙遙嗣響，是六朝名士的一抹燦爛的晚霞。

【第八章】

王　導

松栝凌寒，掛鐘阜，玉龍千尺。記那日，永嘉南渡，蔣陵蕭瑟。群帝翱翔騎白鳳，江山縞素觚稜碧。躧麻鞋、血淚灑冰天，新亭客。

——吳偉業《滿江紅・白門感舊》

1 五馬浮渡江，一馬化為龍

西元三一六年十月，長安陷落，極其腐朽的西晉政權在匈奴的打擊下滅亡了。然而，以前已南渡的琅琊王司馬睿卻在建康重建晉政權，史稱東晉。東晉在青山綠水的江南綿延了一百零三年，並形成了六朝「四十餘帝三百秋」的「功名事蹟」（李白《金陵歌送別范宣》），在保存和繼承中國傳統文化方面有著巨大的歷史功績。其中重要原因之一，就是王導的作用。

王導（二七六—三三九年），字茂弘，琅琊臨沂（今山東臨沂）人。據說，王導的祖先是春秋時周靈王的太子晉，其子宗敬為司徒，人稱「王家」，於是以「王」為姓氏，代代相傳，歷代都有顯要，如秦時王翦、王賁父子，橫掃六國，戰功赫赫。到漢代大司空王吉，遷移到臨沂，成了琅琊王氏的始祖。當然，這都是久遠難稽的塵封的歷史了。

王導的從祖父王祥、祖父王覽，則是臨沂琅琊王氏子孫引以為榮的兩位知名的歷史人物。

東漢時臨沂城北的一個小村裡住著一戶王姓人家，主人王融，娶妻薛氏，生一子叫王祥。薛氏死後，王融又娶朱氏做繼室，朱氏生一子叫王覽。朱氏為人刻薄狠毒，視王祥為眼中釘肉中刺，動輒非打即罵。王祥卻百般忍受，對繼母非常孝順。一個夏夜，雷電交加，狂風暴雨。朱氏想到園子中的李樹，已經果實滿枝，不能讓暴雨給損壞了，立即叫王祥去園子裡看守，不准有一點損失。瓢潑大雨下個不停，結滿果實的李樹在暴雨中搖曳不止。王祥心急如焚，跪在李樹下，淚水和著雨水潸然流下，祈求蒼天保佑。說也怪，很快就風停雨止，樹上的李子一個也沒有掉下來。還有，一個天寒地凍的三九天，朱氏忽然叫王祥弄活魚來吃。無奈冰封河面，無法捕魚。為了滿足繼母的願望，王祥來到村前的河邊，脫去衣裳，毅然臥在河冰面上，用自己的體溫融化了堅冰。他的行為感動了上蒼，鯉魚從河裡跳出冰面。這就是後來元儒郭巨敬編錄的《二十四孝圖》中「臥冰求鯉」故事的由來。王覽並沒有因為王祥是同父異母兄弟，也沒有因為母親對王祥不好，就歧視王祥。相反，他對哥哥王祥非常友愛和尊重。王覽比王祥小二十歲，每當母親打罵王祥時，他總是一邊哭泣，一邊抱著母親，苦苦哀求不要打罵哥哥。後來，狠毒的朱氏想除掉王祥，端了一杯毒酒給王祥。朱氏的企圖被兄弟二人看穿，二人都爭著要喝這杯毒酒。朱氏恐怕自己的兒子王覽被毒死，便把毒酒潑在地上。由於王覽心地善良和對哥哥王祥的誠摯友愛，被列為元儒郭巨敬編錄的《二十四悌圖》之一。從此，他們居住的村子就叫孝友村，村前的河就叫孝感河。後來，王祥由刺史的佐吏升到司空、太尉，最後拜為太保，封為公爵。王覽入晉後，也官至光祿大夫。其子王裁，也就是王導的父親，做過鎮軍司馬一類的官。

王導就出生在這樣的鐘鳴鼎食之家、詩禮簪纓之族。他少年時就「有風鑑，識量清遠」。當時社會上很流行「品目」（亦即對人物的品評），在他十四歲的時候，有位陳留高士張公看到他，感到十分驚奇，對他的叔伯哥哥王敦說：「此兒容貌志氣，將相之器也。」後來，年輕的王導在東海王司馬越府中做軍事幕僚。

西晉末年，亂象紛呈。與西晉統治者加速腐朽形成鮮明對照的是，匈奴貴族劉淵的崛起。劉淵幼時以「任子」（人質）身分住在洛陽，得以交遊漢族士人，讀過《詩》《書》，也讀過《史記》《漢書》《孫吳兵法》。他曾對同學說：「我每看到《漢書》，常常遺憾隨何、陸賈兩個名士沒有武略和將才，也鄙薄周勃和灌嬰這兩個武將沒有治國的文才。」劉淵認為「隨陸無武，絳灌無文」

是很可惜的，因此立志文武雙全。他一邊讀書，一邊學武，終於學識卓犖，武藝超群，當上了北部都尉。由於他輕財好施，待人誠懇，賞罰分明，匈奴五部中的豪傑都投奔他，幽州、冀州一些儒生名士也不遠千里到他那裡訪問交遊。劉淵成了匈奴五部的實力派。

永興元年（三〇四年），劉淵在左國城起兵反晉，他打出尊漢的旗號，自稱漢王，建立漢國政權，公開以推翻司馬氏的統治為號召，胡漢各族許多人歸服了他，力量很快壯大起來。特別是王彌與羯人石勒率軍投附以後，漢國勢力迅速發展到今山東、河北等地，晉軍屢戰屢敗。西晉的滅亡已是指日可待了。

當時，西晉的王公大臣們猶如即將潰堤之蟻，紛紛尋求退路。既然匈奴的鐵蹄不可避免地將要蹂躪長安的宮殿城闕，既然粗野的狄羯不可避免地將會踐踏名士的衣冠，那麼，什麼地方能夠延續晉室的國祚？什麼地方能夠保全家族的高貴和榮耀呢？

這裡需要插入申明一下：以上兩個問題的提出，絕不是千年以後文人的臆想和演繹。對於第一個問題，只要將時間退後一點，西晉建興四年（三一六年），京師長安被圍，城中斷糧，外無救援，人自相食。十七歲的愍帝司馬鄴口含玉璧，袒露臂膀，乘羊車出城投降。次年，太守宋哲奉愍帝命從北方逃奔江東，傳愍帝詔書，司馬鄴說自己「幽塞窮城，憂慮萬端，恐一旦崩潰」，命琅琊王司馬睿繼攝大位，「時據舊都，修復陵廟，以雪大恥」。足見當時上層有關人士在危急存亡之秋考慮到了國統的承繼。對於第二個問題，則必須看到，到了西晉末年，士族逐漸淡化了忠君報國的思想成分，轉而重視家族榮譽與社會地位，強調孝悌之道。誠如近人余嘉錫《世說新語箋疏》指出：「魏晉士大夫止知有家，不知有國。故奉親思孝，或有其人；殺身成仁，徒聞其語。」正由於此，當年王導南渡時，請郭璞卜筮，卦成，郭璞說：「吉，無不利。淮水絕，王氏滅。」不提國運否泰，只說家族吉凶，未嘗沒有迎合王導求得士族之安的心理。

再回到這兩個問題的本身。問題的答案只有一個：江東。在北方匈奴強大的壓力下，西晉的有識之士都矚目於草長鶯飛的煙雨江南。這裡相對於「白骨塗地」戰亂頻繁的鼎沸中原，還是一片較安定較富庶的溫柔山水；更何況有長江天塹，滾滾波濤可以阻隔膽怯的噩夢，尋求偏安的喘息。於是，西晉「八王之亂」時，最後掌握實權的東海王越看到北方局勢惡化，策劃在江南留下退路，在永嘉元年（三〇七年）七月，任命司馬睿為安東將軍，都督揚州諸軍事，進駐建康。不久，又署為都督揚、江、湘、交、廣五州諸軍事，成為江南地區最高統治者。應該說，此舉圓滿地解決了上面提出的兩個問題，而且開闢了漢族統治者的三百年南朝之治，在保存和繼承漢魏以前中國傳統文化方面有著巨大的歷史功績。

視野廣闊，不拘泥於眼前，投一子而局面一新。無疑，這是一招高棋。

然而，前臺的主角司馬睿除性情寬厚外，實在是一個庸才。其祖父司馬伷，父親司馬覲都不曾建樹功業，又是遠支，在皇室中的地位並不顯要。不僅如此，此人的出身亦大有問題。

早在曹魏時期，太傅司馬懿輔政。當時民間流傳著一本讖書《玄石圖》，裡面有「牛繼馬後」的話。司馬懿為此非常忌恨姓牛的人。在他的部下中姓牛的只有將軍牛金。於是司馬懿特地設計了一把酒壺，轉動壺口能倒出兩種不同的酒，請牛金喝酒，毒殺了牛金。當時，司馬懿以為消除了「牛繼馬後」的隱患。他無論如何也想不到，他的孫子、琅琊王司馬覲的妃子夏侯氏與一個姓牛的小吏私通，而且還生下一個男孩，就是司馬睿。（按妃通小吏牛氏事，《晉書・元帝紀》未云其名，唯《建康實錄》卷五作「牛欽」。）再到後來，司馬睿建立了東晉王朝，形式上雖然仍還是司馬氏的天下，實際上是牛氏的後人做皇帝。人算不如天算，這一點更是司馬懿始料不及的。

像司馬睿這樣的庸人是不可能下出拓展江東這樣的高棋的。

古來的歷史學家，包括現代史學大師陳寅恪等，都把這「中興之功」歸於王導。他們的依據主要是《晉書・元帝紀》：「永嘉初，（元帝）用王導計，始鎮建鄴。」《世說新語・言語》注引鄧粲《晉紀》：「導與元帝有布衣之好，知中國將亂，勸帝渡江，求為安東司馬，政皆決之，號仲父。晉中興之功，導實居其首。」

我以為，王導於南渡之事起了重大作用，有「中興之功」是毫無疑義的，但他並非南渡的決策者，只有說動庸人司馬睿南移，並且討得當時的政治強人司馬越決定讓司馬睿南移，才能談得上「中興之功」。「王導說」有失之簡略之嫌。

事實上，匈奴兵鋒日逼，晉室勢如危卵，有識之士爭謀退路。東晉人裴啟《語林》就記載了永嘉初年王曠到王敦家裡商量「天下大亂」的對策，這時恰好王敦和王導諸人「閉戶共為謀身之計」，不接見王曠。吃了閉門羹的王曠從牆壁上的小孔中看到眾人謀議，就假做要告官。後來王導他們迎王曠進屋，王曠就貢獻了「江左之策」。按裴啟《語林》寫於晉哀帝隆和時，離所記事一百年左右，人物、地點、細節都有，應該可信。但是，「王曠建言說」只是說明了南渡經過了很多有識之士的反覆謀劃，也沒有說明如何讓司馬越拍板的這樣一個關捩。也就是說，王曠、王導諸人與司馬越之間還缺乏一個關係鏈。

北京大學田餘慶先生《東晉門閥政治》提到一個新觀點，從繁雜的典籍中抓住了《晉書・東海王越傳》所透露的大可玩味的資訊：「初，元帝鎮建鄴，裴妃之意也，帝深德之。」裴妃是司馬越的妃子，屢見於《東海王越傳》，其兄裴盾為徐州刺史時，曾與時任安東將軍監徐州諸軍事的司馬睿共事。裴妃的另一個哥哥裴邵則與王導「相與為深交」，事見《晉書・裴楷傳》。那麼，裴妃一頭與司馬睿、王導集團相交甚深，一頭又是司馬越的寵妃，她力主此事或贊同王導的計畫，利用自己的身分，讓執政的司馬越拍板此一計畫，是完全合情合理的，這樣一來，司馬越——裴妃——裴邵、裴盾——王導等——司馬睿的關係鏈也就暢通了。所以，事後晉元帝司馬睿「深德之」，將自己的第三個兒子給東海王當世子，亦透露了裴妃對於東晉帝業的作用。我以為，田餘慶先生對《晉書》的這種抉微，豐富了「用王導計」的簡略提法，最接近歷史的真實。由於裴妃的居中牽線，王導以參東海王越軍事、為琅琊王司馬睿的關鍵地位主謀其事，南渡之舉才得以實施和成功。

琅琊王司馬睿南渡以後，西晉王朝風雨飄搖，每況愈下。永嘉四年（三一〇年），劉淵病死，子劉聰繼位。永嘉五年（三一一年）劉聰派石勒殲滅晉軍主力十餘萬於苦縣寧平城，俘殺了太尉王衍等。同年劉聰又派劉曜率兵攻入洛陽，俘虜了晉懷帝，又焚燒洛陽宮室，發掘晉朝陵墓，前後屠殺晉朝王公百姓六萬餘人。這一歷史事件因發生在晉懷帝永嘉（三〇七—三一三年）年間，歷史上稱為「永嘉之亂」。

晉懷帝被俘後，劉曜又攻入關中，同樣大肆燒殺。後因缺乏糧食，擄走了八萬多人，退出長安。西晉官吏又擁立司馬鄴為帝。建興四年（三一六年），劉曜再度攻下長安，西晉遂告滅亡。慶幸的是，先此西晉王朝的幾支帝室有琅琊王睿、彭城王雄、西陽王羕、南頓王宗、汝南王祐已南渡江南，得以苟延。當時童謠云：「五馬浮渡江，一馬化為龍。」就是指司馬睿等諸王倉皇過江事。

西元三一七年，喘息未定的司馬睿在煙雨迷濛的江南建立東晉，以儒雅的王導為謀主，使晉朝保有了中國的半壁江山。

2 所謂「江南文化士族」

江左草創，情況頗為可憐，史稱府庫所藏布帛，不過四千匹。石勒是消滅西晉王朝的元凶，當年宗室四十八王逃出洛陽，全部被石勒追上殺死，而東晉朝廷懸賞「有斬石勒首者，賞布千匹」，賞賜之吝，亦可折射當時財用何其困乏乃爾。《晉書‧謝安傳》說：「司馬睿渡江之初，公私窘罄，每得一豕，以為珍膳。」換句話說，過慣錦衣玉食生活的晉朝皇室連吃頓豬肉都困難，其狼狽處境可以想見。就在這時，出現了「禁臠」一詞。宋張敦頤《六朝事蹟編類》卷一說：「帝性簡儉……初拜貴人，有司請市雀釵，帝以煩費不許。所幸鄭夫人衣無文采。」皇帝沒有錢，妃嬪們也只能黯然失色了。《六朝事蹟編類》卷五還說，有段時期元帝喜歡飲酒，王導因而奏諫，於是元帝覆杯於池中以為誡。宋詩人楊修之詩云「金杯覆處舊池枯，此後還曾一醉無。東晉中興股肱力，元皇亦學管夷吾。」就是歌詠此事。《建康實錄》卷七說，元帝登基後，想在建康營造宮室。為圖節儉，王導指著正對建康城南門的牛首山雙峰，對皇帝說：「姑且借用為現成的雙闕吧。」元帝竟也同意了，大有當年曹孟德「望梅止渴」的意味。北宋詩人楊修之有詩云：「牛頭天際碧凝嵐，王導無稽起妄談。」根本沒有領會到王導的良苦用心。對比後來謝安掇攛孝武帝修造華麗宮室，王、謝優劣立判，當然這是後話了。可幸的是三吳（會稽、吳郡、吳興）物產豐富，未受戰亂破壞，經濟文化發達。更兼江南「千岩競秀，萬壑爭流，草木蒙籠其上，若雲興霞蔚」（《世說新語・文學》），佳山麗水以其特有的高妙內蘊撫慰著北來的驚弓之鳥，秦淮煙月風情萬種的媚笑化解了中原士族們在政治暴烈下變得僵硬的臉。終於，在王、謝、庾、桓四大士族勢力平衡下，東晉王朝在美麗富饒的江南延續著偏安的局面。不斷有不願意屈服在非漢族統治之下的士族和民眾從北方逃來，他們或隻身渡江，或兄弟並肩，或父子相伴，或舉族而遷。於是，東晉王朝在北方移民比較集中的地方設立跟他們的北方家鄉同名的州、郡、縣，習慣上稱為「築巢引鳳」，設立了僑州、僑郡、僑縣，安置北方流民。比如豫州、徐州、兗州就是這種情況，這些州的轄區與西晉完全是兩碼事。無疑，這是一個聰明之舉。王導還建議司馬睿「收其賢人君子，與之圖事」。司馬睿從議，以渤海刁協、潁川庾亮等百餘人為掾屬，稱為「百六掾」，這批北來士族成為東晉政權依靠的主要力量。據顏之推《觀我生賦》自注，中原士族隨晉元帝渡江的有百家，因此江東有《百家譜》。這些過江士族稱為僑姓，其中王、謝、袁、蕭是望族；而東南原有士族稱為吳姓，其中朱、張、顧、陸是望族。

一般認為，東晉政治是西晉政治的延續，劫後餘生的東晉政權繼承了西晉所有的腐朽。首先是用人，「舉賢不出士族，用法不及權貴」，大族人可以做大官，做大官可以橫行不法。這當然是不爭的歷史事實。然而，人們往往忽視了士族本身的變化，忽視了江南文化士族的出現。當時的江南文化士族，郁郁乎文，真可說是「前無古人，後無來者」，既是魏晉以來的士族傳統的變遷，又對以後江南地區的文化產生了深遠的影響，是中國歷史上一道奇特的風景線。

人所共知，魏晉南北朝是中國歷史上一個大動盪、大分裂的時期，同時也是民間交流與融合最為頻繁的時期。我以為，也是南北士族交流、融合的時期。江南文化士族正是在南北士族交流、融合的基礎上產生的。西晉滅吳以後，「王濬樓船下益州，金陵王氣黯然收」，江南的豪族士大夫被西晉統治者看作是「亡國之餘」，朝中無人，失去了過去擁有的政治特權。陸機薦賀循表裡說，揚州士人現在還沒有人做到郎官，荊州和江南士人做京官的一個也沒有。於是，他們曾屢次起兵反晉。當時江南流行的「局縮肉，數橫目，中國當敗吳當復」的童謠（見《晉書・五行志》），正是江南豪族政治要求的反映。西晉末年北方大亂，江南豪族徘徊觀望，企圖待機而動。所以司馬睿進駐江南月餘，當地士人竟沒有一個去見這位新來的統治者。三十七年前吳亡的慘痛，孫皓出降的羞辱，使他們對「落難司馬」抱著不合作的態度。他們稱北人為「傖父」，就連北方人說話，他們也認為「語音亦楚」，是「傖楚」之音。如《世說新語・豪爽》云：

> 王大將軍年少時，舊有田舍名，語音亦楚。

王敦為北人，「田舍」即今所說「鄉巴佬」，語意當然充滿鄙夷。當時，中原冠帶擅長用抑揚頓挫的純正北方話朗讀詩文，稱為「洛下書生詠」，風靡一時，甚至謝安因患鼻疾而略嫌沉悶的腔調也變得魅力十足，有人「掩鼻以學之」。後世遂有「此時高味共誰論，擁鼻吟詩空佇立」（韓偓《雨》）之類的詠歎。有些三吳子弟慕其風流，也競相模仿，北語於是成為官場和上層社會交際的通行語言。然而江南士族卻不買帳。顧愷之是無錫人，有人問他為何不作洛生詠，他卻說：「何至作老婢聲！」對北人的抵觸情緒溢於言表。

南人鄙視北人，北人對南人亦頗輕視。須知所謂東晉，是後人為了方便區分在洛陽的那個晉朝而稱，實則當年司馬氏政權從北到南都只叫「晉」。這表示建康司馬始終認為自己是正統的北方政權，朝廷上下始終認為「籍貫」在北方，身分始終比南方蠻子高一等。《世說新語・簡傲》載陸機兄弟去謁見劉道真，劉道真「初無他言，唯問東吳有長柄壺盧，卿得種來不」，劉道真見了陸機兄弟半天不理，後來實在不說不行，就問了句：東吳有長柄壺盧，你們哥倆會種嗎？這是諷刺人家只配幹粗活。《三國志・關羽傳》載北人關羽稱吳人為「貉子」，對吳語頗為厭惡。《世說新語・輕詆》云：

支道林入東，見王子猷兄弟。還，人問：「見諸王何如？」答曰：「見一群白頸烏，但聞喚啞啞聲。」

王氏子弟多服烏衣白領，所謂「烏衣子弟」，因此被支道林比作「白頸烏」。王子猷兄弟是在吳地生長的北方人，想必日常多操吳語，竟受到刻薄的嘲笑，則在北人眼中，地道的江南人地位更為低下了。正是外來統治者與當地士民的離心，成了南渡的司馬氏政權安身立足的最大危險。

這時，延續晉王朝「國祚」的使命歷史性地落在了王導的肩上。王導屬於中國歷史上那種心繫家國、戮力勤王、意圖恢復、奮不顧身的人物。《晉書》記載，建業（即建鄴，因避司馬鄴諱，東晉改稱建業，亦稱建康）城南勞勞山上有臨滄觀，有亭七間，名曰新亭。面臨長江，風景絕佳。王導每與群僚往遊，設宴共飲。有一次，周飲了數杯，不由得悲從中來，淒然歎息：「風景不殊，舉目有江河之異。」意思是說現在雖然風景也很好，但以前面對黃河，現在卻面對長江了，景色相似，家園不同。眾人聽了，都相顧流淚。正所謂「滿目江山異洛陽，北人懷土淚千行」。唯獨王導慷慨激昂，舉杯說道：「我輩聚首一方，應共戮力王室，克復神州，奈何頹然不振，徒作楚囚對泣呢？」楚囚原指春秋時被俘到晉國的楚人鍾儀，後來用以指處境窘迫的人。王導用自己堅定的態度，激勵大家，穩定江東人心，也表現出自己卓絕的領袖氣質。

王導清楚地意識到東晉政權面臨局面的嚴重性。他知道，南方強宗大族如吳郡顧氏、陸氏，義興周氏等，都是擁有部曲、極具實力的大地主，要使南遷的政權在江南生存下去，除非得到江南士族的支持。於是策劃，藉秋季修禊之會，與部下皆跨駿馬，擁從司馬睿坐著人抬的「肩輿」招搖過市，浩浩蕩蕩，整齊嚴肅，驚動江南的豪門大族。修禊是古代迷信習俗，即於陰曆三月上旬的巳日，或在秋季，至水邊嬉遊，以消除不祥。查《通鑑》所記「禊祭」正在本年秋，其時司馬睿剛剛過江。王導實際上是要向吳人展現那種龍旗儀仗雍容大氣的帝王風範。果然，吳人見了，相率稱讚。可巧江南名士顧榮、紀瞻等亦在江乘（縣城，在句容縣北六十里）修禊，見到此等氣派，也覺傾心，不由得望塵下拜。司馬睿下車答禮，毫無驕容，益令顧榮、紀瞻等心悅誠服。回到府第，王導勸司馬睿說：「吳中物望，莫如顧榮、賀循，宜首先引用，維繫人心。二人肯來，其他則無慮不至了。」司馬睿採納了王導的建議，就派遣王導前往禮聘賀循、顧榮，二人非常高興地應命，隨王導進見司馬睿。司馬睿起座相迎，殷勤款待，立即授予二人官職，所有軍府之事，無不與謀。顧榮與賀循轉相引薦，紀瞻、周玘、卞壺、張闓等江南名流接踵而至，英才濟濟，會聚一堂，吳中幕僚，從此強盛。

為聯絡南方士族，王導自己常常說吳語。前引《世說新語・輕詆》載支道林聽王子猷兄弟說吳語，譏為啞啞鳥喚，已可見王氏家族日常語言之變。《世說新語‧排調》就記載：

劉真長始見王丞相，時盛暑之月，丞相以腹熨彈棋局曰：「何乃渹！」（劉注云：「吳人以冷為渹。」）劉既出，人問見王公云何，劉曰：「未見他異，唯聞作吳語耳。」

渹，讀若轟，吳地方言。「何乃渹」就是「好涼喲」。劉尹是北人，聽到同樣是北人的丞相說吳語，大不以為然。《語林》說：「真長云：『丞相何奇？止能作吳語及細唾也。』」其實，王導不僅能作吳語，還學說蠻語。《世說新語‧政事》說，建興三年，王導拜為揚州刺史，至任所，賓客數百人前來祝賀，熱鬧非常。這時，王導看見角落處站著幾個胡僧，跟別人都說不上話，就過去彈著響指招呼說：「蘭闍，蘭闍！」眾胡僧都高興地笑了。根據《世說新語箋疏》的解釋，「蘭闍」是胡語中的褒詞，即能於喧鬧中保持清靜之意。王導的言外之意是，諸位高僧正在這裡禪定修省，我怎敢貿然打擾呀！因此胡僧皆大歡喜。可見，王導學說各種語言，是為了更好地接近當地各階層士紳，做好團結工作。

王導還曾向南方士族陸玩請婚。陸玩辭謝說，小山上長不了大樹，香草臭草不能放在一起。南方士族拒絕和北方士族通婚，表面上是謙遜，實際也是輕視北方士族。陸玩曾在王導家吃了北方食品酪而得病，寫信給王導說：「我雖然是吳人，卻差一點做了傖鬼！」這都說明南北士族的界限很分明。北方士族的政治地位比南方士族高，進駐江南後，南方士族並不心服。王導決心打破南北士族的界限，他向晉元帝分析形勢，堅決主張擢用江南士族中的優秀人物，使之成為東晉政權的一個構成部分。在他的建議下，晉元帝任用了顧榮、賀循、紀瞻、周玘等人做官。對於那些原本對司馬氏政權充滿疑忌的江東人傑，王導以誠相待，或登門造訪，或邀來私邸談心，向他們剖析時局，解釋新政權欲與江南士人共處的願望。《世說新語‧雅量》說，許璪、顧和在王丞相府中做從事的時候，與王導關係很融洽。一次談讌到深夜，王導邀二人在相府同眠。許璪上床後便鼾聲大作，而顧和輾轉不能入睡，直到天亮。第二天，有客人來訪，王導指著床帳對客人說：「此中亦難得眠處。」既調侃了顧和的拘謹，也說明了自己作為丞相欲以天下為己任的艱難，亦莊亦諧，體現了與南方士人的融洽。他還非常器重尚書左僕射、江東名士周顗。有一次，他躺在床榻上，頭枕著周顗的膝蓋，用手指著周的肚子問：「這裡面有什麼東西呢？」

周顗回答說：「這裡面空洞無物，不過，足以容納王卿這樣的人幾百個。」

王導聽了並不惱，反而快活地笑了。周顗又在王導的座位上高聲吟唱。王導問：「周卿要學嵇康、阮籍嗎？」

周顗笑著說：「顗怎敢近捨明公，遠學嵇、阮呢？」

「精誠所至，金石為開。」王導的坦蕩、熱忱和耐心終於消釋了江南士人心中的芥蒂和鬱積已久的怨氣，使這些胸懷大志腹有良謀的江南才俊盡釋前嫌，樂意與司馬氏政權合作。如羯人石勒兵臨淮潁，準備南犯時，江南士人紀瞻感於晉室的知遇之恩，挺身而出，率部拼死擊退了石勒，使東晉政權度過了南渡後的第一次劫難。學術界認為，江南士人歸心之日也正是晉室由危轉安之時，南渡士人與江南士族立即開始聯手對付江淮烽火。這無疑是不易之論。然而，我更認為，南人與北人關係的融合和和諧是產生江南文化士族的前提和基礎，而王導是促進這種融合和和諧的首功之臣。

要做南北名士的融合工作，自己本身必須是士族，是名士。西晉末年廬江陳敏曾乘中原之亂，據有江東，但基業未定，便告敗亡。原因正在於他是「倉部令史，七第頑冗，六品下才」（見《晉書・華譚傳》），不是士族。對於江東士族來說，他們寧可擁護與自己階級出身相同的司馬氏立國於孫吳舊境，而不願看到陳敏這種下吏在孫吳舊境稱王。琅琊王氏恰恰是中原的高等士族。王導具有一種嚴謹而瀟灑的政治家風度，他幽默隨和，善於待人接物，往往一個手勢，一句俏皮話，就能使整個氣氛活躍起來。即使一向關係疏淡的人，只要與他一接觸，馬上就會被他的語言、風度所吸引，從而迅速拉攏距離。謝安小時候曾見過他，終生都留下了美好的回憶。王導既是日理萬機的政治家，又是衣冠磊落、風度翩翩的名士，他還是數一數二的清談名勝（作者按：「名勝」是當時對清談名人的尊稱）。《藝文類聚》卷六十九收有王導撰《麈尾銘》云：「道無常貴，所適惟理。勿謂質，御於君子。拂穢清暑，虛心以俟。」對於麈尾這一清談家的風流雅器大加禮讚。永嘉之亂後，京洛玄學、士族精英人物悉數南移，清談之風也隨之南渡江左。當時無論南遷的士族名士抑或吳地豪族，都崇尚談玄。王導作為僑人之精神領袖，常通過清談來增強南北士族的融合。《世說新語・文學》載：

王丞相過江來，止道《聲無哀樂》《養生》《言盡意》三理而已。然婉轉關生，無所不入。

又載：

殷中軍為庾公長史，下都，王丞相為之集，桓公、王長史、王藍田、謝鎮西並在。丞相自起解帳帶麈尾，語殷曰：「身今日當與君共談析理。」既共清言，遂達三更。丞相與殷共相往返，其餘諸賢，略無所關。既彼我相盡，丞相乃歎曰：「向來語，乃竟未知理源所歸，至於辭喻不相負。正始之音，正當爾耳！」

這是兩條王導在江東提倡清談的材料，後一條尤其重要。「王丞相為之集」，說明王導是這次盛會的發起者和組織者。「自起解帳帶麈尾」等，說明作為主人，王導相當重視其事。殷浩是王導選定的清談對手，桓溫、王濛、王述、謝尚則是陪客，旁聽者當然還有南北名士。至於這次清談盛會的效果，王導用了「正始之音」來讚美，「正始之音」令人想到強盛的統一的中國的盛況，這當然是南北名士都熱切嚮往的。

南北士族的融合，特別是各自所擁有的文化的融合，歷史性地在江南土地上鑄成了一次文化能量集中釋放的機會！

魏晉六朝江南文化士族的出現，帶來了千年江南文人文化的繁富！

唐人劉禹錫詩云：「朱雀橋邊野草花，烏衣巷口夕陽斜。舊時王謝堂前燕，飛入尋常百姓家。」江南文化士族無疑是以王、謝家族為代表，而琅琊王氏是兩晉南朝時期影響最大、最具代表性的文化士族。王氏自漢代登上歷史舞臺，家族勢力日漸強大，特別是自西晉開始興盛，歷東晉南朝，經十數代人，三百餘年冠冕未絕，其流風餘韻還延續到隋唐之世，真不愧為中古第一豪門。其特點犖犖大者有三：其一，他們整個家族擁有較高的文化教養，政治家、詩人、書法家、學問家、藝術家代不乏人，即使政治軍事家，也是學者型的。王筠在《與諸兒書》中，不無自豪地說：「非有七葉之中，名德重光，爵位相繼，人人有集，如吾門者也。」侍中王僧虔曾自詡：「王家門中，優者龍鳳，劣者虎豹。」（《南史．王僧虔傳》）中原戰亂，迫使大批士人舉族遷居江南避難，於顛沛流離之中，他們卻把東漢魏晉養成的老莊玄風，悉數從北方移入江南。這就是文化思想史上所豔稱的「玄風南渡」。而江南有的是瀲灩清流空濛山色，有的是淵博學者錦繡才子，南渡的玄風立即和佛學融合在一起，在「毫際起風流」的揮麈大戰中，文化能量集中釋放，變成了江南士林的新的「清談」主題和精神生活基礎。它在作為士階級文人的主導思想文化南移「重建」的同時，「催生」了江南文化士族。換言之，南渡以後，王氏家族吸取了江南士族的陰柔秀美文采風流，與自己原有的凜冽風骨英雄情懷結合，成了新興的文化士族。不是麼？大家都知道，擁有王羲之、王獻之父子「書聖」，王家的書法在中國文化史上堪稱輝煌，但如果沒有永嘉悽悽惶惶的南渡，如果王氏仍然住在琅琊臨沂（今山東臨沂），那麼也就沒有以後的華麗家族、文采風流，沒有以鵝換書的佳話，沒有飄如遊龍、矯若驚鴻的遊絲草書，沒有後世詞人低吟淺唱的「王謝堂前雙燕子，烏衣巷口曾相識」了。

劉師培《中國中古文學史講義》第五課指出：「江東以來，其文學之士，大抵出於士族。」陳寅恪《隋唐制度淵源論稿》也說過：「魏晉南北朝之學術、宗教皆與家教、地域兩點不可分離。」無論文化修養還是社會地位，都保證了江南文化士族子弟必定以「文化貴族」的形象出現。按之史實，劉說是不謬的。據臺灣學者毛漢光《兩晉南北朝士族政治之研究》的統計，自東晉肇始至陳亡期間一至五品官員數量，王氏共一百七十一人，謝氏共七十人。即以劉說「文學之士」來考察，琅琊王氏可稱為一個文學士族。王氏人物多擅文事，如王導孫王珣以「才學文章」為晉孝武帝所賞識，《晉書・王導傳》說：「(珣)夢人以大筆如椽與之，既覺，語人云：『此當有大手筆事。』俄而帝崩，哀冊謚議，皆珣所草。」王羲之也有文學才能，他在會稽與孫綽、李充、許珣等人交遊，「皆以文義冠世」，曾宴集蘭亭賦詩，他自己則揮筆寫下了一篇精妙絕倫的《蘭亭集序》。進入南朝，王氏尚文之風更盛，特別是齊代的王融，永明九年參與齊武帝芳林園遊宴，作《曲水詩序》，「當時稱之」，並很快傳到北魏。後齊竟陵王蕭子良召融入幕，「融文辭捷速，有所造作，援筆可待，子良特相友好」(《晉書・王弘傳》)。王籍，「為詩慕謝靈運，……時人咸謂康樂之有王籍，如仲尼之有丘明，老聃之有嚴周」(《晉書・王弘傳》)。王規，有文才，梁武帝命群臣賦詩，「規援筆立奏，其文又美，武帝嘉焉，即日授侍中」(《晉書・王曇首傳》)。王筠，七歲能作文，「年十六，為《芍藥賦》，其辭甚美」。當時的文壇領袖沈約「每見筠文咨嗟，嘗謂曰：『昔蔡伯喈見王仲宣，稱曰王公之孫，吾家書籍悉當相與。僕雖不敏，請附斯言。自謝朓諸賢零落，平生意好殆絕，不謂疲暮復逢於君。』」沈約又對梁武帝「言晚來名家無先筠者」，稱其「文章之美，可謂後來獨步」。則王氏家族文采風流，稱得上家風鼎盛、世代相傳。

其二，王導首創的江南文化士族，必然有一種文化精神感召後世，必然用「雅道相傳」的名士家風維繫家族，與政治分庭抗禮。琅琊王氏興自漢代，具有深厚的儒學文化背景，是禮法世家。其代表人物大多既懷抱入世之心，積極進取，又能夠隨時順命，善於隨機應變，趨利避害，與時推移。如西晉時期王氏的主要代表人物王衍終日清談，博取大名。其女為愍懷太子妃，賈后廢太子，他立刻請求離婚。八王亂起，衍雖「居宰輔之重，而日思自全之計」。他看到異族內進，中原難保，於是以弟王澄為荊州刺史，族弟王敦為青州刺史，並說：「荊州有江漢之固，青州有負海之險，卿二人在外，而吾留此，足以為三窟矣。」他為家族計，確可謂不遺餘力。東晉前期，琅琊王氏宗族勢力達於極盛，王導、王敦輔助司馬睿團結南北士族，共建江東政權，從而形成了「王與馬，共天下」的局面。在民族危亡的時代背景下，王導的殫精竭慮，承續華夏傳統文化，可稱為民族之大英雄。不過，就其與司馬氏皇權利害關係而言，在東晉政局基本穩定後，王氏代表人物仍然以家族利益為本位，並很快與晉朝發生衝突。當司馬睿有意地任用劉隗、刁協，以圖限制王導時，執掌軍政大權的王敦便先後兩次起兵，以「清君側」為名，一度還攻克建康，毋庸諱言，其目的在於代晉自立。在這一事變中，王導的態度雖較隱晦，還每天率子侄到殿前待罪，但其內心是偏袒王敦的。後來，儘管王敦兵敗被誅，但由於王導居中協調，王氏家族的勢頭雖被抑制，但根基未受到根本破壞，其地位也得以維持。以王氏為榜樣，江南文化士族子弟都極為珍視、竭力護持家族的勢力，將其視為高貴血統的象徵和標記。他們認為，自己的名士家風、文采風流是世世代代形成的，而不是哪一個皇帝加封的。因此，對於兩晉南朝頻繁的改朝換代和帝王陵替，他們以老莊的超然心態漠然處之，認為不過是「將一家物與一家」，無動於衷。他們關心的是家族的延續，而不是朝廷的興衰。所以，後世有些人曾戲言，在江南文化士族子弟中，要找到三五個忠臣不易，要找到三五打孝子不難！國難當頭，需要披掛上馬到江淮鏖兵時，王謝的子孫不是考慮到國家的需要，而是想到家族的榮譽。如果仗打贏了，他們固然為家族增添了光彩；如果仗打輸了，江山易色，烏衣子弟一樣地可以吟風弄月，嘯傲東山，自然會有新主來致禮誠邀，文采風流一樣可以演繹下去。

其三，王導首創的江南文化士族一般強調文化傳家，重視子弟的文化教育，重文輕武。這一點與以前中原士族注重做官和土著的江南士族注重積財迥然不同。《南齊書‧王僧虔傳》說王僧虔寫誡子書，比較系統地說明讀書的作用和王氏的治學傳統。他說，有的人貴為三公，但很少有人知道他，相反，布衣寒素之人，卿相倒很尊敬他。有的父子貴賤懸殊，兄弟名聲大相逕庭。何以會有貴而無聞，貧而名顯呢？何以父子兄弟地位迥異呢？原因就在於讀不讀書。《南史‧王筠傳》說王筠要求弟子「仰觀堂構，思各努力」，認為有文化，代代有文章傳世，才是王氏的家風。江南文化士族大都重視家學教育，家族的學術傳授也很普遍。如王融的母親是臨川太守謝惠宣的女兒，性敦敏，從小教王融書學；何承天的母親是徐廣的姐姐，聰明博學，「故承天幼漸訓義」；顧越「家傳儒學，並專門教授」。另外，從一些流傳的家誡、家訓類的文章，也可看到江南文化士族的特點，如徐勉的《誡子書》、王筠的《與諸兒書》、蕭綱的《誡當陽公大心書》、顏延之的《庭誥》、顏之推的《顏氏家訓》等，這些文章從不同的方面對子女進行正面的教育，被後人視為家教的規範，在人才的成長、培養中起了積極的作用。

王導首創的江南文化士族，應該是歷史學、社會學、譜學和人類學十分重視的物件，可惜一直沒有引起學術界足夠的重視。從中國歷史看，可以相當肯定地說，還沒有哪一個時期像魏晉六朝那樣出現過文化士族；從中國現在任何一個區域看，可以相當肯定地說，還沒有哪一個區域能夠像江南那樣曾經生活過如此集中、悠久、龐大的文化士族群。永嘉年間中原大亂，江南呈偏安之勢，有了那麼一大批北來的士族，再加上江南原有的士族，那就蔚為大觀了。最著名的有王、謝、顧、陸、沈、張、袁、徐、何、江、庾等十幾個姓氏，他們子弟中思想學術、文化藝術人才薈萃，名家輩出，構成了魏晉六朝江南天宇上燦爛的星空。江南歷代人文之盛，是與這些強大的文化士族的存在分不開的。誠如杜佑在敘述江南地域文化時所說：「永嘉之後，帝室東遷，衣冠避難，多所萃止，藝文儒術，斯之為盛。今雖閭閻賤品，處力役之際，吟詠不輟，蓋因顏、謝、徐、庾之風扇焉。」（《通典》卷一百八十二）一千多年過去了，我們仍然能清楚地感受到文化士族的精神基因在發揮作用，江南文化士族也永遠是江南文人的光榮的夢憶。

3 鎮之以靜的「憒憒之政」

南渡之初，人心尚未穩定，前騎都尉桓彝，亦投奔建業，見司馬睿孱弱，退語周顗道：「我因中州多故，來此求全，乃單弱至此，怎能濟事？」周顗聽了，也未免唏噓。等到桓彝去拜見丞相王導，與王談論時事，王導口講指畫，議論風生，頓時令桓彝心悅誠服，於是他對周顗說：「江左有管夷吾，我不必再擔憂了。」管夷吾即管仲，春秋時賢臣，富於謀略，輔佐齊桓公成就霸業。的確，由於司馬睿一向缺少才能和聲望，從移鎮建業到建立東晉，都依靠王導的支持。借用一副舊日戲臺對聯：一部西遊全憑大聖翻跟斗，半場三國多賴孔明用計謀。王導是東晉王朝的首任宰相，司馬睿病死後，又經歷明帝、成帝兩朝，皆為佐命輔政之重臣，是東晉政權的實際創造者和管理者。從一定角度說，謠諺「王與馬，共天下」正是當時東晉政治格局的真實反映。

東晉王朝內外交困，北方面臨異族入侵，南方隱伏士族爭權，主政的難度是很大的，而丞相王導「阿衡三世，務在清靜，使朝野傾心」。人謂其為「憒憒之政」，憒，糊塗也。應該說，王導的施政方略直接汲取了江南名士顧和的經驗。

《晉書・顧和傳》說，東晉建國之初，各地豪強猖獗。有一次，石頭城官倉一萬斛稻米被盜，竊賊都是豪強出身的將領。當局不敢查問，卻把看守倉庫的倉吏活活打死交差了事。不久，王導派八部從事巡視各郡縣，從事們回京後紛紛向王導彙報郡縣長官的得失，唯獨顧和一言不發。王導問：「你聽到了什麼？」顧和對曰：「明公作輔，寧使網漏吞舟，何緣採聽風聞，以察察為政？」王導聞之大加讚賞，諸從事面面相覷，莫名其妙。察察，意為明察秋毫，其對立面當然是憒憒。當時確實有不少人懷疑乃至反對王導的「憒憒之政」，如庾亮以風格峻整出名，一年夏天，王導至石頭城看望他，見他正在處理政務，王導說天氣太熱，辦事可稍微簡要些，庾亮卻反脣相譏道：「公之遺落世事，天下未必以為允當。」責難之意，溢於言表。按之史實，其實王導並非識見糊塗，而是善於為政，善於在特殊的時勢下爭取達到最好的結果。《世說新語・政事》記載，王導在晚年自歎曰：「人言我憒憒，後人當思此憒憒。」可見他對自己的主政能力與效果是十分自信的。

首先，王導在處世上，隨勢沉浮，不計名位。司馬睿建朝之前，王導就與他「雅相器重，契同友執」（《晉書・王導傳》）。元帝還是琅琊王時，曾對王導說：「卿是我的蕭何。」王導卻答道：「大王要建立不世的功勳，一統天下，需要管仲、樂毅那樣的大才，臣下怎能比擬前人。」王導從兄王敦因軍功被封為鎮東大將軍，都督江、揚、荊、湘、交、廣六州諸軍事，領江州刺史，封漢安侯。當時，江東一帶，內依王導，外恃王敦，王氏勢力達到極盛。以至元帝登基之日，百官依次俯伏，三呼萬歲之後，元帝畢恭畢敬地對王導說：「仲父，我一個人坐那個位子，心中忐忑，請跟我一道上去好不好？」他命王導同升御床，以酬謝開國之功勳。然而王導辭謝說：「如果太陽與天下萬物等同，怎麼能俯照蒼生呢？」當時朝野都稱之為「仲父」，對他十分尊重。

建朝後，元帝為了削弱王氏的勢力，任用善於逢迎的劉隗和酗酒放肆的刁協作為心腹。同時，暗中做軍事布置，名為討胡，實則防備王敦。另外，對王導也有些疏遠。對於晉元帝這種變化，王導尚能保持常態，士族一般都同情他，劉隗、刁協反而陷於孤立。在上游手握重兵的王敦則憤憤不平，酒後常吟魏武帝《短歌行》：「老驥伏櫪，志在千里。烈士暮年，壯心不已。」邊唱邊用鐵如意擊打茶壺為節拍，茶壺邊都被打成缺口了。永昌元年，王敦以討伐劉、刁奸佞為名，在武昌舉兵二十萬，陰謀篡奪。事前，他請郭璞卜卦，郭璞告以「無成」。王敦大怒，斬殺郭璞而大舉起兵。元帝聞王敦兵將至，命戴淵、劉隗領兵保衛都城建康。刁協驚恐萬狀，上奏元帝，請「盡誅王氏」，先誅殺王導等族眾，杜絕內應，然後再以兵迎擊王敦。王導為了求得皇帝的寬容，率領從弟中領軍王遂、左衛將軍王廙、侍中王侃及諸宗族二十餘人，每天凌晨待罪於宮門外。這當然是一場迫不得已的作秀，但舊日之情，誠熾之心，加上周顗等人的說情，終於感動司馬睿，不忍心「盡誅王氏」，才使這個著名的江南文化士族免於一場大難，得以瓜瓞綿延。（當然，如果當時「盡誅王氏」，恐怕東晉王朝的末日也就不遠了。司馬睿的「仁慈」實在是聰明之舉。）不僅如此，元帝還放心地還給王導朝服，走下御座親執王導之手說：「朕方欲寄卿重命，何煩多言。」於是下詔書任命王導為前鋒大都督，征討王敦亂軍。

後來朝廷兵敗，王敦把持朝政，誅殺大臣，益發作威作福。元帝積鬱成疾，臥床不起，彌留之際，又囑授遺詔，令王導輔佐太子即位。

明帝即位之後，依然重用王導。一個偶然的機會，王導得悉王敦即將再次作亂之陰謀，權衡利害，分析形勢以後，他毫不遲疑，立即稟告明帝，加以戒備。《六朝事蹟編類》卷一說，王敦舉兵內向後，明帝乘巴滇駿馬，趁夜秘密觀察王敦的營壘。王敦夢見在自己的營壘上有太陽照耀，醒而大驚，說：「此必鮮卑奴來！」因為明帝的母親是鮮卑人，明帝鬚髮金黃，故王敦稱他「鮮卑奴」。這也說明王敦起兵，心理壓力極大，以致身心交瘁。未幾，王敦病倒在亂軍之中。王導提議「不如詐稱敦死，嫁罪其軍師錢鳳，振作士氣，免生畏心」。於是，率子弟為王敦舉哀喪，並命令尚書省頒詔討伐亂軍。這樣，詔書傳到亂軍，王敦非常懊惱，怒侵病體，不能支持，僕倒在地，越宿即死。亂軍不久即敗，叛亂平息。晉明帝司馬紹在如何處置王彬等人的詔書中，褒揚王導說：「司徒導大義滅親，應宥及百世……」既而再敘前勳，升王導為太保，兼領司徒。

應該說，王導在這一非常事件中使出了極其高明的手段。第一，首先將叛亂的消息稟告了明帝，從而鞏固了自己的地位，避免了政敵的藉機攻擊。第二，王敦當然是懷有不臣之心的。據《魏書・司馬睿傳》載，王敦此次起兵時，「清君側」的口實已不存在，部下錢鳳請示王敦：「事克之日，天子云何？」王敦答覆：「尚未南郊，何為天子？」古時天子登基，都必須南郊祭祖，晉明帝還沒有來得及舉行南郊祭祀，也就是說，他根本不承認晉明帝，起兵的目的就是廢帝。這一點王導當然心知肚明，但他料知王敦的力量還不足以代晉自立，於是機智地抓住王敦重病於軍中這一偶發事件，詐稱敦死，嫁罪錢鳳，巧妙地將叛亂罪從王敦身上解除，保護了王氏家族。第三，從某種角度而言，實際上是運用了心理戰，沉重地打擊了王敦，從而使叛軍軍心渙散。犧牲王敦，以換得王氏家族的平安。我以為，這些分析都可以說是王導「憒憒之政」的「偶爾露崢嶸」。

其次，王導在處事上，策略靈活，政令寬和。誠如《晉書・庾亮傳》所說：「時王導輔政，主幼時艱，務存大綱，不拘細目。」換句話說，即是求得大的原則上的一致，在小的枝節方面，只要不妨礙大局，則睜一隻眼閉一隻眼。東晉初年，江東豪族多為私家佃客藏匿戶口，不向國家納稅服役。王導一般不加追究，從而贏得了世家大族的普遍好感。他甚至還常常不打開文書就簽字畫押。《世說新語‧政事》注引徐廣《曆紀》云：「導阿衡三世，經綸夷險，政務寬恕，事從簡易，故垂遺愛之譽也。」當時東晉外有強敵壓境，內有南北士族之間、士族與士族之間、庶族與士族之間種種微妙複雜有時甚至是激烈的矛盾，當務之急是社會局勢的穩定。後來的事實證明，他的為政方針是正確的，相反，觀之東晉一朝，凡是為政苛刻、躁動之時，都出了亂子。

西元三二六年，明帝暴病身亡，年僅二十七歲。王導、庾亮等七大臣並受遺詔輔佐太子。太子司馬衍繼位，是為成帝，年僅五歲，不能親政，於是尊母后庾氏為皇太后，垂簾聽政。庾亮是太后親兄，太后十分倚重，王導又素尚寬和，遇事退讓，所以軍國重事，全歸庾亮一人裁決。

在這樣的背景下，發生了蘇峻之亂，在王導的靈活處置下，東晉這艘艨艦才不致顛覆。

歷陽內史蘇峻討王敦之亂有功，威望素著，兼之甲仗精銳，招納亡命之徒，漸漸輕視朝廷，肆意忿言。庾亮專擅國政，本來就褊狹，聞此當然忌憚，因此一面調前將軍溫嶠為江州都督，據守武昌，又調王舒為會稽內史，以為後援。一面加固石頭城，作為防備。這一系列的軍事調動當然使蘇峻警覺。此外，庾亮還準備修建江北塗溏，以防胡寇入侵。這樣一來又使豫州刺史祖約產生疑心，遂與蘇峻密謀抗命，互通消息。庾亮察知後，認為蘇峻、祖約二人勾連，必為禍亂，擬下詔書徵蘇峻入朝，以便控制。當時有識之士如丹陽尹阮孚就私下對人說：「江東創業未久，主幼時艱，庾亮輕躁，德信未孚，恐禍亂又將發作了。」

司徒王導勸阻庾亮，說：「蘇峻好猜疑，必不肯奉詔，不若姑示包容，待後再議。」另一佐命大臣卞壼亦支持王導意見，建議說：「（蘇）峻外擁強兵，逼近京邑，一旦有變，朝發夕至，現在都下空虛，還請審慎為是。」庾亮根本不聽，還召集群臣揚言：「蘇峻狼子野心，終必作亂。今日頒詔徵峻，即使彼不順命，為禍尚淺；若再經歲月，勢且益大，就難以控制了。這就像漢朝時的七國一樣，削亦反，不削亦反。」

蘇峻得到消息後，遣使入朝與庾亮婉商，又上表請求到青州界。表文有這樣的話：「昔明皇帝親執臣手，使臣北討胡虜，今中原未靖，臣何敢自安？乞補青州界一荒郡，使臣得效鷹犬之勞，不勝萬幸。」

應該說，事情發展至此，還是可以挽回的。但庾亮置之不理，反而急催蘇峻入都，以致釀成叛亂。蘇峻因求得到一荒郡，尚不見許，就對朝廷使者說，臺下（庾亮）說我欲反，我怎得再活呢？「我寧山頭望廷尉，不能廷尉望山頭！」於是，蘇峻聯合祖約，起兵共討庾亮。

庾亮本來就兵微將寡，當然不經一打。第二年春天，庾亮戰敗，逃到潯陽。蘇峻攻破建康，朝廷百官四處逃散，王導卻急馳入宮，抱著幼小的皇帝，出登太極前殿，與近侍大臣陸曄共登御床，將士站立兩旁，簇擁護衛。因為蘇峻素來敬服王導，不敢加害，才得避過亂兵之禍。

蘇峻之亂平息以後，京師曾經戰火，城垣殘破，國庫空虛，較之王敦亂時更為淒慘。於是許多人建議遷都，有的主張遷到豫章（今江西南昌），有的主張遷到會稽（今浙江紹興）。對此，王導一方面大力提倡節儉。《晉書・王導傳》說：「導簡素寡欲，倉無儲穀，衣不重帛。」《晉書・王導傳》又云：

時帑藏空竭，庫中唯有練數千端，鬻之不售，而國用不給。導患之，乃與朝賢俱制練布單衣。於是士人翕然競服之，練遂踴貴。

練是粗葛布，開始士人恥於穿著，由於王導提倡並帶頭服用，於是練價升高，緩解了國家的財政困難。另一方面，王導認為建康龍盤虎踞，自古就是帝王之都，諸葛亮所謂「鍾山龍盤，石頭虎踞，確是帝王之宅」，不必為一時的殘破而遷都，關鍵是要發展生產。而且，北方胡人虎視眈眈，遷都等於示弱。當年在匈奴的打擊下，西晉局勢一潰千里，而立都建康，表明了狼狽退到江南的司馬氏政權的立國底線。首都絕對不可以一遷再遷，否則後果不堪設想。王導提出基本方針：「鎮之以靜，群情自安。」力排眾議，一錘定音，堅持不遷都。此後，南朝宋、齊、梁、陳的首都都定在建康，才有六代繁華、秦淮之勝。應該說，王導還是有貢獻的。

據陳寅恪《述東晉王導之功業》一文載，廣州河南敦和鄉客村曾發掘一晉墓，有磚銘云：

永嘉世，天下災。但江南，皆康平。
永嘉世，九州空。余吳土，盛且豐。
永嘉世，九州荒。余廣州，平且康。

這就說明了，東晉開南朝三百餘年局面，民族得以獨立，文化得以續延，長江流域得以開發，王導作為主政者厥功甚偉，這是不言而明的。

【第九章】

石崇與王羲之

昭陵玉匣走天涯，金粟堆前幾暮鴉。水到蘭亭轉嗚咽，不知真帖落誰家！

—— 林景熙《夢中作》

1 殘害女性者因一位女性而得名

唐人王維《洛陽女兒行》云：「狂夫富貴在青春，意氣驕奢劇季倫。」中國人讀歷史，總喜歡分出個好人壞人，好人則無美不臻，壞人則無惡不作。石崇就是這樣的一個千秋萬載眾口一詞的壞人。其實，「人」字一撇一捺最簡單易寫，而世間最複雜者卻莫過於人。在西晉，石崇是一個人格非常複雜且具有代表性的人物。在政治上，他身為上層士族，卻鄙視清談任誕而嚮往功名事業；在生活中，他奢侈淫靡卻又風雅大方；在交際方面，他浮競鄙劣卻又愛敬清流。尤其是公然聲稱「士當身與名俱泰」，代表一代士人毫不遮掩地亮出了人生準則。

石崇，字季倫，西晉官僚石苞的第六子，祖籍渤海南皮（今屬河北），生於青州（今屬山東），小名齊奴。從小就有勇有謀。《晉書・石苞傳》說，石苞臨終時，分配財產給他的兒子們，唯獨不給石崇。石崇的母親為崇求取，石苞說：「此兒雖小，後自能得。」換句話說，做父親的就是看準了這個孩子赤手空拳能掙家業。

歷史上石崇以豪富著稱。西晉最富有的數石崇、王愷、羊琇三人，而石崇是西晉王朝的首富。他不擇手段地「百道營生，積財如山」，成為巨富。家有水碓三十餘區，奴婢百餘人，「驕奢當世」。他與另一貴戚王愷的鬥富，恐怕是中國歷史上「首屈一指」的擺闊鬧劇，集中地表現了統治階級醜惡的本質。

石、王鬥富，屢見於史籍及《世說新語》。石崇的平時生活是「絲竹盡當時之選，庖膳窮水陸之珍」，連他的婢女們都「曳紈繡，珥金翠」，花團錦簇。王愷的日常生活也是「盛極聲色，窮珍極麗」，他們都想以奢侈壓服對方，博取豪譽。王愷家中用糖漿代水洗鍋，石崇家中就用蠟燭當柴火燒鍋。王愷出門，做成四十里長的紫絲面子、碧綾裡子的步障，夾道作為障蔽；石崇就做成五十里長的錦緞步障，勝過王愷。石崇家用香椒塗牆，王愷就用色理鮮膩的赤石脂泥壁，想勝過石崇。因為王愷是武帝司馬炎的舅舅，所以武帝每每幫助王愷爭豪比奢。《世說新語・汰侈》云：

> 石崇與王愷爭豪，並窮綺麗以飾輿服。武帝，愷之甥也，每助愷。嘗以一珊瑚樹高二尺賜愷，枝柯扶疏，世罕其比。愷以示崇，崇視訖，以鐵如意擊之，應手而碎。愷既惋惜，又以為嫉己之寶，聲色甚厲。崇曰：「不足恨，今還卿。」乃命左右悉取珊瑚樹，有三尺、四尺，條幹絕世，光彩溢目者六七枚，如愷許比甚眾。愷惘然自失。

隨意擊碎二尺珊瑚，表示「不足恨」，更炫之以更大更多的珊瑚，從而使國舅失色。石崇的潑天富貴是從何而致呢？《晉書》說他在元康初年出任南中郎將、荊州刺史，在荊州「劫遠使商客，致富不貲」。石崇的財富來自於野蠻的掠殺，用現代的話來說，此人官匪一家，黑白兩道。這應是事實，只要看《世說新語・汰侈》「石崇嘗與王敦入學戲」便可參證。石崇與另一梟雄王敦遊太學，看到顏回和原憲的畫像，石崇很神往：「要是能跟他倆一起做孔聖的學生，想必我也差不到哪裡去。」王敦冷冷地回答：「講起這兩人我不清楚，你跟子貢倒是比較相像。」石崇聽了，生氣地衝口而出：「士當身與名俱泰，何至甕牖哉！」（士君子應該做到身體享受與事業聲名都通達，何至於困守清貧呢！）王敦是有名的清談高手，他說石崇似子貢，實際是語藏譏嘲：子貢的富有是因為會做生意，而石崇的富有則源於劫奪。

然而細考史籍，石崇的富有也不單靠荊州的劫奪。前敘石、王鬥富事，《晉書》《世說》都記載晉武帝暗助王愷，這是在石崇任荊州刺史以前的事。換句話說，石崇在出任荊州刺史以前即成巨富。然而，既沒有開始劫奪商客，也沒有坐享父親的遺產，這驚人的財產來自於何方呢？《晉書·食貨志》透露了這一謎底：「世祖武帝太康元年，既平孫皓，納百萬而罄三吳之資，接千年而總西蜀之用。」「於是王君夫（愷）、武子（濟）、石崇等更相誇尚，輿服鼎俎之盛，連衡帝寶。」原來，晉帝國統一中國的過程，也是一個掠奪吳、蜀財物的過程，在這一過程中，不僅晉室充實了國庫，就是那些參與戰役的將士也賺得個鍋滋盆滿。石崇參加了平吳之役，吳人數十年生聚所積，就這樣進入了石崇們的私室，使得他們「連衡帝寶」。

前已敘及，石崇的人格非常複雜，往往表現為強烈的兩極分化。這裡擇兩例以作說明。

石崇性格豪爽，喜歡宴請賓客。每當杯盤酬酢的時候，常令美人行酒，如果客人不肯盡飲，就命令將勸酒的美人斬首。有一次，王敦、王導兄弟到石崇家赴宴，王敦故意不肯飲酒，石崇竟然連殺了三個侍女。王敦不動聲色，依然不飲。王導心中不忍，責怪王敦，王敦說：「自殺伊家人，何予卿事！」這已是與飲食毫不相干、超出做人的道德底線的殘忍暴行了。然而，一般人不知道，這個殺婢取樂的石崇還是個詩人，與當時的潘岳、陸機、左思等人同為文壇名士，在鬥富殺人之餘，用筆墨揮灑著清詞麗句。《先秦漢魏晉南北朝詩》❶說他「有集六卷」，輯有他十首詩。我以為，其中寫得最好的是《王明君辭》：

我本漢家子，將適單于庭。辭訣未及終，前驅已抗旌。僕御涕流離，轅馬為悲鳴。哀鬱傷五內，泣淚霑朱纓。行行日已遠，乃造匈奴城。延我於穹廬，加我閼氏名。殊類非所安，雖貴非所榮。父子見凌辱，對之慚且驚。殺身良不易，默默以苟生。苟生亦何聊，積思常憤盈。願假飛鴻翼，棄之以遐征。飛鴻不我顧，佇立以屏營。昔為匣中玉，今為糞上英。朝華不足歡，甘與秋草並。傳語後世人，遠嫁難為情。

「王明君」就是王昭君，這是中國文學史上第一首歌詠昭君的詩歌。詩寫得如泣如訴，「父子見淩辱，對之慚且驚」，還有什麼比父子在自己身上亂倫施暴更為痛苦的事情嗎？苟生既痛苦，求死也不成，只能幻想借飛鴻之翼以遠去。此詩細緻的心理刻畫表現了對受難婦女的體察和同情。真不明白有這樣悲憫情懷的才子何以會熱衷於血腥的遊戲？

再則，石崇的諂佞是有名的。當年，賈皇后的外甥、侍中賈謐權勢熏天，石崇與潘岳等人勾結在一起，號稱「二十四友」，都拼命巴結賈謐，以至於遠遠看見賈謐的車輛，便望塵而拜，趨炎附勢，令人不齒。但是，石崇有的時候又蔑視權勢，幫助清流。如劉輿、劉琨兩兄弟是著名的清流人物，劉輿字慶孫，劉琨字越石。當時京都謠諺云：「洛中奕奕，慶孫越石。」劉氏兄弟青年時代就樹聲士林，但為權臣王愷所嫉。王愷圖謀殺害劉氏兄弟，假意邀請他們作客。石崇與劉氏兄弟是

❶《先秦漢魏晉南北朝詩》，逯欽立輯校，中華書局一九八三年版。

好朋友，驚聞他們落入虎穴，於是連夜急馳找到王愷，當面追問二劉在何處。王愷倉促之間難以遮掩，答語支吾。石崇直接闖入後堂，找出劉氏兄弟，拉著他們一起坐車離開王府。在路上，石崇對他們說：「年紀輕輕為什麼輕易地到別人家裡住宿呢？」劉氏兄弟非常感念他的恩德。這是石崇一生中做的有數的一樁好事。

石崇之死倒是當時的一個熱點。唐人劉希夷《洛川懷古》云：「綠珠不可奪，白首同所歸。」石崇之死源於綠珠之禍，而因綠珠之墜樓，又使這個身家巨萬的俗富末路增添了幾分旖旎風流之雅韻。

侍中賈謐伏誅後，樹倒猢猻散，衛尉石崇因為是賈謐的黨羽而被免官。於是他退居金谷別業豪宅，酣飲笙歌，優遊歲月。

石崇有個女伎名叫綠珠，長得窈窕多姿，嫵媚動人，而且善於吹笛子。相國司馬倫的親信孫秀早就對綠珠垂涎三尺，如今石崇失勢，他馬上派人向石崇索求綠珠。當時石崇正在金谷別業，他坐在涼臺上，觀賞著山澗清澈的流水，身邊簇擁著一群如花似玉的婢妾。聽了孫秀使者的訴說，石崇滿不在乎地允許他在幾十個婢妾中隨意挑選。而孫秀卻傳命使者強索綠珠，石崇執意不從，說：「綠珠吾所愛，不可得也。」

孫秀沒想到會在已經失勢的石崇身上碰釘子，不由得火冒三丈，他立即勸司馬倫誅殺石崇。石崇知道孫秀的陰謀，於是先發制人，和外甥歐陽建串通黃門郎潘岳去鼓動淮南王司馬允和齊王司馬冏興兵討伐司馬倫和孫秀。誰知事情敗露，司馬倫假借晉惠帝司馬衷的名義，下詔逮捕石崇、歐陽建和潘岳等人。

當氣勢洶洶的武士擁進富麗的金谷園時，石崇正在樓上飲酒作樂。他似乎已明白了災禍的由來，對身邊的綠珠說：「我今為爾得罪。」綠珠哭著說：「當效死於官前。」說罷，她便墜樓自殺了。

武士抓住石崇時，他不在乎地說：「我不過流放交州、廣州罷了。」等到囚車把他拉到東市後，他才意識到大事不妙。他悲哀地歎道：「這些奴才貪圖我家的財產。」押解他的人卻反唇相譏說：「知道錢財是禍根，為什麼不盡早散發出去？」石崇無言以對。就這樣，他一家十五口都被斬首。石崇時年五十二歲。

綠珠應該是一位絕代佳人，不然，一向將女人不當回事的石崇不會說出「綠珠吾所愛」，從而使得石崇多少表現了一點不畏強梁、捍衛愛人的意味。

至於綠珠，更引人歎息。我想她的墜樓當然包括對石崇的貞節（不管這種貞節是否值得），因為其時石對她恩愛未衰，然而更多的應該是一個女人對無情命運的抗爭。縱身一跳，香消玉殞，她維護了自己的尊嚴，使強徒的欲望落空。失敗者是孫秀之流。清人吳偉業《圓圓曲》寫絕代風流的陳圓圓當年被周奎、田畹等豪門攫取，句云：「橫塘雙槳去如飛，何處豪家強載歸。」剛烈的綠珠就比隨波逐流的陳圓圓可愛多了。正由於此，綠珠引起了一代一代文人詞客的同情和歎息，如杜牧《金谷園》云：

繁華事散逐香塵，流水無情草自春。
日暮東風怨啼鳥，落花猶似墜樓人。

「東風怨啼鳥」，當然是傷春。末句以「落花」喻「墜樓人」，合傷春與悼人為一體，構成了一種淒迷之境。

一生殘害了很多女性，卻因一位女性而得名，這大概是石崇自己也始料不及的吧。

2 清流書聖

與濁官石崇迴異，王羲之是十足的清流。

王羲之（三〇三—三六一年），字逸少，小名吾菟，祖籍琅琊臨沂。前已敘及，漢代的王祥、王覽是琅琊王氏子孫引以為豪的歷史人物；到西晉時，琅琊王氏已是著名的鐘鳴鼎食之家、詩禮簪纓之族了。王羲之生於晉惠帝太安二年，其父親王曠和叔父王廙的姨母嫁於晉王朝司馬氏，因此與東晉開國之君司馬睿是表兄弟。這當然是一層鐵關係。再者，王曠曾任丹陽太守，其大部分管轄地區屬今天的南京。王曠是個很有見識的人。《晉書・王羲之傳》說：「元帝之過江也，（王）曠首創其議。」並且，《語林》還記載了永嘉初年，王曠見天下大亂、四海鼎沸，就到王敦家裡商量對策，這時恰好王敦和王導諸人「閉戶共為謀身之計」，不接見王曠。王曠從牆壁上的小孔中看到眾人密謀，便假意要告官。於是王導等迎王曠進屋，王曠就貢獻了「江左之策」。我以為，正因為王曠在丹陽太守任上熟悉江南的民情，對政治、地理、人文精熟，才可能首創其議，對東晉王朝的建立，起了重要作用。這是第二層鐵關係。可惜王曠在西晉末年，大約王羲之十二歲前後逝世，未能發揮更大作用，亦未能更多地蔭庇王羲之。當時輔佐司馬睿支撐東晉局面的王家代表人物，是王羲之的從伯王導和族伯王敦。王導位居東晉宰輔，把持朝政；王敦駐守荊州，掌握天下重兵。王羲之西晉末年移居江南之後，就是生長於這樣一個名門望族。

然而，幼年的「書聖」並未被人看好。他在孩提時代得了癲癇病，一兩年就要發作一次。《晉書・王羲之傳》云：「羲之幼訥於言，人未之奇。」亦即王羲之幼時並不是一個神童，說話還有些遲鈍。然而他自小聰慧機智，有內秀。他十三歲時，去見吏部尚書周。周顗是十足的顯宦名流，一見之下，竟對羲之「察而異之，時重牛心炙，坐客未啖，顗先割啖羲之，於是始知名」。「牛心炙」就是烤牛心，是古代待客的重要食品，大概帶有禮儀性質。如宋代虞儔詩云：「客來愧乏牛心炙，茶罷空堆馬乳盤。」而一代清流領袖周顗在眾客未嘗之前，將貴重食品先奉進小小年紀的王羲之，故而引起人們對王羲之刮目相看，其名在公卿將相之間也不脛而走。王羲之的從伯父宰相王導和大司馬王敦，亦對羲之非常重視。王敦曾對王羲之說：「汝是吾家佳子弟，當不減阮主簿。」阮主簿指阮裕，阮籍族孫，德才兼備，時為大司馬王敦的主簿。王導則感歎子侄「不令」，獨重羲之，欲委以重任。

王羲之成人之後，其性格、情感上的特點犖犖大者有二。

一是坦率，少做作。太尉郗鑑有一愛女，想與丞相王導家聯姻。王導應允後，叫子弟都到烏衣巷王府東廂房候選。當時正是炎夏，王氏子弟都穿戴整齊，肅立東廂。郗鑑派來的使者相完親後向郗鑑彙報說：「王家子侄都不錯，個個衣冠楚楚，風度翩翩，恭恭敬敬地站在東廂候選，唯獨有一人，在東床上披衣而坐，袒露著肚子，自顧吃東西，滿不在乎這次挑選大事。」郗鑑聽了點頭笑著說：「從此子舉止來看，不同流俗，正是我理想的『東床快婿』！」一打聽，正是王羲之，郗鑑於是就把愛女嫁給了他。這就是成語「坦腹東床」的由來。後來，李白《送族弟凝之滁求婚崔氏》云「坦腹東床下，由來志氣疏」，正是肯定了王羲之這種坦率自然的意氣。

這種坦率的意氣在王羲之以後的仕宦生涯中也有所表露。《世說新語・言語》記載了他與謝安一起登冶城（今南京朝天宮內），論及時政：

王右軍與謝太傅共登冶城，謝悠然遠想，有高世之志。王謂謝曰：「夏禹勤王，手足胼胝；文王旰食，日不暇給。今四郊多壘，宜人人自效。而虛談廢務，浮文妨要，恐非當今所宜。」謝答曰：「秦任商鞅，二世而亡，豈清言致患邪？」

同樣的記述也見於《晉書・謝安傳》，應該是可信的史料。此處雖以「太傅」稱之，講的還是謝出仕以前的事。謝安是東晉時與王導齊名的政治家，也是有名的「風流宰相」。然而他出仕漫長而曲折的過程，充分展示了當時士人階層的心理狀態和生活追求。謝安出身士族，年輕時候盡情享受人生，不顧國家安危；故作清高而生活空虛腐朽；沽名釣譽，藉以抬高身價；做官的時機一旦成熟，又扭捏作態，裝扮出無可奈何的樣子，就這樣身負重名，直到四十多歲才出來做官。《世說新語・排調》說，謝安出任桓溫司馬，官員們都到新亭來送行。中丞高靈來前喝了點酒，這時便借酒發瘋地對謝安說：「朝廷多次徵召，你都高臥東山，不肯出來做官，以至造成『安石不肯出，將如蒼生何』的輿論。現在，你終於出來做官了，不知蒼生又將如君何？」高靈語含機鋒，先指責了謝安出仕前的扭捏作態，待價而沽，然後說，現在你終於出來做官了，是真貨假貨還得走著瞧。如果是個徒負虛名的偽君子，「蒼生將如君何」，百姓又拿你怎麼辦呢？直接對謝的人品及才幹提出了懷疑。現在再回到羲之與謝安的冶城之遊。王羲之原是謝安的東山遊伴，這時用國家興亡、匹夫有責的道理來啟發他出山，謝安則採用「王顧左右而言他」的辦法，並不正面回答出與處的問題。我認為，「虛談廢務，浮文妨要」八字，與高靈的反面譏諷異曲同工，不僅一針見血地擊中了魏晉以來清談之弊，而且體現了王羲之坦誠的書生本色。

二是長時間地處於隱逸和仕宦的矛盾之中。王羲之曾在《與殷浩書》中表明「吾素自無廊廟志」，然而他的大部分時間還是在官場生活中度過的。他起家秘書郎，繼任征西將軍庾亮的參軍，又遷長史。庾亮臨死前向皇帝上疏，說王羲之「清貴有鑑裁」，應予以重用。以後遷守遠將軍、江州刺史等，最後約在永和六年，由護軍將軍改授右軍將軍、會稽內史。所以世稱其為「王右軍」。

王羲之是一個辦事認真的人，既從仕，則積極處之，毫不虛偽。如任會稽內史時，東土饑荒，羲之輒開倉賑貸。當時朝廷賦役繁重，吳地尤甚，羲之每上疏爭之。此外，他對當時官吏的腐敗現象十分憤慨，對百姓流亡、戶口減少等流弊也提出過一些切實的意見。尤其是對當時炒得沸沸揚揚的殷浩北伐，王羲之能保持清醒的頭腦，不計私利，不從物議，看準時勢切中要害，他諫阻北伐的書信，被稱為「東晉君臣之良藥」，載入青史。

永和十一年，王羲之五十三歲時，因與揚州刺史王述有隙，故稱疾辭職。歸隱前，他特意去祭掃父母之墓，於墓前讀了著名的《誓墓文》，以表示其辭官歸隱的決心：

維永和十一年三月癸卯朔，九日辛亥，小子羲之敢取告二尊之靈：羲之不天，夙遭閔凶，不蒙過庭之訓。母兄鞠育，得漸庶幾，遂因人乏，蒙國寵榮。進無忠孝之節，退違推賢之義，每仰詠老氏、周任之誡，常恐死亡無日，憂及宗祀，豈在微身而已！是用寤寐永歎，若墜深谷。止足之分，定之於今。謹以今月吉辰肆筵設席，稽顙歸誠，告誓先靈。自今之後，敢渝此心，貪冒苟進，是有無尊之心而不子也。子而不子，天地所不覆載，名教所不得容，信誓之誠，有如皦日！

自此，王羲之說到做到，徹底告別了官宦生涯，遠離東晉政治中心建業，也離別了自己生活了四十年的繁華的烏衣巷，來到山明水秀的會稽，開始服食丹藥，追求長生不老，怡情養性於山光水色之中。他的絕世佳作《蘭亭集序》也就產生在他的生命的晚期。

自初唐李嗣真《書後品》將王羲之評為「書之聖」以後，由於唐太宗的極力推崇，歷代書家的稱讚，羲之成為「書聖」已是不爭的事實。我以為，王羲之作為中華「書聖」，有兩個需要特別指出的地方。

一是其書法作品在生前即具有經濟價值。羲之生性愛鵝。山陰有個道士養了一群雄壯軒昂的好鵝，羲之去參觀過一次，十分中意，便想買幾隻。道士早就仰慕他的書法，便說：「如能給我抄一部《道德經》，我把這群鵝全部奉送。」王羲之心知其意，但由於愛鵝心切，於是欣然寫罷經文，籠鵝而去。後來，李白有《王右軍》歌詠此事：

右軍本清真，瀟灑在風塵。山陰遇羽客，要此好鵝賓。掃素寫道經，筆精妙入神。書罷籠鵝去，何曾別主人。

信筆而書，筆歌墨舞，籠鵝而去，欣欣然不發一言，何其瀟灑乃爾！還有一次，王羲之看見一個老媽媽在賣六角竹扇，他就在幾把扇子上每把扇面寫了五個字。老媽媽起初很不高興，認為將扇面塗髒了，難得賣出去。王羲之對她說：「你就說是王右軍寫的，每把扇子可以要價一百兩。」老媽媽將信將疑，按他說的去做，人們果然爭相購買。

這則故事見於《晉書・王羲之傳》，正史所載，應該說是有現實生活作為根據的。

二是王羲之之所以為「書聖」，還因為其書法藝術具有十分可貴的創新性。俗傳王羲之苦練書法，不得精進，晚上寢息時在夫人身上點畫揣摩，夫人嗔怪道：「我體有我體，你體有你體，你只管在我身上畫什麼？」羲之頓時解悟。這個故事正說明了王羲之書法的創新性。中國書法古有甲骨鐘鼎，先秦有大篆，秦代有小篆，西漢有隸書，這些成為中國古典書法的表現書體。魏晉之後出現的楷、行、草、今草是中國現代書法的表現書體，這四種書體一直延續至今，再沒有變化過。其中楷書、行書和草書應是在王羲之手中定型。東晉以後無論哪朝哪代的書家，只要書寫楷書、行書和草書，都必須承認他們所師承的源頭是書聖王羲之。

王羲之七歲開始跟叔父王廙學習書法。王廙曾說：「畫乃吾自畫，書乃吾自書。」這種強調在書畫中體現自我精神的觀點，對王羲之的影響巨大。十一歲時，王羲之在父親的瓷枕中發現一本《筆論》，就取出來私下裡閱讀。父親知道後對他說：「現在你年紀還小，不能理解運筆的法則。

等你長大後，我再教你。」王羲之不以為然，說：「我願早一點知道，若長大了，那就遲了。」父親只得給他大概講解了《筆論》的要點，而王羲之卻早已心領神會，從此學力大進。少年時又到洛陽觀摩漢魏各大書法名家的真跡，打開了眼界。著名書法家衛夫人看到他極具書法天分，便把他收為門徒，主要傳授小楷技法。後來，王羲之又自學李斯的篆書、蔡邕的隸書、鍾繇的行書等諸家書法，博採眾家之長而獨成一家，達到了爐火純青的境界。以風雅著稱的梁武帝距東晉不遠，他說，王羲之的字猶如「龍跳天門，虎臥鳳閣」。也有人說羲之的筆勢是「飄若遊雲，矯若驚龍」，因而王羲之被人尊為「書聖」。

王羲之的書法成就不僅在於他兼擅楷書、行書和草書諸體，而且都將它們推到了一個全新的境界。王羲之的楷書師承衛夫人和王廙，屬於鍾繇系統。鍾繇的楷書傳世之作有《力命表》《薦季直表》等，其筆劃形態的特點是豎短橫長，狀似隸書，有橫張之勢，一字之內，筆劃之間的結構關係不明確。而經過王羲之的改革，楷書具有的筆劃形態已成規模，筆劃之間的配置關係基本確立，結體也隨之勻稱，變橫張為縱展，雍容舒展。其代表作如《樂毅論》《黃庭經》《東方朔畫像贊》很好地體現了這種特點，將楷書體引入了端莊而生動的「今體」階段。漢代的草書大多是一種較多地保留母體隸書筆意的章草，它字字獨立，筆勢不連貫，波挑多；少部分是比章草的書寫更為簡便的今草，字可與字連，隨意性較強。草書在東漢末年是發展初期，到張芝時形成一個高潮。張芝善草書，有「草聖」之稱。王羲之在草書方面的建樹，就是發展了今草書。其代表作如《都下帖》《七月帖》《喪亂帖》等，筆勢的移動飛移多體現在一字之內，不像張芝那樣一筆連貫三五字。但王字所呈現的筆勢是神采上的貫通，非形式上的連屬，他往往欹側取勢得奇，這使他從深入骨髓的章草意念中擺脫出來。這樣，章草書體的字字獨立與今草書體的流暢縱逸的筆勢，這二者看似不協調的兩端，在王羲之的今草中得到了融會貫通。王羲之的行書是極具藝術魅力的神品，尤其是在晚年，他的行書發生了重大變化，他將草書筆法引入行書，中鋒、側鋒互用，運筆速度較為迅疾。由於字與字之間有起承轉合的映帶，似斷若連，筆勢連貫，筆劃之間的呼應關係更加緊密。《蘭亭集序》就是羲之行書的頂峰之作。此帖揮灑自如，隨心所欲，融合了魏晉六朝名士那種瀟灑脫俗的情懷，達到了出神入化的高妙境界。據說曠世雄主唐太宗李世民對此帖頂禮膜拜，不惜違背君主的道德尊嚴，巧取豪奪。到手後他命當時的一流書家褚遂良等精心摹寫，最後還將蘭亭真跡帶入墓葬，癡想在冥間還朝夕欣賞那銀勾鐵畫的滿紙雲煙。

我們敘述的石崇與王羲之，正是在對金谷和蘭亭的考察中展開。

3 雲泥之判

將石崇與王羲之這兩個絕對不相同的人物合而敘之，是因為他們都有一個園林情結。在石崇曰金谷，在王羲之曰蘭亭。而金谷與蘭亭則糾纏著太多的中國古典園林的是是非非。

中國古典園林是饒有書卷氣的「文人園」，是一種特殊的建築藝術。近代，將園林之盛與六朝風流聯繫起來進行探討的，僅見吳世昌先生《魏晉風流與私家園林》一文，義理兼賅，一新耳目。當然，如吳先生「至於私家的園林，卻是魏晉以後才興起來」諸說，我不敢苟同。但吳先生提出了這一命題，是極富創見的。杜牧之詩云：「大抵南朝皆曠達，可憐東晉最風流。」現在，讓我們透過這煙渚月廊、朱閣花徑，去領略六朝「曠達」「風流」之致及隱藏於其中的深刻內涵，從園林這個獨特的角度去解讀石崇和王羲之。

中國園林歷史悠久，古代所謂圃、囿、園、苑為其濫觴。秦漢以後，園林漸漸講究藻飾華麗，飛簷斗拱，變為統治者的「專利」了。如秦始皇築秦宮，跨渭水南北，覆壓三百里。漢武帝營上林苑、甘泉苑，溢彩流丹，飛泉急湍。梁孝王建兔園，開疊山之先河。魏曹丕造芳林園，臺館富麗。這都是宮廷園林之犖犖大者。

在漢代，由於士大夫階層對山水之美的認識和欣賞，一些大官僚家出現了私家園林。把山水林壑移到居處來，便可以朝夕晤對。泉石置於眉睫，溪流繞乎階除，並且時時覺得鳥獸禽魚自來親人。如巨富袁廣漢於洛陽北邙山下築園，東西四里，南北五里，構石為山，高十餘丈，養禽獸其間。又司農張倫造景陽山，吳人茹皓疊南山佳石，引泉蒔花，均為園林史上之佳構。最著者為梁冀，他多拓林苑，西至弘農，東至滎陽，南入魯陽，北到河淇，周圍千里。《後漢書．梁統（附梁冀）傳》對此有詳盡的描述：

> 堂寢皆有陰陽奧室，連房洞戶。柱壁雕鏤，加以銅漆。窗牖皆有綺疏青鎖，圖以雲氣仙靈。臺閣周通，更相臨望。飛梁石蹬，陵跨水道。……又廣開園囿，採土築山。十里九坂，以像二崤。深林絕澗，有若自然，奇禽馴獸，飛走其間。

《後漢書》載，梁冀是「發屬縣卒徒，繕修樓觀，數年乃成」的。這當然需要「富可敵國」的本錢和呼風喚雨的權勢，在建築藝術上則繼承了宮廷園林的風格。漢末時期出現了為數不少的隱逸之士，或修禪大壑，或採藥深山，青山白雲，一庵翼然。這卻是另一類風格的私家園林了。在這樣兩種淵源分流的背景下，產生了千古名園金谷和蘭亭。吳世昌先生指出：「我們現在所習知的（私家園林），在北部有河南的金谷園，在江南有會稽的蘭亭。假使就拿這兩處為中心，我們可以把洛陽的寺宇，歸於金谷園系統之下，因為北魏洛陽的寺宇有許多是當時的權貴舍宅所立，而那些所舍住宅裡面的樓亭布置，當然要受洛陽附近的金谷園的影響的。在南邊，我們可以把東晉名流的別墅歸於蘭亭這一系統之下，因為參與蘭亭盛會的，在財力上，在知識上，在趣味上，都是有資格自築園林的。」我以為，吳先生所舉雖稍嫌截然，（其實，從金谷到蘭亭，是園林嬗變的一個過程，下文將要論及。）但切中肯綮，金谷、蘭亭實在是兩類不同風格之典型園林。而這種不同，有地域的因素，也有社會和思想的因素。

與金谷園聯繫在一起的是石崇的《金谷詩序》，與蘭亭聯繫在一起的是王羲之的《蘭亭集序》。兩序都是三百餘字，平心而論，都不失為駢散結合，敘事、寫景、抒情融為一體的優美散文；從文章學的角度看，《金谷詩序》較之《蘭亭集序》也毫不遜色。但是現在石崇《金谷詩序》已差不多被人遺忘了，而王羲之《蘭亭集序》卻以中國書法藝術史上一件帶神奇色彩的作品而使人津津樂道，甚至在新中國成立後的六十年代還引起了一場熱烈得連「偉大領袖」都參與進來的「蘭亭論辯」，儘管蘭亭真跡早在唐代初期就已經在撲朔迷離之中，流傳的都是摹本和碑刻拓本。當然，金谷的名氣也就遠遜蘭亭了。追溯其原因，除了王羲之飄若遊雲、矯若驚龍的書法，宜乎《蘭亭集序》流傳千古，使蘭亭增色，還有別的因素嗎？

金谷聚會前於蘭亭聚會五十年。其實，在當時，金谷的聲名遠較蘭亭為大。關於《昭明文選》未曾收入《蘭亭集序》，古來曾有種種臆測，我以為並不能摒棄蘭亭集會的影響在當時並不太大這一原因。支持我的一個有力的證明是《世說新語・企羨》所載：

王右軍得人以《蘭亭集序》方《金谷詩序》，又以己敵石崇，甚有欣色。

的確，《蘭亭集序》從布局上先點明時、地，再鋪敘景物，兼及人事，最後以感歎作結，以《金谷詩序》為範本的痕跡極為明顯。我以為，王羲之不但欣喜自己的文章能比美前人，而且宴集盛事能踵武金谷遺蹤，這實在也是他所神往的。「欣色」二字就表明了書聖的心聲。而王羲之的這一心理狀況從一個側面也說明金谷宴集的顯赫聲名了。

地以文傳，這是中國這個愛好人文藝術的國度的一個帶普遍性規律的現象。岳陽樓然，滕王閣然，蘭亭亦然。而對於現在金谷和蘭亭聲名的變換和倒置，我總不滿足歸之於「地以文傳」這一普遍規律。況且透過歷史的迷霧，我們將冷峻地發現，在金谷和蘭亭的背後還存在著人格的園林藝術本體的較量。而正是這些內涵引導著我們向極富魅力的歷史問號中探尋。

金谷澗，一名梓澤，位於西晉都城洛陽北郊。發源於黃河南岸的金水蜿蜒而過，在洛陽附近注入谷水。就在這金水和谷水的交匯處，石崇營建了他的別墅金谷園。

據石崇自己在《思歸引序》中描寫，「其制宅也，卻阻長堤，前臨清渠。百木幾於萬株，流水周於舍下。有觀閣池沼，多養魚鳥。家素習伎，頗有秦趙之聲。」真是人間仙境！需要指出的是，自石崇敗亡後，金谷園即荒蕪，至唐代已蕩然無存，故正面描述金谷的文字是闕如的。但《晉書・石崇傳》有「登涼臺，臨清泉」語；干寶《晉紀》有「綠珠樓」的記載；石崇的朋友如棗腆《贈石季倫詩》云：「朝游清渠側，日夕登高館。」曹攄《贈石崇詩》：「美茲高會，憑城臨川。峻墉亢閣，層樓辟軒。遠望長洲，近察重泉。」可知金谷園畫棟雕梁，層樓高館，是典型的宮廷建築風格。我們從園林建築史的角度考察，古典園林分宮廷和私家兩大類型，又分北部和南部兩大風格。實際上，北部園林多仿宮廷園林，費資巨萬，富麗堂皇。如石崇以前的私家名園中梁冀園和袁廣漢園，二園都在洛陽，與金谷毗鄰，必然在建築風格上對金谷產生影響。所以，我們以上對金谷建築風格的揣想還是合理的。石崇就是在這宏麗的莊園裡舉行了文酒之會，留下了《金谷詩序》。

《金谷詩序》存於《世說新語・品藻》注、文選李善注及《水經注》，其中以《世說新語》注所收最長而又較完整，其全文如下：

余以元康六年，為從太僕卿出為使持節監青、徐諸軍事，征虜將軍。有別廬在河南縣界金谷澗中，或高或下，有清泉茂林，眾果竹柏藥草之屬，莫不畢備。又有水碓、魚池、土窟，為其備娛目歡心之物。時征西大將軍祭酒王詡，當還長安。余與眾賢往送澗中。晝夜遊宴，屢遷其坐。或登高臨下，或列坐水濱。時琴瑟笙築，合載車中，道路並作。及住，令與鼓吹遞奏。遂各賦詩，以敘中懷。或不能者，罰酒三斗。感性命之不永，懼凋落之無期。故列具時人官號姓名年紀，又寫詩著後。後之好事者其覽哉！凡三十人。吳王師議郎關中侯始平武公蘇紹，字世嗣，年五十，為首。

序文記載了金谷宴集。元康六年，四十八歲的石崇以征虜將軍持節監青、徐諸軍事銜出鎮下邳，在赴任之前，友人齊集為其盛宴餞別，同時兼為將以國子祭酒赴長安的王詡送別。王詡是清談家王衍之弟，亦係名門望族。《晉書・石崇傳》說這次送別宴集「送者傾都暢飲於此」。賓從應該是很盛的，但現在可考者只有蘇紹、潘岳及曹攄了。

金谷之宴是為了送別，然而究其本質是統治階級尋歡逐樂。觀其序文，一則曰「備娛目歡心之物」，當然指水陸珍饈，聲色歌舞；二則曰「晝夜遊宴，屢遷其坐」，亦即宴會接連幾天，換了好幾個樓館，胡天胡地；三則曰「琴瑟笙筑，合載車中，道路並作」，簡直是歌吹沸天了。參證以潘岳《金谷集作詩》：「飲至臨華沼，遷坐登隆坻。玄醴染朱顏，但訴杯行遲。揚桴撫靈鼓，簫管清且悲。」歐陽建《答石崇贈》：「縱酒嘉宴，自明及昏。」當年，金谷園中那種醉生夢死的飲宴可以想見，不獨此次餞別石崇為然。

魏晉六朝是統治階級豪貴日益腐化的時代，他們貪鄙成風，豪侈成性，窮奢極欲，荒淫無恥。他們的所謂莊園，所謂文酒之會，常常就是其揮霍無度的場所。曹丕《芙蓉池作詩》云「乘輦夜行遊，逍遙步西園」，最後寫出遊園目的「遨遊快心意，保己終百年」，已透露出個中消息。西晉建立以後，司馬氏集團「新平強吳，美寶皆入，志盈心滿，用長歡娛」，在物質享受方面更是「前無古人」。如武帝司馬炎的女婿王濟，「性豪侈，麗服玉食」，他嗜吃「蒸豕」。這種食物「肥美異於常味」，連司馬炎吃了也稱羨不已。其實王濟是叫奴婢們用人奶餵養小豬，殺了吃時又用人奶來蒸煮。他的飲食器皿一般都用珍貴如玉的「琉璃器」，稱為「玉食」。又如「身兼三公之位」的何曾，在食用方面「務在華侈」，「日食一萬，猶曰無下箸處」。他甚至與帝王爭豪，當司馬炎賜宴時，他不吃御膳，而是拿出自己準備好的佳肴來「招待」皇帝。他的兒子何劭，在這方面更是「青出於藍而勝於藍」，「食必盡四方珍異，一日之供，以錢二萬為限」，用度較老子翻番了。

石崇在這方面較之王濟、何曾輩絲毫也不遜色。現在雖然已找不到客觀地描述金谷酒會的文字，但從石崇《思歸引》中可見一斑。石崇一方面在序中裝模作樣地說「困於人間煩黷，常思歸而永歎」，似乎不留戀利祿富貴，然而又詩云：

思歸引，歸河陽，假余翼鴻鶴高飛翔。經芒阜，濟河梁，望我舊館心悅康。清渠激，魚彷徨，雁驚溯波群相將。終日周覽樂無方：登雲閣，列姬姜，拊絲竹，叩宮商，宴華池，酌玉觴。

《思歸引》是石崇「五十以事去官」之作，詩中的「舊館」即指金谷園，所以完全可以據此揣測金谷盛況，他在莊園的樂事就是「登雲閣，列姬姜，拊絲竹，叩宮商，宴華池，酌玉觴」。《世說新語・汰侈》有些記載，可作「列姬姜」的注腳。石崇擁有成百的婢女，他家的廁所裡放著甲煎粉、沉香汁等香料和新衣，經常令十幾個衣著華麗的美女為客端香持服。有次劉寔來作客，要上廁所，見有絳紗帳大版，鋪陳錦繡，又有婢女拿著香囊侍候，劉寔反身就走，對石崇道歉說：「誤入卿室內。」石崇卻不介意地說：「是廁耳！」婢女侍廁，這是日常生活；逢到宴集，婢女的命運更悲慘，前述因客人不肯飲酒，而斬殺勸酒的美女，殺婢取樂，真是荒淫殘暴到令人髮指！當然以上並不是指金谷之宴，但是，我們從石崇的作派，從石崇的家常酒宴行事，完全可以揣想到金谷之宴的情況。

金谷園在當時確實是影響極大的，效尤者也不少。陸翽《鄴中記》所載石虎的園林，其奢侈更甚於金谷。《洛陽伽藍記》卷四云：「於是帝族王侯外戚公主，擅山海之富，居川林之饒，爭修園宅，互相誇競。崇門豐室，洞戶連房。飛館生風，重樓起霧。高臺芳榭，家家而築。花林曲池，園園而有。莫不桃李夏綠，竹柏冬青。」其中河間王琛修建了一座迎風館，亭臺高聳，金雕玉飾。王琛對人說：「不恨我不見石崇，恨石崇不見我！」

「繁華事散逐香塵」。石崇在華麗的莊園裡縱欲荒燕，儘管當時聲名顯赫，儘管《金谷詩序》也寫得聲調鏗鏘，後世總還是不齒於口的。這就是為什麼金谷之會和《金谷詩序》遭到歷史冷落的原因之一。在這方面，後於金谷之會半個世紀的蘭亭之會及王羲之的《蘭亭集序》恰成了鮮明的對比。蘇軾曾以冷峻的眼光，評判了歷史上這兩個著名的文酒之會，說：「本傳又云，蘭亭之會或以比金谷，而以逸少比季倫，逸少聞之甚喜。金谷之會皆望塵之友也；季倫之於逸少，如鴟鳶之於鴻鵠。」（《東坡題跋．右軍進斫膾圖》）一個如鴟鳶撲於草叢，一個如鴻鵠高翔入雲，高下判然，發人深省。

如果說金谷富貴典雅，是北部中國古典園林的典型，那麼靈秀自然的蘭亭則是南部中國古典園林的代表。吳世昌先生曾精審地論斷：「中國江南的園林，起始應推至魏晉六朝。」

無疑，魏晉六朝是一個思想異常活躍的時代，也是一個上層建築（特別是各種藝術）收穫五光十色的時代。隨著北部園林富貴典雅的風格成熟，江南私家園林也起來了。《說文》本無「墅」字，而在《世說新語》中「墅」卻出現次數頗多，名士們甚至動輒以「墅」為賭，尤可想見有

「墅」的人家不會太少。如錢塘朱異「自潮溝列宅至青溪，其中有臺池玩好」（《南史・朱異傳》）；徐勉之園林「為培之山，聚石移果，雜以花卉，以娛休沐，用託性靈」，「華樓回榭，頗有臨眺之美」（《南史・徐勉傳》）；謝安「營墅，樓館竹林甚盛」（《晉書・謝安傳》）。約略而論，北部園林雕欄玉砌亭臺樓閣，以富貴氣懾人；而江南園林則借山偎水，粉牆竹籬，以書卷氣處世。在北方，只有王侯巨富才有資本建造園宅，而江南則一般士人均有園林，因為「清風明月不用買」，樂得享受四時清景。如陶淵明窮到「寒餒常糟糠」（《雜詩》），有時甚至乞食為生，但他還有「方宅十餘畝，草屋八九間。榆柳蔭後簷，桃李羅堂前」（《歸園田居》）。因為五柳先生追求的是「結廬在人境，而無車馬喧」。這是一種建築藝術上的「遺形取神」，也是一場園林史上真正的革命。

江南園林的興起，原因是多方面的。一是宗教的影響。魏晉六朝時，佛教、道教都很熾盛。道教主張居住山林，道士們信奉的「祖師爺」莊子就說過：「刻意尚行，離世異俗，高論怨誹，為亢而已矣；此山谷之士，非世之人，枯槁赴淵者之所好也。」（《莊子・刻意》）古印度宗教也有隱居山林的傳統，有供隱士們閱讀的所謂「森林書」。佛教始祖釋迦牟尼據說就是隱遁到迦耶山附近的菩提迦耶得道的，因此佛教徒也主張在山林中苦修。於是，很多佛寺都修建在深山大壑的風景絕佳處，本身便成為絕好的園林。如《世說新語》載康僧淵在豫章「去郭數十里立精舍」；《高僧傳・慧遠傳》載慧遠在廬山創精舍，並吸取了外國建築的特點；《蓮社高賢傳》載宗炳在廬山築室，雷次宗在鍾山築招隱館。「天下名山僧佔多」，僧舍秀麗清幽的環境當然給江南士人的建宅設計以美的啟示。如《宋書・謝靈運傳》云靈運於會稽立墅，「面南嶺建經臺，依北阜築經堂，傍危峰立禪室，臨浚流列僧房」。向佛寺學習之跡，較然可睹。尤其對於那些有出世之念的禮佛養性之士，他們「安神閨房，思老氏之玄虛；呼吸精和，求至人之彷彿」（仲長統《樂志論》），清幽的園林就使得他們能夠雖居城市，而有山林之想。

東漢末年盛行的隱逸之風，是造成江南私家園林競立的另一大原因。戰國時代百家爭鳴，有所謂「得士者昌，失士者亡」。漢武帝時東方朔《答客難》也有所謂「用之則為虎，不用則為鼠」。曰「失士」，曰「不用」，當然證明在野知識分子古已有之。事實上，伯夷、叔齊、商山四皓都可算得上隱士。不過，隨著封建經濟的發展，在各地的地主階級知識分子中，逐漸出現了一批有一定財力和一定地位的人，他們遠離城市，不求聞達，但對朝廷的政策和社會形勢卻產生一定的影響。總之，隱士作為一個階層出現還是在漢代，特別是東漢以後，這從范曄《後漢書》中增加了《逸民傳》而《史記》《漢書》未有，就能看出。

西漢中後期的士人中，已經出現了一些輕視利祿的人物，如楊王孫、梅福和嚴君平等人。東漢一朝隱逸之風遠盛於西漢，據《後漢書・逸民傳》云：「是時裂冠毀冕，相攜持而去之者，蓋不可勝數。」魏晉六朝時政治鬥爭異常尖銳激烈，統治階級集團內你爭我奪，動輒滅族斬門。在這樣險惡的形勢下，士人往往把遁入山林作為全身遠禍的最好辦法。因為深山是朝廷鉗制力較薄弱的地方，在那裡淳厚的民風和優美的大自然會撫慰他們受傷的心靈。這也就是陶淵明在《桃花源記》中表現出的憧憬和追求。更何況老莊和佛典在理論上已對山林隱居做了理直氣壯的解釋，而且這種山居並不擔憂衣食。這些人埋名隱姓，潛居山野岩穴，當然修建了自己的園宅。他們或借山偎江，天地一廬；或雖居城市，一籬隔斷塵囂，而作山林之想。在崇尚自然的審美標準下，其園宅大多以簡樸淡泊自傲，以饒有書卷氣自傲，「朱門何足榮，未若託蓬萊」，建築風格與金谷園大異其趣。如東漢仲長統在《樂志論》中描述了一個「背山臨流」的莊園，說自己「躊躇畦苑，遊戲平林，濯清水，追涼風，釣游鯉，弋高鴻，諷於舞雩之下，詠歸高堂之上」，「豈羨夫入帝王之門哉」。孫綽《遂初賦敘》更點明了隱居莊園之「樂」：

余少慕老莊之道，仰其風流久矣。卻感於陵賢妻之言，悵然悟之。乃經始東山，建五畝之宅，帶長阜，依茂林，孰與坐華幕、擊鐘鼓者同年而語其樂哉！

文章洋溢著對自己「五畝之宅」的熱愛，明確地蔑視「坐華幕」「擊鐘鼓者」享受的快樂。

在這樣的社會風氣下，江南士人多以懂不懂得欣賞山水來評判人品的高下，如陶淵明就說過：「少無適俗韻，性本愛丘山。」換言之，如不愛丘山，則有適俗之嫌。孫綽曾評衛永說：「此子神情都不關山水，而能作文。」（見《世說新語．賞譽》）雖是用反語，顯然認為能文與欣賞山水有關。顧愷之為謝鯤畫像，他認為「此子宜置丘壑中」，意識到自然景物與人的風神有共通之處。於是，他們就以清幽的自然美為標準來修建園林。北方園林以歌舞女樂、椒房畫閣驕世，而江南士人的園林則清山秀水，「一觴一詠」。

王羲之襟懷淡泊，非石崇輩所及。《晉書．王羲之傳》云：「（羲之）初渡浙江，便有終焉之志。會稽有佳山水，名士多居之，謝安未仕時亦居焉。孫綽、李充、許珣、支遁等皆以文義名世。並築室東土，與王羲之同好。」王羲之的蘭亭，正體現了他的「終焉之志」，亦即隱逸之志，並且代表了江南名士的普遍好尚。

漢魏以來流行於中原的「塢」，開啟並兆示了江南園林的興起。我以為，塢對封建地產模式的演變是一過渡；而吳世昌先生將金谷、蘭亭判然而分，忽略了塢在江南園林史上的作用。據《後漢書・馬援傳》注引《字林》：「塢，小障也。」漢末戰亂，中原宗族鄉黨往往囤聚堡塢，據險自守，以避戎狄寇盜之難。陳寅恪先生在《桃花源記旁證》中引證典籍，列舉很多塢壘，義證兼賅，本文不欲贅言。可知塢是戰爭環境下一種設防的生產結構，是一種富有政治和武裝色彩的生產組織，主要基礎是強宗豪族擁有的大地產。《晉書・庾袞傳》載，塢主先要組織塢民「峻險厄，杜蹊徑，修壁塢，樹藩障，考功庸，計丈尺，均勞逸，通有無，繕完器備，量力任能，物應其宜」，然後進行農業生產。可以揣知，土圍子裡面有作為生產資料的良田園木，甚至還有清景勝跡，如《桃花源記》所杜撰然。這樣的特殊莊園適合於戰爭環境，然而由於其缺乏生產計畫和穩定性，也為和平環境所棄取。隨著衣冠南渡，偏安江左，遠離兵塵的流民們在青山綠水間「求田問舍」，當然再也不用考慮壘石圍塢了。他們去掉了土圍子，保留了田舍園圃；淡忘了戰備觀念，濃厚了審美意識；減弱了經濟作用，增強了消費功能（如王導的鍾山之墅僅有田地八十餘頃）。無疑，這種「拆掉土圍子的塢」，給了江南士人以新的啟示。《太平寰宇記》卷九十六《江南東道・越州會稽》就記載有「尚書塢在縣東南三十三里，宋尚書孔稚珪之山園也」。這種以塢為名的江南園林是極少的，但也清楚地顯示了這一嬗變之跡。

園林建築藝術本體的發展也促進了江南園林的興起。當然，園林建築藝術的發展與藝術觀的發展、與姊妹藝術的發展是聯繫在一起的。上古時，人類的藝術觀常與圖騰崇拜聯繫在一起而表現出浪漫傾向，崇尚奇偉瑰異，崇尚神仙魔怪。兩漢時注重寫實，人們轉而崇尚人工之美，精雕細刻，繁文縟節。在思想大解放的魏晉六朝，藝術發展的主要趨勢是崇尚自然美。陶淵明詩云：「久在樊籠裡，復得返自然。」人的意識愈覺醒，也就愈崇尚自然。在社會的發展進程中，人與自然的關係愈來愈向多方面發展，自然萬物愈來愈多地成了人的審美物件，從動物、植物、星雲日月擴展到山水等方面，這也是人類審美活動發展的必然趨勢。

中國正是在魏晉六朝出現了山水畫和山水詩。秦漢時，繪畫以人物為主。漢末，山水畫有些發展，但多為人物畫的背景，山水只是人物之附庸，所謂「人大於山，水不容泛」。到東晉、南朝時，山水畫才成為獨立畫科。南朝時宗炳著有《畫山水序》、王微著有《敘畫》，都是探討山水畫的專著。宗炳在《畫山水序》中寫道：「余眷戀廬衡，契闊荊巫，不知老之將至。」表現了他對山水的癡迷和喜愛。尤其是在畫學理論方面，人們認識到「於扇上畫山水，咫尺之內，便覺萬里之遙」（《南史．齊竟陵王昭胄傳》），更給園林設計如何表現自然以啟迪。山水詩的出現較之山水畫可能更早一些。「秋風蕭瑟，洪波湧起」（曹操）的壯美，「採菊東籬下，悠然見南山」（陶淵明）的閒適，「餘霞散成綺，澄江靜如練」（謝朓）的絢爛，「白雲停陰岡，丹葩耀陽林」（左思）的鮮明，「池塘生春草，園柳變鳴禽」（謝靈運）的旎綺，「儷採百字之偶，爭價一句之奇」而仍能「如清水芙蓉，自然可愛」，開導了中國山水詩的長河。

無疑，這些姊妹藝術崇尚自然、遺形得神的藝術精神滋潤了園林建築藝術。山水畫的講究咫尺萬里，山水詩的注重閒情逸趣，折射在建築藝術上，就表現出與北部園林迥然不同的藝術意蘊。後於王羲之的庾信在《小園賦》中以比較美學的手段陳述了他的看法：

若夫一枝之上，巢父得安巢之所；一壺之中，壺公有容身之地。……豈必連闥洞房，南陽樊重之第；綠墀青瑣，西漢王公之宅？余有數畝敝廬，寂寞人外，聊以擬伏臘，聊以避風霜。雖復晏嬰近市，不求朝夕之利；潘岳面城，且適閒居之樂。……爾乃窟室徘徊，聊同鑿壞；桐間露落，柳下風來。琴號珠柱，書名玉杯。有棠梨而無館，足酸棗而非臺。猶得欹側八九丈，從斜數十步，榆柳三兩行，梨桃百餘樹。撥蒙密兮見窗，行欹斜兮得路。蟬有翳兮不鳴，雉無羅兮何懼？草樹混淆，枝格相交，山為簣覆，地有堂坳。……崎嶇兮狹室，穿漏兮茅茨，簷直倚而妨帽，戶平行而礙眉。坐帳無鶴，支床有龜，鳥多閒暇，花隨四時。心則歷陵枯木，發則睢陽亂絲。……一寸二寸之魚，三竿兩竿之竹，離披落格之藤，爛漫無叢之菊。落葉半床，狂花滿屋，名為野人之家，是謂愚公之谷。……

顯然，江南名士認為自己的「野人之家」比「南陽樊重」「西漢王公」那種豪華富貴的園宅要高明得多。我以為，從園林建築藝術的角度，《小園賦》也不失為一篇難得的史料。它記載了士人們園林審美觀的進化，揭示了蘭亭這樣優美的私家園林出現的美學基礎。

現在回到王羲之的蘭亭和著名的蘭亭修褉。

永和九年（三五三年）三月三日，羲之與當時的名士謝安、孫綽等四十二人，會於會稽蘭亭，按照「修褉」的習俗，列坐在宛轉的溪水旁，待耳杯順水流到自己面前即取飲，作詩以為樂。王羲之與謝安兄弟等十一人作四言、五言詩各一首，郤曇等十五人各作或四言或五言一首，不能作詩的王獻之等十六人各「罰酒三巨觥」。《蘭亭集序》就是王羲之為當時做成的幾十首詩寫的序言。

三月上巳日在河邊行修禊事周代已流行。在這一天，女巫在河邊舉行儀式，為人們除災祛病，叫作「祓除」，也叫「修禊」。選擇水邊，是取其洗汙滌濁、潔身求福之義。後來，人們將修禊與踏青結合起來，給迷信活動注入生活情趣，表達了健康的追求和歡樂的嚮往。在晉代，上巳是一個隆重的節日。其既不同於正月十五的火樹銀花，也不同於八月中秋的團圓賞月，晉人把無限的歡欣和情意綿綿的祝福投向了三月的上巳。加上至漢代又改臨水宴飲為讓酒杯浮於水面送飲，耳杯漂流，自相撞碰，更顯得趣味盎然。長沙馬王堆漢墓出土的「羽觴」（亦即酒杯），淺薄如卷葉，就是這一類酒具。據《六朝事蹟編類》卷四載，宋元嘉二十二年，在法寶寺之南造景陽樓，鑿天淵池，架石引水，作為宴錫公卿時流之所。可見六朝時流觴之風之盛。王羲之《蘭亭集序》就記敘了一個充滿詩情畫意的活動：

永和九年，歲在癸醜，暮春之初，會於會稽山陰之蘭亭，修禊事也。群賢畢至，少長咸集。此地有崇山峻嶺，茂林修竹；又有清流激湍，映帶左右，引以為流觴曲水，列坐其次。雖絲竹管弦之盛，一觴一詠，亦足以暢敘幽情。是日也，天朗氣清，惠風和暢，仰觀宇宙之大，俯察品類之盛，所以游目騁懷，足以極視聽之娛，信可樂也。夫人之相與，俯仰一世，或取諸懷抱，晤言一室之內；或因寄所託，放浪形骸之外。雖趣舍萬殊，靜躁不同，當其欣於所遇，暫得於己，快然自足，曾不知老之將至；及其所之既倦，情隨事遷，感慨系之矣！向之所欣，俯仰之間，已為陳跡，猶不能不以之興懷；況修短隨化，終期於盡。古人云：「死生亦大矣。」豈不痛哉！每覽昔人興感之由，若合一契，未嘗不臨文嗟悼，不能喻之於懷。固知一死生為虛誕，齊彭殤為妄作。後之視今，亦猶今之視昔，悲夫！故列敘時人，錄其所述。雖世殊事異，所以興懷，其致一也。後之覽者，亦將有感於斯文！

序文不事雕琢，獨創一格，以清新樸素的語言，記敘雅集盛事。這當然是一次高雅的文化活動。對照《金谷詩序》，「一觴一詠」較之「琴瑟笙築，合載車中，道路並作」，「游目騁懷」較之「備娛目歡心之物」，確實高雅得多。文章通篇著眼於「死生」二字，指出「一死生為虛誕，齊彭殤為妄作」，冷靜地注視著俯仰之間化為陳跡的現實，感歎「後之視今，亦猶今之視昔」，表現了對超越個人感傷的人類漫長歷史的覺醒，於蒼茫浩歎之中，自有無窮逸趣。袁宏道《蘭亭記》云：「羲之之蘭亭記，於生死之際，感歎尤深。晉人文字，如此者不可多得。」明人馬逸姿《流杯渠》亦追懷這種千載風流：「湍湍何處覓清泠，石上空存曲水形。修禊若還逢內史，肯將繭紙寫蘭亭。」

蘭亭較之金谷，不僅以園林建築、雅集方式及記敘文字、序文書法勝，而且參加者多為胸懷曠逸的江南名士。與會者四十二人，除王羲之外，有其子凝之、徽之、獻之，司徒謝安及弟謝萬，著名詩人孫綽、孫統、郗曇等以王謝大族為中心的名士。從他們這次雅集所流傳的三十七首詩和兩篇序看，確實沒有金谷諸友那種驕人的富貴氣。如孫綽在《三月三日蘭亭詩》序中自稱「屢借山水，以化其鬱結」。他的詩結句云：「時珍豈不甘，忘味在聞韶。」用《論語・述而》「子在齊聞韶，三月不知肉味」，讚美山川之美給予精神上的享受，超過了口腹之欲。《世說新語・任誕》記載，王羲之的兒子徽之「性卓犖不羈」，曾為桓沖騎兵參軍。一次，桓沖問他任何職務，回答說：「好像是馬曹。」又問：「官家共有馬匹多少？」回稱：「從來不過問馬的事，怎知馬有多少！」徽之對俗務如此漠不關心，而對自然山水卻充滿興致，尤其喜愛竹子，當時有「竹癖」之譽。他借別人的空宅暫住，才搬進去就命僕人種竹。有人說：「你又不是在這裡長住，何必自找麻煩呢？」他卻指著身邊的一盆綠竹說：「何可一日無此君！」《世說新語・簡傲》還記載了王徽之過吳中時，有一位士大夫家有佳美的竹林，主人知道徽之要來，就灑掃設施，端坐相待。而王徽之卻一乘小轎，逕至綠竹猗猗的園林，諷嘯徘徊，觀賞不已。像這樣沉醉園林、遺落人事的名士還有王獻之：

王子敬自會稽經吳，聞顧辟疆有名園，先不識主人，逕往其家。值顧方集賓友酣燕，而王遊歷既畢，指麾好惡，旁若無人。顧勃然不堪曰：「傲主人，非禮也；以貴驕人，非道也。失此二者，不足齒之傖耳。」便驅其左右出門。王獨在輿上，回轉顧望，左右移時不至，然後令送著門外，怡然不屑。

蘭亭諸友這種貴淡泊、主自然的美學觀，真可謂風神高古、遺響千載了！

蘭亭和蘭亭修禊在中國文化史上的影響是巨大而深遠的。

從園林建築藝術方面來看，蘭亭確立了以古樸野趣的自然美為主的江南園林的地位。關於江南名士建園的審美意識，前文已敘及，尤其是從庾信《小園賦》中可以得到參證。當時及以後，就是一般王侯建宅或遊園，也喜歡作山林之想。《梁書・蕭統傳》說昭明太子性愛山水，有一次泛舟宮池，番禺侯軌極力宣揚此景此情宜叫宮女歌舞作樂，太子不答，詠左思的詩句：「何必絲與竹，山水有清音。」使軌聞之慚愧而退。昭明太子所沉吟的「清音」究竟何指呢？《世說新語・言語》所載道破了這種心理秘密：

簡文入華林園，顧謂左右曰：「會心處不必在遠，翳然林水，便自有濠濮間想也。覺鳥獸禽魚，自來親人。」

所謂「濠濮間想」，是《莊子・秋水》提出的一個命題。莊子與惠子在濠上觀魚，莊子歎「魚之樂」，惠子說：「子非魚，安知魚之樂？」莊子說：「子非我，安知我之不知魚之樂？」後多用來比喻別有會心、自得其樂的境地。在這種審美理想——「濠濮間想」的支持下，千百年來，江南園林大多自然古樸，饒有書卷氣，講究詩文興情以造園，園成則必有書齋吟館，既是園林，又是讀書、吟賞、揮毫、會友的場所。

蘭亭對中國文化產生的另一深遠影響是上巳日文酒之會的方式。在陽春煙景中，一邊飲酒歡談，一邊濡毫命筆，「一觴一詠」，給人以強烈的奇妙的誘惑。而且，這種歡聚不是羅列水陸山珍，也不像曹孟德那樣「我有嘉賓，鼓瑟吹笙」，歌吹沸天，而是「一觴一詠」，重在精神上的「游目騁懷」。這種獨特的方式給上巳日籠罩了詩的情調，啟迪著後世文人的靈感。劉禹錫有句云：「棹歌能儷曲，墨客競分題。」（《三日與樂天、河南李尹陪令公洛禊》）蘇軾有句云：「流觴曲水無多日，更作新詩繼永和。」（《和王勝之》）他們似乎都樂於繼承這樣的六朝風流。

當然，後世封建文人的上巳修禊大多已失真趣而拘於板滯了。

【第十章】

謝　安

五馬南浮一化龍，謝安入相此山空。不知攜妓重來日，幾樹鶯啼谷口風。

——胡曾《東山》

1 東山攜妓

唐代大詩人李白詩云：「但用東山謝安石，為君談笑靜胡沙。」東晉成帝咸康五年（三三九年）王導逝世，後二十年謝安輔政。謝安是一代風流人物，為政「弘以大綱，不存細察」，尤其是經歷了東晉王朝命運攸關的淝水之戰，歷來被認為並肩王導，「興滅國，繼絕世」，功業千秋，人品亦千秋。

我以為，這實在是歷史的誤會。謝安其人，功業還需斟酌品評，人品卻十分巧偽矯情。

謝安（三二〇—三八五年）字安石，出身於陳郡陽夏謝氏士族高門。他的父親謝裒，官至太常卿。伯父謝鯤，放浪形骸，是中朝「八達」之一，用現在的話來說，是玄學界的八大天王之一。不過，東晉初年陳郡謝氏尚無名望，《世說新語．方正》載謝裒曾求諸葛恢小女為婚，因琅琊諸葛是望族，隨元帝渡江，地位親顯，諸葛恢竟拒絕與陳郡謝氏通婚。還有一次，一群男人聚飲時，謝安的弟弟謝萬當眾尋找小便器，阮裕見了，竟不屑地斥為：「新出門戶，篤而無禮。」可見直到東晉中期，謝氏在舊族眼中還不是一等旺族。

俗話說：三歲看八十。謝安幼時即有佳名。四歲時，桓溫的父親、大名士桓彝來謝家作客，一見謝安就讚歎道：「此兒風神秀徹，後當不減王東海！」王東海指西晉東海太守王承，史稱「渡江名臣王導、衛玠、周、庾亮之徒皆出其下，為中興第一」，並且極有風度。東漢時評論人看「骨相」，魏晉時評論人重「風神」，「風神秀徹」是極佳的品評。魯迅輯錄《古小說鉤沉》裡還記載了一個故事。據說謝安幼時美譽遠播遐邇，遠在北方的鮮卑少年慕容垂極為神往，就派人給謝安送去一對白狼旄。所謂白狼旄，就是用白狼的毛做成的飾物，一般都安在長矛上。慕容垂是後來雄踞一方的燕國統帥，當時才七歲，而謝安十三歲。「英雄出少年」，「英雄總相惜」，此之謂也。

歷史上王、謝並稱，王導比謝安大四十四歲，在王導去世前幾年，謝安曾經去拜訪他。接談之下，王丞相對這個十幾歲的青年大為欣賞。《世說新語．文學》記載，支道林、謝安、王濛等人一次以《莊子．漁父》為題清談，支道林先講，「作七百許語，敘致精麗，才藻奇拔，眾咸稱善」。等大家都談過之後，謝安則向支道林粗略發難，他「自敘其意，作萬餘語，才峰秀逸，既自難幹，加意氣擬托，蕭然自得，四座莫不厭心」。的確，青年謝安相貌俊雅，神情深沉，思路敏捷，風度瀟灑，是清談名勝，工詩文，擅行書，很快就名動江南，成了時人追捧的偶像。

然而，時尚的偶像難免染上時人的通病，在具有中國古代特色的由隱入仕的問題上表現得尤為明顯。三國時期著名政治家、軍事家諸葛亮隱居南陽臥龍崗時，「好為《梁父吟》」「每自比於管仲、樂毅」（《三國志．諸葛亮傳》），終為劉備所賞識。劉備三顧茅廬時，在著名的《隆中對》中，諸葛亮精闢地縱論天下大勢，定出鼎足三分的策略，劃定了三國時期基本的政治格局。以後，又運用他縱橫捭闔的才智，建立了蓋世的功業。然而，東晉士人們不注意諸葛亮的粗茶淡飯、躬耕隴畝，也不折服他「鞠躬盡瘁，死而後已」的神人共泣的對蜀漢的忠誠，而只是將他的隱與仕，看作人生的手段與目的。這樣一來，相當一部分士人就以隱居為養望，為蓄勢，當國家危急存亡之秋，他們風花雪月，盡情享受人生，不顧社稷安危；故作清高而生活空虛腐朽；沽名釣譽，藉以抬高身價；做官的時機一旦成熟，卻又扭捏作態，裝扮出無可奈何的樣子。這樣假隱居之士、真名利之徒的嘴臉，在稍後的南朝文士孔稚圭的《北山移文》中就淋漓盡致地加以了譏諷和揭露，「使我高霞孤映，明月獨舉，青松落蔭，白雲誰侶？」此處且不贅述。

謝安瞄準了會稽東山，作為自己隱居蓄勢之地。

當時的會稽郡，包括現在的杭州、紹興、寧波一帶，此地山水絕佳。著名畫家顧愷之以藝術家的眼光考究一番後，回京後歎為觀止：「千岩競秀，萬壑爭流，草木朦朧其上，若雲興霞蔚。」（《世說・言語》）書法家王獻之從會稽過，亦稱：「從山陰道上行，山川自相映發，使人應接不暇。」（《世說・言語》）會稽的首府是山陰（今紹興），東山則在山陰東南，此地林木繁茂，清泉蜿蜒，波光粼粼的曹娥江從山前流過，景色幽美。不管當時北敵壓境，廟堂風雨，謝安「與王羲之及高陽許珣、桑門支遁遊處，出則漁弋山水，入則言詠屬文」（《晉書・謝安傳》）。他在東山還養有絕色的家妓，整天鶯歌燕舞，鬢影衣香，不知胡然為天胡然為地。誠如李白詩云：「謝公東山三十春，傲然攜妓出風塵。」昔人還繪有《東山攜妓圖》以紀其盛。無疑，這種名士風流是頗令後世的封建文人神往的。李白、蘇軾、辛棄疾這些曠代才人都為此寫了很多讚美詩篇，王安石甚至在走訪謝安遺跡半山謝安墩後，頗為榮幸地寫了一首《爭墩》詩說：「我名君字偶相同，我屋公墩在眼中。公去我來墩屬我，不應墩姓尚隨公。」向前代政治家，一寄千古渴慕。

關於謝安高臥東山的優遊歲月，《世說》中記述有許多的片段。《世說・雅量》說，有一次，謝安與孫綽、王羲之諸人舟遊海上，時值浪湧風起，大家都要回船靠岸。這時謝安卻「貌閒意悅」，只顧吟嘯，命舟子繼續往前駛船。愈往前划，愈浪濤洶湧，小船顛簸不止，孫、王諸人驚恐萬狀，「皆喧動不坐」。謝安見了，輕輕一笑說：「你們這樣害怕，那就駛回岸邊去吧！」眾人如遇大赦一樣，趕忙呼叫回船。通過這一次海上遇險，謝安博得了「足以鎮安朝野」的美譽。人們深信，以謝安這樣遇事不驚、沉著冷靜的氣度，完全能夠鎮撫朝廷上下。後來李白還寫詩讚歎道：「安石泛溟渤，獨嘯長風還。逸韻動海上，高情出人間。」《晉書・謝安傳》說，有一次，謝安邀友人共往臨安山中，他坐在一間石房子裡，面對深谷，閉目遐想，然後歎息說：「如此境界，與伯夷相差又有多遠呢？」

本來就「少有佳名」，再加上三番五次的作秀，長期蓄勢，為謝安取得極高的聲名。《世說・賞譽》云：

王右軍語劉尹：「故當共推安石。」劉尹曰：「若安石東山志立，當與天下共推之。」

好一個「當與天下共推之」！當時，朝野上下都喧騰起一派「安石不肯出，將如蒼生何」的呼聲，彷彿謝安就是彼時彼國彼民的救世主。謝安俊雅的容貌和瀟灑的風度，很快就使他成了那個時代魅力無窮的偶像。謂予妄言，擇二例可說明。其一，謝安患有鼻炎，說話吟詩的聲音都不清亮，而時人則稱美為「洛生詠」，大家都以捏著鼻子吟詩為時尚，後來文學史上也多了「擁鼻」的典故。唐代詩人杜牧《折菊》「雨中衣半濕，擁鼻自知心」，就記述了這種名士風流。其二，據說，有一次有一窮同鄉因經商不善，潦倒不堪，向謝安辭行。謝安有心贈他些銀兩，又怕傷了他面子，於是就問他還有什麼能換錢之物。此人說，家當僅有五萬把根本賣不出去的蒲葵扇。謝安略作思忖，說道：「我試試幫你推銷如何？」就從中隨意拿了一把。平時與名流們交談時，謝安總是手持這把蒲葵扇，輕輕拂動，真名士，自風流。於是人們紛紛效仿，在當地居然掀起了一股蒲葵扇搶購風，那個窮老鄉的五萬把扇子不久就傾銷一空了。這就是「新會蒲葵」的故事。一直到清末民初，「新會蒲葵」年產一億柄以上，是個很響亮的品牌，當然謝安可以算是最早的產品代言人了。

世間就有這樣的怪事：有些東西你盡力追求尚且難以得到，而推辭和躲避反而讓它向你靠攏，甚至如影相隨。謝安就是這樣。起初司徒府徵辟為「佐著作郎」，他以疾辭；揚州刺史庾冰以謝安有重名，屢次命郡縣官往逼，謝安不得已才赴召，但是月餘就告歸；又拜尚書郎，亦不就任；吏部尚書范汪舉薦他為吏部郎，又上書拒絕。因此，朝中有關官員上奏皇帝：謝安屢不就徵，性情乖僻，應終生監視，不得錄用。對此，謝安「晏然不屑」，似乎並不在意，索性棲遲東山，放情丘壑。

難道面對名利，謝安真的心如古井了麼？其實，橫亙在謝安內心的問題，不是出不出山，而是什麼時候出山。《世說・排調》說，謝安隱居東山時，一次兄弟聚會，除他還是布衣之外，其他兄弟都仕祿軒冕，聲勢「傾動」。相比之下，謝安顯得十分寒酸。他的夫人便指著那些做官的兄弟，用話激他說：「大丈夫難道不應該這樣嗎？」謝安於是用手捏著鼻子，半真半假地說：「我恐怕也難免走這條路子了。」道出了隱藏在內心深處的秘密。《世說》還記載，謝安東山隱居時曾「戒約」子侄曰：「子弟亦何豫人事，而正欲使其佳？」子侄們一時弄不懂他的語意，只有侄兒謝玄答道：「譬如芝蘭玉樹，欲使其生於庭階耳。」謝安聽了很高興。謝安、謝玄的叔侄對語，素以意味深遠難解。謝玄理解伯父的「佳」字，意思是說，既然是芝蘭玉樹，就要爭取生長在庭階，讓主人能聞其芳香、睹其美姿，而不應像《琴操》中記述的孔子所見的「隱谷之中，香蘭獨茂」一樣。這顯然不是一個決心長隱者的心態。事實上，其弟謝萬為吳興太守時，時謝安三十七八歲，就隨弟從行，對謝萬的公務常有匡正。這也可以視為對自己行政才能的歷練。總之，謝安並非真的不想做官，而是要做大官，一再拒絕徵辟，不過是自高標置、抬高身價的一種手段。所謂「玉在匣中求善價」，當養望蓄勢到一定程度，他才會考慮出山。只有會稽王司馬昱（亦即後來的簡文帝）看到謝安攜妓出遊，窺知其情欲尚存，一語道破說：「安石與人同樂，必肯與人同憂。」果然，等到謝萬因戰敗而廢為庶人，謝氏門第減色時，四十多歲的謝安終於決定變節出山了。正巧征西大將軍桓溫上表皇帝請求辟謝安為征西司馬，這個職務是個軍內職務，相當於幕僚長的角色，謝安正中下懷，就此結束了東山高臥，至都中，轉至江陵桓溫軍中。後來，唐代詩人胡曾作《東山》詩歎道：

> 五馬南浮一化龍，謝安入相此山空。
> 不知攜妓重來日，幾樹鶯啼谷口風。

作秀再如何出色，行偽再如何巧妙，總是難以掩盡世人耳目的。不待後世寫《北山移文》，當時總會有明眼人，不失時機地送上識破機關的棒喝，就像《三國演義》中，龐統行連環計，瞞過了曹營中的文武百僚，卻在江邊被闞澤說破一樣。

《世說・排調》說，謝安出任桓溫司馬，官員們都到新亭來送行。其中中丞高靈借著三分酒醉，大聲搶白謝安道：「朝廷多次徵召，你都高臥東山，不肯出來做官，以至造成『安石不肯出，將如蒼生何』的輿論。現在，你終於出來做官了，不知蒼生又將如君何？」這番「醉話」無異醉八仙拳，連出兩手，風生水起。一拳打中謝安扭捏作態，高自位置；又一拳欲打出徒負虛名的偽君子的原形：真貨假貨還得走著瞧，到時候名不符實，「蒼生又將如君何」，百姓又拿你怎麼辦呢？

《世說・排調》記述了一則郝隆的譏刺。謝安在桓溫手下任司馬時，有一次有人送桓溫藥草，其中有種藥草叫遠志。據《爾雅・釋草》，遠志又名葽繞或棘菀，多年生草本植物，葉線形，夏秋開紫花，形如蒿根，性溫味苦，可以入藥。古代稱其根部為「遠志」，其葉部為「小草」。當時桓溫拿起一株遠志，有意無意地問謝安道：「遠志又叫小草，本是一種東西，為什麼會有兩種叫法呢？」謝安一時語塞。參軍郝隆時在座，便接著說：「這很好理解，所謂處則為遠志，出則為小草。」這是一個令人絕倒的回答，表面上他是在解釋這種藥草之所以有兩種叫法的原因：根「處」於地下，名遠志；葉「出」於地上，名小草。實際上，卻是用「出」與「處」比喻人的生活道路。古代隱士又稱處士。謝安幽處東山，常以大濟天下自詡，「志」不可謂不「遠」，而一旦做了桓溫的司馬，仰人鼻息，唯命是聽，也不過是小草一株罷了。郝隆的話綿裡藏針，使謝安「深有愧色」。桓溫當然聽出了他的弦外之音，見狀便打圓場說：「郝參軍並無惡意，這樣解釋也覺別致。」

然而，「出」與「處」情形是完全不一樣的。此前的大名士殷浩，亦以隱謀進，出仕前先「在墓所幾十年」，騙取得很高的聲名，「於時朝野以擬管、葛，起不起，以卜江左興亡」（《世說・賞譽》）。後出任揚州刺史，朝廷原意是希望借重其大才，求得與上游桓溫勢力的平衡，誰知他畏桓如虎，毫無作為。後又北伐兵敗，貽害百姓。最後被廢為庶人，整天對著天，畫寫「咄咄怪事」。應該說，謝安非殷浩所能望項背。對於巧偽功夫極深的謝安來說，「出」後當然還會遇到嚴酷的考驗，要通過這些考驗，靠才幹、學問、追求、手段，也還要靠機遇和運氣，淝水之戰就將他推到了功業的頂點。

2 淝水之戰

淝水之戰是秦晉在太元八年（三八三年）秋的一場大決戰。關於這場戰爭的性質，我以為具有兩重性，既可說是統一戰爭，又可說是民族入侵戰爭，詳見下篇分析，此處不擬申述，只就謝安而論。歷來認為淝水之戰的勝利是謝安的巔峰之作，歷艱危而不改風度，「談笑靜胡沙」，運籌帷幄，延續晉室，流芳百世。

我以為，這實在是一個誤識。謝安非但不是淝水之戰的首功之臣，而且其作用是極其有限的。

（1）戰前形勢及東線淮南大戰

東晉政權建立（三一七年）後，與北方少數民族政權處於對立地位，晉廷有志之士，欲收復北方半壁山河，常謀北伐。後面將敘及，在謝安當政前從祖逖到桓溫先後六人進行過八次北伐，因各種原因，北伐勝少敗多，損兵折將，消耗了東晉大量人力物力。而北朝秦王苻堅蕩平西北後，國勢強大，威聲大振，凡東夷西羌諸多國家聯翩入貢，外交使節盈庭。苻堅免不得驕侈起來，欲圖統一，經略江南，於是對東晉形成嚴重威脅。東晉朝廷得報，下詔書命內外諸臣，整頓防務。孝武帝又下詔求良將捍禦北方。尚書僕射謝安親自揭榜，推薦其兄之子謝玄。謝玄既是一代清談名士，也是勇猛善戰的青年將領，號稱「謝家寶樹」。當時謝玄擔任征西司馬兼南郡相，相當於太守職級，晉升謝玄，「內舉不避親」，這當然是英明的決定，連政敵郗超也認為是得人之舉。孝武帝於是加封謝安侍中，令其都督揚、豫、徐、兗、青五州軍事，又授謝玄領兗州刺史，臨督統轄江北。謝玄到任後，面對前秦的兵鋒威脅，他的首要任務就是組建新軍。

西晉末年，北方人民流離失所，成為流民，大部分南遷。往南遷移最便捷路線是從泗水、淮河流域南下，經兗州、廣陵渡津口（今鎮江），到達東晉的北府區域。而北府從津口到晉陵（今江蘇常州）一帶地廣人稀，宜於屯居，對於在胡騎追逼下倉皇南行，而且還想著有朝一日重返故園的北方流民來說，是既安全又便捷的地方。這裡可以吸引流民，而流民既可以屯田生產，也可以組成軍隊。正如桓溫所說的「京口酒可飲，箕可用，兵可使」。謝玄出鎮廣陵後，集合一部分以前本屬北府，後來分散開來，處於獨立、半獨立狀態的江淮宿將和流民武裝，徵發一部分過淮流民予以充實而成軍，時稱北府兵。其中劉牢之、何謙、田洛都是智勇雙全的良將。因為北府兵將是流民，習戰有素，且思念故土，熱望恢復，所以成了一支當時戰鬥力最強的勁旅，而且以後對內對外發揮了重大作用，對東晉、劉宋政局產生了深遠的影響。

晉秦東線淮南大戰可以說是淝水之戰的前奏。

太元三年（三七八年）四月，即建北府兵半年後，苻堅依彭超的計謀，派西線苻丕大軍壓境，牽制荊州軍，而派彭超、俱難、毛盛率十二萬大軍直撲淮南，企圖攻破廣陵，數日後即可到達建康。太元四年（三七九年）五月，秦兵攻拔淮南重鎮盱眙，隨即將北府將領、刺史田洛團團圍困在三阿。三阿離廣陵百里，晉廷大震，臨江列戍。謝安遣征虜將軍謝石沿江設防。當時彭超等率十四萬大軍意欲乘勝破廣陵而取建康，東線戰事對晉軍十分不利。這時謝玄當機立斷，率三萬北府兵北上救三阿。彭超派騎兵前來阻擊，北府兵閃亮登場，初試身手，在白馬塘西與秦騎將都顏大戰，陣斬都顏。謝玄挺進三阿，與十餘萬秦軍展開激戰，結果以少克眾，大敗秦軍。彭超退保盱眙。謝玄合田洛率五萬北府兵反攻盱眙，又敗彭超，彭退守淮陰。北府將劉牢之攻破淮河上的浮航，北府將諸葛侃攻破其運艦，焚其淮橋，晉秦雙方展開決戰，晉軍陣斬秦將邵保，彭超只得退屯淮河以北。北府將謝玄率軍乘勝猛追，再戰於君川，秦軍復大敗，彭超帶幾個親隨逃歸，後畏罪自殺。

這次晉秦淮南大戰，北府兵以五萬之眾，四戰四勝，所向披靡，消滅秦軍十餘萬，仗打得很堅決，充分顯示了謝玄的軍事指揮才能，以及北府兵的強悍善戰。應該說，淮南之捷與謝安是無涉的。三萬北府兵擊救三阿是謝玄的決斷，三追三勝也是轉瞬萬變的臨陣指揮，從現存史籍上找不到隻字片語提及謝安的調動或安排。

淮南之戰使秦軍士氣受挫，而晉軍士氣則大受鼓舞，使東晉朝野看到了以少勝多的可能。沒有淮南之戰的告捷，就沒有以後淝水之戰的勝利。

（2）淝水之戰的過程

淝水之戰是秦晉在太元八年（三八三年）秋的一場大決戰。

此前兩三年，苻堅就決心伐晉，他大會群臣，當面宣諭：「今四方略定，只有東南一隅，未沾王化。現計我國兵士，可得九十餘萬，朕欲大舉親征，卿等以為可否？」

有的官員，尤其是慕容垂、姚萇等鮮卑、羌人將領，順著苻堅的口氣，說伐晉易如反掌。但是有幾個人卻堅持異議。尚書左僕射權翼說：「謝安、桓沖都是江表偉人，君臣和睦，內外同心，伐晉難以成功。」太子左衛率石越認為天象、地利、人和都不在秦這一方。苻堅的弟弟、重臣陽平公苻融也勸苻堅不要伐晉，並且說：「不贊成伐晉的都是忠臣，希望陛下聽他們的話。」

苻堅卻決心一統天下。他用武王伐紂不顧天象不利而得勝的故事駁石越的天時說，又引夫差、孫皓的江湖之險的不可恃來駁石越的地利說，自豪地說：「以我之眾，投鞭可以斷流，他們有何險可恃！」誠如唐人胡曾《東晉》詩云：「何事苻堅太相小，欲投鞭策過江來。」他既沒有看到晉君並不像殷紂、夫差、孫皓那樣淫虐無道，民心盡失，一打即亡，作為地道北人更沒有看見過長江的滾滾洪流。他的結論是：「我有百萬強兵，乘連戰連捷的聲勢，攻一個將亡之國，有何難哉！」

苻堅認為不值得反駁東晉的「內外同心」問題，而這一問題卻提前向他警示了。他從有利北方士兵健康角度考慮，計畫避開南方炎熱，太元八年入秋後才發動戰爭，在冬季決戰。但他想不到的是，晉大將桓沖卻於五月在襄陽方面主動地大舉進攻。在北方人最怕的炎熱潮濕的夏季，晉軍攻佔兩個縣城，打敗援救武當的一支人馬。攻勢到七月中結束，桓沖軍安全撤退，沒有讓秦軍佔到便宜。這是桓沖在淝水之戰前夕為了減輕建康壓力而採取的一次大規模策應行動，聲援了東線的謝家北府兵，使苻堅南侵之師顧此失彼，疲於奔命。事實說明，權翼所說東晉「內外同心」，彼此呼應，是有一定根據的。很明顯，謝安並沒有規劃或左右這一軍事行動。

八月上旬，苻堅命陽平公苻融率張蠔、慕容垂等領步騎二十五萬人為前鋒，命羌族將軍姚萇都督益、梁諸軍事，把西線託付給這位其實最不可靠的人。然後，在涼風拂地、玉露橫天的中秋，大軍從長安出發。全軍步兵六十多萬，騎兵二十七萬，運輸的船隻上萬，可謂浩浩蕩蕩。但是他的兵力很分散，西面從今四川省、重慶市起，向東鋪開，直到今安徽省中部；南北則旗鼓相望，前後千里。大軍行達項城（今河南沈丘），涼州兵才到咸陽，幽、冀二州的兵才到彭城，蜀漢兵才開始順流東下。只有陽平公苻融等軍約三十萬人到了潁口，即潁水進入淮河之口，在今安徽潁上縣東南。

需要指出的是，苻秦號稱「百萬大軍」，而參加淝水之戰的部隊實際上只有苻融所部三十萬人，約當全軍三分之一。

東晉江淮各軍飛報建康，孝武帝急命尚書僕射謝石為征虜將軍兼征討大都督，並授徐、兗二州刺史謝玄為前鋒都督，與謝安之子輔國將軍謝琰、西中郎將桓尹等，督眾八萬，出禦秦軍。又使龍驤將軍胡彬帶水軍五千人，往援壽陽。這裡要注意兩點：一是軍事調派出於孝武帝的決策；二是雙方使用兵力，晉軍八萬，秦軍約三十萬。應該說，形勢是嚴峻的，勝利的天平還是偏向秦軍一方。

謝玄受命出師，頗感惶惑，於是進見謝安請示。謝安神色自若，只說了一聲「已另有聖旨」，便不開口了。謝玄不敢再問，出來後請別人去問。謝安不談軍事，只命安排車輛，到郊外別墅遊覽，大會親友，謝玄也只得跟去。謝安還拉著謝玄下棋。謝玄的棋藝本來比謝安高，這天心不在焉，下了數局，少勝多負。偏謝安強令續弈，直至傍晚，方才撤盤。整個遊覽過程中，謝安絕口不談軍事。歷來論者認為，謝安運籌帷幄，臨危不亂，才有淝水之捷。我以為此說大誤。謝玄是主持軍事的前軍都督，如果說謝安真有「廟算」，應該告知謝玄，至少也要像《三國演義》中的諸葛亮一樣，授予其臨事開封的「錦囊」。而《晉書》及《世說新語》等典籍都沒有謝安向謝玄面授機宜的記載，他也沒有預示以後戰事的演變，可知謝安在戰爭即將打響時並無「廟算」。既沒有計劃，怎麼可能整日遊玩、下棋呢？這只能解釋為謝安具有超強的作秀能力。

過了一天，桓沖不計與謝安的嫌隙，從大局考慮，怕建康兵力不足，要派三千精銳東下支援。三千兵力雖然單薄，但對於防務虛空的京城，確實可能加強拱衛，以備敵方奇襲。這時謝安又一次「作秀」，他在毫無預備措施的情況下，卻堅決拒絕，說朝廷不缺兵甲，西藩應該留著防敵。桓沖內心焦急，對慕僚歎道：「謝安石能做宰相，但不諳軍事，他盡派些沒有經過風浪的年輕人去禦強敵，這不問可知，我輩都將淪入敵手了！」應該說，桓沖的話有錯誤，低估了北府青年將領的作戰能力，但是說謝安石不諳軍事，也還是有正確的一面的。

十月，秦軍攻破戰略要地壽陽（今安徽壽縣），控制了洛澗，並將東晉援兵胡彬軍圍困在硤石。苻堅得知前方戰事進展順利，當即興沖沖親率八千鐵騎，日夜兼程趕至壽陽與苻融會合，指揮戰役。苻堅以為晉軍已被嚇破了膽，竟派朱序至謝石軍營勸降。這是一著昏招。朱序本是東晉襄陽太守，城破被俘，雖然後來受了秦的官職，但一直是身在曹營心在漢。這下逮住機會，他便將秦軍的全部虛實告訴了謝石、謝玄，並出主意說：「如等秦軍百萬之眾全部可達，誠不可敵。應該趁他軍力尚未集中時，從速進攻。若得敗秦前鋒，餘眾奪氣，將不戰自潰了。」

謝石聽說秦王苻堅已到壽陽，有些膽怯，打算堅守勿動。謝玄卻贊成朱序的建議，力主速擊。於是，謝玄派遣北府悍將劉牢之，率精騎五千，解救被圍在硤石的田洛，晉軍行到洛澗，得知前秦將領梁成早已據山澗之險，布置五萬軍隊正等待晉軍。

硤石在洛澗的後面，洛澗兩岸峭壁如削，淮水奔湧，雲煙繚繞，形勢險惡。俗話說：兩強相遇勇者勝，劉牢之一往無前，直赴洛澗，揮軍渡水，進攻數量上十倍於己之敵，斬殺秦將梁成。秦軍奔逃，無路可走，潰散的步兵、騎兵都只有浮水求生一途，結果溺死、被殺的達一萬五千餘人。晉軍初戰告捷，士氣大振。謝石的膽子也壯了，於是傳令拔寨，水陸並進。首戰告捷的原因有三：一是朱序的建議，二是謝玄的決斷，三是劉牢之的英勇。謝安是無涉其功的。

苻堅得到前鋒潰敗的情報，大吃一驚，趕緊登上壽陽城樓察看。他們遠望晉軍一隊隊嚴整地開來，不禁暗暗吃驚。再向東北隅的八公山眺望，將繁盛的林木看作了布滿山上的千軍萬馬。苻堅愕然對苻融道：「這也是勁敵哩，怎得說他弱國？」「八公山上，草木皆兵」，究其原因，是因為苻堅是北人，對江南初冬林木猶然繁茂缺乏認識，加之前鋒失利，所以疑懼叢生了。晉軍取得了心理戰的勝利。顯然，這絕不是謝安布置「疑兵」所致。

謝玄率八萬北府兵完成了集結，屯紮在淝水以東，展開全線反攻的態勢。秦軍則直逼淝水，在西岸嚴陣以待。從兵力對比上說，前秦軍隊二十多萬，晉軍八萬，決戰勝利的天平似乎仍然偏向前秦。這時候，謝玄凸顯出了優秀指揮員的氣質和才華。淝水即今東肥河，它從合肥向西北流入壽陽，再西北流經八公山而入淮河。謝玄也到了淝水河邊，見對岸盡是秦軍，心生一計，即派人向苻堅傳話，說：「閣下現在緊逼淝水列陣，難道打算打持久戰嗎？如果把陣形略向後移，讓晉軍渡河，一決勝負，豈不更好？」秦軍眾將都不同意後退，苻堅卻說：「只要略為後退，等他渡到半途，用鐵騎壓著他打，沒有不勝之理。」此計本來不錯，按《綱合編・周紀》云：

初，宋襄欲霸諸侯，與楚戰。宋人既成列，楚人未既濟。公子目夷曰：「彼眾我寡，及其未既濟也，請擊之。」公曰：「不可。君子不困人於危。」既濟而未成列，又以告。公曰：「未可。」既陳而後擊之，宋師敗績。

熟諳漢籍的苻堅當很熟悉春秋宋楚之戰，他不取宋襄公的虛仁假義以致敗績，而肯定地吸取了公子目夷的意見。於是與苻融商量後，下令後撤。然而苻堅的決定犯了兩個致命的錯誤，一是忽略了大部隊的「勢」與「時間差」的問題，「謝玄之計」則正是利用其後撤之「勢」，打一個「時間差」。試想二十幾萬人（三十萬已經損失了一萬五千）的隊伍，雲集著氐人、漢人、鮮卑人、烏桓人等各族軍人，語言的溝通就是一個大問題，苻融發出的命令很可能要先翻譯成不同的語言才能下達。這樣一來，前面後退，後面尚不知情，進退失據，一下子失去了進攻的態勢。二是不疑內部有奸細。正當陣腳混亂之際，朱序等人在陣後大叫：「秦兵敗了！」聽到的秦兵便大起恐慌，爭先恐後亂逃起來。中間的部隊見前後都在退卻，也跟著亂奔；前面後退的部隊見後面已亂，以為後面遭到襲擊，更加亂作一團。這時勝利的天平已不可逆轉地傾向了晉軍。

過河的晉軍，郤堅決按謝玄的指揮，一面用強弓硬箭，射向秦兵，一面猛虎般地向前衝鋒。陽平公苻融原本還想喝令士卒收住腳步，但自己卻因馬匹跌翻，被晉兵殺死。晉軍乘勝追擊，衝過壽陽，直到三十里外的青岡，方才收兵。朱序等都自拔歸晉。晉軍收復壽陽，繳獲苻堅乘著的雲母車及大批器械物資。秦兵亂逃，自相踐踏者不可勝數。逃生的秦兵膽戰心驚，聽見風聲鶴唳，都以為是追兵趕來，一路上餓死凍死者不計其數。苻堅身中流矢，奔逃中且泣且語：「我今還有何面目再治天下？」沿途收容散兵，到洛陽時才集合了十多萬人，其中還包括一些尚未趕到的後續部隊。

上述淝水之戰的過程均根據《晉書》等典籍陳述，從中看不到謝安的任何調度。事實上，遠在建康的謝安也無法對瞬息萬變的戰場做出機動靈活指揮。平心而論，淝水之戰首功之臣是謝玄。

（3）戰後種種

晉軍捷報傳到建康時，巧偽的謝安又「秀」了一把。據《世說新語》記載，其時他正在與賓客下棋，他把捷報看過，隨手就放在榻旁，依舊下棋。客人卻耐不住，問是什麼消息，謝安隨口答道：「小兒輩已經破賊！」其實，他內心激動異常，以至回到內室時，跨過門檻，把屐齒折斷，竟不曾覺得。揆之常情常理，破賊告捷是大好事，「漫卷詩書喜欲狂」是真情宣洩，佯裝無所謂，不過是賺取「風度」「雅量」等時評罷了。更妙的是，這種作秀竟贏取了千古喝采。如南宋詞人張炎《憶王孫・謝安棋墅》就寫道：「爭棋賭墅意欣然，心似遊絲颺碧天。只為當時一著玄。笑苻堅，百萬軍聲屐齒前。」

有一點我覺得頗為奇怪，後世乃至現在一般論調都認為謝安是淝水之戰的首功之臣，但當時卻頗有異論，這一點竟為論者忽視。據說淝水之戰後，朝廷裡讒毀謝安的謠言迭起。有一次，江州刺史同時也是大音樂家桓伊在向皇帝獻藝時，為謝安抱不平，特地演唱了曹植的《怨詩》：

> 為君既不易，為臣良獨難。忠信事不顯，乃有見疑患。周旦佐文武，金縢功不刊。推心輔王室，二叔反流言……

歌聲蒼涼，謝安為之動容，他對桓伊說：「您這麼做真是不容易！」當時皇帝也聽出了弦外之音。後來北宋王安石借此詠懷謝安，感歎自己的遭遇：「謝公陳跡自難追，山月淮雲只往時。一去可憐終不返，暮年垂淚對桓伊。」淝水之戰後，朝廷宣布有大功的尚書僕射謝石晉升為尚書令，謝玄升前將軍、假節，唯獨不賞賜謝安。直到謝安死後兩月始「論淮淝之功」（見《晉書・孝武帝紀》），謝安追晉為廬陵郡公，謝石為南康公，謝玄為康樂公，謝琰為望蔡公。這就是所謂一門四公，時距淝戰之捷已近二年了。《晉書》卷九十一《徐邈傳》云：「及謝安薨，論者或有異同。」可見謝安死後，煩言尚在傳播，可惜「異同」的內容失傳。最值得注意的是，據《南齊書》卷二十二《豫章文獻王蕭嶷傳》，沈約曾謂謝安「有碑無文」，以為是由於「時無麗藻」。但我以為東晉文士如雲，以沒有好文章來解釋謝安有碑無文的原因恐不符合實際，更合理的解釋應是托詞。

唐代李綽《尚書故實》也說：「東晉謝太傅墓碑，但樹貞石，初無文字，蓋重難制述之意也。」所謂「重難制述」，是說謝安生前處境困難，其事難以用言詞表述。李說多少吐露了此中訊息。我以為，「論者或有異同」也好，「重難制述」也好，肯定都牽涉到如何評價謝安在淝水之戰的作用。「古人冷淡今人笑，湖水年年到舊痕」，這是頗令人發出千古浩歎的。

3 用巧偽與忍耐贏得政治鬥爭

謝安堪稱政治鬥爭的高手，他在東晉朝主要對手有二：前期為桓溫，後期為司馬道子。對前者謝安完勝，對後者謝安能明哲保身。

東晉政權是典型的門閥政治，在建國一百零三年中，基本上為王、庾、桓、謝四大高門輪流執政，謝安是在王、庾兩大家族衰落後，桓氏家族興起，桓溫執掌朝政前夕出仕的。

現在很多人認為，在反對桓溫篡位這一關鍵問題上，二王（王坦之、王彪之）起了重要作用，而謝安在緊要時刻起的作用最大。我以為，這也屬於不顧事實的誤識。與桓溫篡位鬥爭最堅決、起的作用最大的是二王，而在鬥爭後最大的受益者卻是謝安。

謝安四十一歲時出任桓溫府司馬，本來以他的才情聲望，此前也拒絕過，此後也必會遇到可就的更重要的職位，他之所以偏就此職，可能主要是考慮當時桓溫勢傾朝野，順其徵請不至於一開始就與之對立，而且以後也有利於提升。應該說，謝安的算計十分精到，以後他出任吳興太守，入輔侍中，升吏部尚書，一路仕途順利，都沒有受到來自桓溫集團的阻撓。

桓溫因西征和北伐之功，威權無比，對晉鼎漸有非分之想。依參軍郗超獻計，桓溫廢帝另立，又誅殺廢帝三子及妃嬪，合族誅殺殷、庾兩族的政敵，加緊了篡位奪權的步伐。

與桓溫篡奪做鬥爭，關係晉室危亡的最重要的事件有二。一是新繼位的簡文帝未滿一年即得重病，臨駕崩時命草擬遺詔，使大司馬桓溫依周公居攝故事，並且說小皇帝如可輔則最佳，如不可輔，則可由桓自取。這草詔頒將出去，被郎中王坦之接著，看了後便立即入內，在簡文帝榻前將草詔撕作碎片。坦之說：「天下乃宣帝元帝的天下，陛下怎得私相授受呢？」簡文帝於是使王坦之改詔道：「家國事一稟大司馬，如諸葛武侯、王丞相（王導）故事。」又由群臣合議，由尚書僕射王彪之為首，奉十歲的太子司馬昌明即帝位，是為孝武帝。桓溫本以為簡文帝會傳位給自己，或依周公居攝，但均未得逞。他大失所望，十分惱惡地給弟弟桓沖寫信說：「遺詔但使我依武侯王公故事哩！」這當然是二王反對桓溫篡位的果斷之舉。而謝安則並未參與其事。

二是桓溫重病，但還想榮膺九錫。所謂九錫，即古代帝王賜給有大功或有權勢的諸侯大臣的九種物品，代表皇帝對於臣下的最高獎賞。春秋以來，凡權臣篡位之前，都先欲得賜九錫。曹操、司馬懿和司馬昭都是如此。為此桓溫特遣人入都請求。謝安、王坦之未敢斷然拒絕，逐日拖延，至桓溫再三催促，只好要吏部郎袁宏準備草詔。袁宏有文才，揮筆即就。《晉書・王彪之傳》說：「謝安見其文，又頻使宏改之，宏遂逡巡其事。」偏偏謝安吹毛求疵，屢次要袁宏修改，至月尚未定稿。袁宏私下請教僕射王彪之，究竟如何修改。彪之說：「如卿大才，何煩修飾，這是謝尚書故意如此，他知道桓公病勢日增，料必不久，所以藉此遷延時日罷了！」袁宏這才如夢方醒。桓溫未得如願，當然惱羞成怒，不久即病疾而死。可見在這一次晉廷生死存亡之秋的政治決鬥中，王謝聯手粉碎了桓溫的陰謀。

桓溫死後，桓沖尚能顧全大局，晉室轉危為安。進王坦之為尚書令，謝安為僕射，兩人同心輔政。第二年，王坦之出督徐、袞，命謝安總掌中書。太元元年，進謝安為中書監、錄尚書事。至此，謝安大權獨攬，成了與桓溫政治鬥爭中最大的既得利益者。

孝武帝名曜，字昌明，他是簡文帝第三子。據說簡文時流傳讖語：「晉祚盡昌明。」後李太后有身孕時，夢見神人對她說道：「汝生男，宜字昌明。」後來李太后生下孩子時，剛剛是黎明時分，所以將兒子名曜，字昌明。及至名字取定後，簡文帝想起了流言，不覺暗自流淚。孝武帝天性懦弱，幼年即位，處境是很悲哀的。無所作為，是因為身不由己。在成年以前，朝政是由嫂子幫他拿主意。成年以後，連老婆都是謝安幫他定的，純屬政治婚姻，而且老婆還是一個母老虎。於是，他只得將朝政交給權臣謝安和司馬道子，日夜沉溺在醉鄉。謝安曾經問他：「請陛下揣測一下，驢子像什麼東西？」他醉眼矇矓地回答：「它的頭可能像豬吧。」其實他並不是真正糊塗，而是內心十分痛苦。有一天晚上他在宮苑賞花，看到天上流星掠過，就端起酒杯向流星敬酒，自言自語：「飛星飛星，敬你一杯酒。古今帝王都與你一樣，轉瞬即逝。人人都喊我萬歲，可萬歲天子世上哪裡有？」聽到的人都潸然淚下。

謝安後期的政治鬥爭對手是晉孝武帝之弟琅琊王司馬道子。謝安的女婿王國寶是王坦之的兒子，自以為出身名門，應在吏部任職，然而謝安討厭其為人，不願引薦，只讓他任尚書郎，王國寶因此怨恨謝安。恰巧王國寶有表妹嫁給司馬道子做王妃，因此王國寶藉此交結司馬道子，說謝安的壞話。司馬道子原本就以自己為孝武帝之弟而自傲，喜好弄權，又被奸邪之人挑撥煽動，因而與太保謝安隔閡漸深。

謝安內外交困，想遠禍全身，因此呈上奏章，請求乘前秦苻堅失敗之機，開拓中原地區。繼而，謝安又上疏，請求親自出征北伐。孝武帝見他請求堅決，只得同意，將中樞領導權交司馬道子，進謝安為都督揚、江、荊、司、豫、徐、兗、青、冀、幽、並、寧、益、雍、梁十五州軍事，加黃鉞。所謂黃鉞，就是以皇帝名義賜給的黃色的斧鉞，表示將帥出征時的一種儀仗，具有「生殺」大權。

這時謝安六十六歲了，垂暮之年，又是遠禍之舉，他還不忘秀上一把。他仿照諸葛丞相北伐之舉，出鎮廣陵之步丘，築了一個小城叫新城，做出進軍中原的態勢。另一方面，他在始寧建造莊園，將家小舉室而遷，整治航海船具，表示北方粗定之後，他還會回家過隱居生活。無疑，這場表演又贏得了朝野上下的一片喝采。

據《晉書・謝安傳》說，謝安病重回建康，當車輛將進入烏衣巷邊的西州門時，謝安「悵然」說：「從前桓溫在世時，我常害怕不能全身。有一天忽然夢見乘坐在桓溫的車子上，經過十六里，見到一隻白雞，夢就醒了。現在想來，乘坐桓溫的車子，就是取代他的職位。十六里，到現在剛好十六年。白雞主酉，今年太歲在酉，我恐怕不能活多久了。」俗話說：人之將死，其言也善。謝安的疾篤說夢，隱約吐露了他的隱憂和圖謀。

不久，謝安病逝，朝廷按非常禮儀安葬，這時候又滑稽地追錄淝水之功，追贈謝安為廬陵公。對於謝安來說，可謂善保其身，備極哀榮了。

謝安一生功成名就，該得到的都得到了，享受了「人生的盛宴」。而且，因為他表現得那麼儒雅風流，引起了一代又一代文人才士的豔羨，甚至有人以為「中原耆舊餘開府，江左英雄只謝安」（清嚴虞惇《鍾山懷古》）。北宋蘇軾《水調歌頭》極為概括地寫道：

> 安石在東海，從事鬢驚秋。中年親友難別，絲竹緩離愁。一日功成名遂，准擬東還海道，扶病入西州。雅志困軒冕，遺恨寄滄洲。

蘇東坡才氣縱橫，此詞用事使典都能夠在《晉書・謝安傳》《世說新語》等典籍中找到出處，但「准擬」云云有些想當然，「遺恨寄滄洲」卻流於空泛，謝安「遺恨」何在呢？實在是莫知所云了。

【第十一章】

苻　堅

石頭城下浪崔嵬，風起聲疑出地雷。何事苻堅太相小，欲投鞭策過江來。

——胡曾《東晉》

1 英武的氐族少年

淝水之戰的失敗者苻堅，其實是一位統一了整個北方的賢明的君王，也是一位渴求統一全中國的英雄。

苻堅（三三八—三八五年），字永固，略陽臨渭（今甘肅秦安東南）氐族人，前秦開國君主苻洪的孫子，苻雄的兒子。氐族人原本和漢人混居，又曾東遷枋頭（今河南浚縣），關中的氐、漢幾乎成為一家，早在三國末期就已實現了由畜牧向農耕的轉化，其漢化程度非其他胡族可比。苻堅祖先世代為西戎酋長。苻洪曾投靠東晉，被任命為征北大將軍，不久自稱秦王。苻洪死後，其子苻健在三五一年入據關中，次年稱帝，建都長安。苻雄因輔佐長兄創業有功，被封為東海王。苻雄死後，苻堅襲爵。

《晉書・苻堅載記》上說，苻堅的母親苟氏曾遊歷漳水，祈子於西門豹祠。當夜就夢見與神仙交合，因而有孕，過了十二個月才生下苻堅。苻堅降生那天夜裡，有神光照庭院。苻堅的背上可見隱約的赤文：「草付臣又土王咸陽。」這八個字拼湊起來恰好是「苻堅王咸陽」。這種種「靈異」當然是撰史者編造的鬼話，但苻堅確實自幼聰明過人。他七歲時就知道幫助周圍的小夥伴，言談舉止猶如大人，祖父苻洪說：「此兒姿貌瑰偉，質性過人，非常相也。」當時有個徐統善於相面，在路上看到苻堅長相奇特，就上前拉住他的手說：「這裡是皇帝巡行的街道，你們在此玩耍，不怕司隸校尉把你們捆起來嗎？」苻堅回答說：「司隸校尉只捆有罪的人，不捆玩耍的小孩！」徐統聽後，對隨行的人說：「這孩子有霸王之相。」後來兩人又相遇，徐統悄悄對苻堅說：「你的面相不同尋常，日後必定大貴。但可惜我見不到了！」苻堅像大人一樣一本正經地說：「如果真的有那一天，我終生不會忘記大恩大德。」

在苻堅八歲的時候，一天，他突然向爺爺苻洪提出要請個教師，要讀書。苻洪驚訝道：「我們這個民族是『異類』，只知道喝酒吃肉，如今你想求學，實在太好了！」於是苻洪欣然答應了他的請求。附帶說一下，因為苻堅力學好儒，其後他們一家漢學造詣都很深厚，其弟苻融曾寫過《浮圖賦》，詞采豐贍，為世稱道，並且他「聰辯明慧，下筆成章，談玄論道雖道安無出其右」。其侄苻朗「耽玩經籍，手不釋卷，每談虛語玄，不覺日之將夕；登涉山水，不知老之將至」。這樣的家族，幾乎接近江南文化世家了。

苻堅學習非常刻苦，潛心研讀經史典籍，隨著學識的不斷增長而樹立了經世濟民、統一天下的大志，很快成了朝野享有盛譽的英武少年。苻健見他才兼文武，就授他龍驤將軍，讓他統帥重兵。苻堅深知成就一番大業，「以得人為本」，因此他還著意結交了許多當世豪傑，其中對於他以後事業的開拓，作用最巨的是王猛。

北海人王猛，字景略，家庭一貧如洗，曾販賣畚箕為生。但他從小好學，知識淵博，才能卓越，舉止倜儻，氣度非凡，他對於那些瑣屑小人不屑一顧，因而經常遭到他們的白眼和恥笑。王猛卻悠然自得，隱居在華山，讀書明志，靜觀世局的變幻。

東晉永和十年（三五四年）夏天，征西將軍桓溫率兵討伐前秦，大敗苻健，一直攻入函谷關，駐軍灞上（今西安市東），大有即日進攻長安之勢，關中父老爭相送酒肉來慰勞晉軍。王猛得訊，身穿麻布短衣，投桓溫大營求見。桓溫接見後，王猛一面捉掐身上的蝨子，一面談論天下大事，口若懸河，旁若無人。桓溫暗自稱奇，問道：「我奉天子詔令，統率十萬精兵討逆除害，而三秦的豪傑卻沒有人來歸附，這是為什麼？」

王猛洞悉桓溫擁兵作勢，意在晉廷，於是直言不諱地說：「桓公不遠千里，深入敵境，如今長安近在咫尺，桓公卻不肯渡過灞水，大家摸不透桓公的意圖，所以不來。」

桓溫沉默良久，無法回答。後來，他緩緩歎息道：「江東沒有人比得上景略先生！」不久，由於軍糧缺乏，戰事失利，桓溫裹挾關中地區三千多戶人家撤兵。王猛十分失望。桓溫任命他為高官督護，又賜給精車良馬，讓他跟自己一起返回東晉。王猛堅決推辭，仍然留在華山讀書。

桓溫退走的第二年，苻健去世。繼位的苻生殘忍酷虐，以殺人為兒戲。苻生所殺之人有后妃、公卿、僕隸，各式各樣的人都有。殺人的理由則荒謬絕倫。如尚書令辛牢在宴會上做酒監，因為勸人飲酒不力，被他當場一箭射殺。又如太醫令程延為他看病，說病是吃棗子太多而引起的，他大怒道：「你怎麼會知道我吃棗子！」立即命令拉出去斬了。再如他夢見大魚吃蒲（苻氏本姓蒲），又聽說長安民謠有「東海大魚化為龍，男皆為王女為公」兩句，就把太師魚遵及其七子十孫都殺了。諸如此類，死的人不計其數。他接見群臣的時候，弓上弦，刀出鞘，另外還放著錘鉗鋸鑿等可以殺人的器具。殺人的方法，除砍頭以外，斬斷脛骨、拉脅、鋸頸、刳胎、鑿頭頂等法都隨意使用，這樣一來，舉國上下人心惶惶。苻健之侄苻堅（時為龍驤將軍）更是憂心如焚，決心挽救國家，保全百姓，於是向他的好友、身為尚書的呂婆樓請求除去苻生的計策。呂婆樓極力向苻堅推薦王猛，苻堅立即派呂婆樓親自上華山懇請王猛出山。

苻堅與王猛見面時，苻堅約二十歲，王猛三十三歲，他們談到興廢大事，句句投機，苻堅對王猛佩服得五體投地，說彷彿是劉玄德認識了諸葛孔明。於是王猛留在了苻堅身邊，為他出謀劃策。

西元三五七年，苻堅在王猛的輔佐下一舉誅滅苻生及其幫凶，自立為大秦天王，改元永興，以王猛為中書侍郎，職掌軍國機密。之所以稱「天王」不稱「皇帝」，我以為原因有三，一則漢代大儒董仲舒說：「古之造文者三而連其中謂之王。三畫者，天、地與人也，而連其中者通其道也。取天、地與人之中以為貫而參通之，非王者孰能當是。」苻堅熟通漢籍，稱「王」當本於董說，而決非「山大王」之類。二則為了適應胡人習俗。三則是稱帝的緩著或初步，表露了苻堅志向之遠大和辦事之沉穩。

2 北方偉大的統治者

苻堅登上大秦天王的寶座後，很快就發覺面臨兩個棘手的問題，一是權貴亂法，二是叛亂迭起。

對於第一個問題，王猛提出「治亂世用重典」。苻堅深以為然，並且雷厲風行地推行。特進（大秦賜給有特殊地位者的官職）樊世是氐族土豪，見苻堅重用王猛，十分不滿，當眾辱罵王猛道：「我輩和先帝共創大業，而拿不到權；你沒有汗馬功勞，怎麼敢執掌大權？這樣豈不是我種了田你吃飯！不把你的腦袋掛在長安城門口，絕不甘休！」王猛告訴了苻堅。苻堅怒道：「必須殺掉這個老氐，然後百僚可整。」過了一會兒，樊世來了，他對苻堅說話口氣很衝。王猛在旁指責他沒有上下之分，樊世跳起來要打王猛，被左右阻止後，又破口大罵。苻堅大怒，立即命令將他斬首。許多向苻堅狀告王猛的氐族豪強，都遭苻堅斥責，有的就在殿上被鞭打。從此公卿以下的官吏都畏懼王猛，不敢輕易得罪他了。

苻健的妻子強太后的兄弟特進強德是長安城裡的大惡霸，平日橫行鄉里，無惡不作。王猛以侍中、中書令領京兆尹，他一上任，便逮捕強德，一面上奏，一面斬首。等到苻堅派使者來傳赦時，強德的屍體已在市口上示眾。王猛和御史中丞鄧羌合作，兩人皆疾惡如仇，無所顧忌，數十天中，殺、關、罷免權貴二十多人。不法之徒都惶惶不安，銷聲遁跡，老百姓拍手稱快。苻堅為之歎道：「現在我才知道天下有法制的好處！」

隨著吏治的整頓，權貴亂法的現象日漸減少，社會治安大為好轉。苻堅又開始了禮治建設，也就是設立學校辦教育，提高民眾的文化素質，培養治國人才。他自幼學習漢族文化，仰慕儒家經典，為扭轉氐族迷信武力、輕視文化知識的落後觀念，積極恢復了太學和地方各級學校，招聘滿腹經綸的學者執教，並強制公卿以下的子孫必須入學讀書。苻堅每月到太學數次，考核學生經義優劣，並提出經學上的問題，與博士（教師）討論。他曾經歎息說：「我一月之中，三次去太學視察，只是希望周、孔之學不致在我手裡失傳啊！」苻堅還親自挑選品學兼優的學生，讓他們到各級權力機構任職。同時規定：俸祿百石以上的官吏，必須「學通一經，才成一藝」，如果不通一經一藝，則一律罷官為民。

我以為，苻堅這些措施，不僅東晉統治者應當汗顏（殷浩即因軍興而廢學校），即使千載以下讀之，環顧四周，亦是令人浩歎的！平心而論，中華文化之所以歷千載而不絕，特別是在漢族孱弱的時代能一脈相傳，像苻堅這樣有識有為的少數民族君主發揮了極其重要的作用。

對於叛亂迭起的問題，苻堅則用鐵的手腕加以鎮壓。如晉太和二年（苻堅建元三年，三六七年），苻生的兄弟苻柳、苻雙和苻廋、苻武仗著兵精糧足，一齊起兵造反。苻堅分兵征討叛軍，先後擊斬苻雙、苻武、苻柳，三六八年，王猛又打破陝城，擒獲苻廋。平息了內部叛亂，國家的情況很快恢復到了正常狀態。

接著，苻堅就動手兼併前燕。晉太和五年六月，秦軍出師。苻堅送王猛到灞上，殷殷送行，把關東重任委託給他。王猛也不負厚望，連克壺關（今山西長治北）、晉陽。燕兵集結三十萬大軍以拒秦，雖然數量上比秦兵多得多，但將士都懼怕王猛，聞風喪膽。十月潞川之戰，秦軍大獲全勝，俘斬五萬多人。再戰，又俘獲十多萬人。十一月，前燕滅亡。秦得到一百五十七郡，二百四十六萬戶，九百九十九萬口。苻堅把燕主慕容和燕的后妃、王公、百官以及鮮卑四萬餘戶遷到長安。

秦滅燕後就基本上統一了北方。滅燕的下一年，前涼稱藩。前涼軍事力量以騎兵最為精銳，俗諺所謂「涼州大馬，橫行天下」。晉太元元年（苻堅建元十二年，三七六年），秦又以絕對優勢的兵力攻涼，涼主張天錫投降。這樣，除邊塞的游牧部落外，整個北方就成了前秦的天下了。只是勞苦功高的王猛沒有看到這一天，他已在上一年去世了，享年五十一歲。

統一北方以後，苻堅決定偃甲息兵，大力發展生產。他還親自耕作，他的夫人苟皇后也到近郊養蠶，以勸勉農民積極從事農業生產和絲織。苻堅又多次派遣使臣到各地巡視，撫恤孤寡老人。勸課農桑，推廣先進的生產技術，獎勵努力種田的農民。當遇上大旱之年，苻堅就減免農民的部分租稅，同時下令減少自己的膳食，撤銷歌樂，後宮皇妃以下的宮女改換布衣，不得再穿綾羅綢緞。文武百官也相應地減少俸祿，以示與老百姓一起渡過難關。

由於苻堅把發展農業作為基本的國策，前秦的經濟恢復很快，幾年後便出現了安定清平、家給人足的景象。《晉書》記載，當時從長安到各州郡，都修了楊槐夾道的通衢大道，每隔三五里還修有驛亭，遊人和商販沿途取給十分方便。老百姓有歌謠說：

長安大街，楊槐蔥蘢。
下馳華車，上棲鸞鳳。
英才雲集，誨我百姓。

3 悲情英雄

太元八年（苻堅建元十九年，三八三年）的淝水之戰在中國歷史上絕對是意義重大的。東晉成功地阻止了一場大災難，北方卻陷入了大動亂。對於苻堅，則更是命運的分水嶺。戰前意氣豪邁，「投鞭斷流」，孰知兵潰如山倒，草木皆兵，風聲鶴唳。戰後每況愈下，一年後被姚萇所擒殺。

大多數論著卻認為淝水之戰在前秦方面是不正義的民族征服戰爭。在這種觀點的主宰下，總是幾句撻伐、幾句譏諷就被當成了對苻堅的「蓋棺論定」。誰讓你是戰敗者呢？「成則王侯敗則寇」，於是「投鞭斷流」演繹的不是豪氣干雲，而是驕橫狂妄；「草木皆兵」「風聲鶴唳」更成了其兵敗的專用描繪。

我以為，這實在有失史家的公允。淝水之戰具有兩重性質，從東晉方面看來，是一場異族入侵戰爭；而從前秦方面看來，則是一場統一戰爭。苻堅在決意南下之初，就認定這是一場與滅吳之戰相同或相似的「平一六合」的統一戰爭。正由於此，他是一位悲情英雄。

從前秦方面看來，淝水之戰是統一戰爭，其理由犖犖大者有三。

其一，淝水之戰從地域性上說，是一次南北戰爭，而在漢末分裂後以迄隋統一之前四百年中，較大的南北戰爭除淝水之戰外有四次。早於淝水之戰的，有建安十三年（二〇八年）的赤壁之戰，太康元年（二八〇年）的滅吳之戰；晚於淝水之戰的有北魏太平真君十一年（四五〇年）的瓜步之戰，隋開皇九年（五八九年）的滅陳之戰。其中滅吳之戰和滅陳之戰當然是成功的統一戰爭，就是曹操發動的赤壁之戰和拓跋燾發動的瓜步之戰，其目的也是為了一統天下。這五次南北戰爭都是由北方發動，其中的兩次都是北方勝利地統一了中國。（使我頗感興趣的是，中國歷史上的南北統一戰爭，北方都是贏家。）既然承認了赤壁之戰、滅吳之戰、瓜步之戰與滅陳之戰是統一戰爭，為什麼獨獨看不到淝水之戰的統一性質呢？我極為欣賞歷史學家田餘慶先生的論斷：「在中國古代歷史上，統一了北方的人遲早都要發動南進戰爭，這主要是統一的歷史傳統對人們所起的強制作用。」（見田餘慶《東晉門閥政治》第一九五頁）淝水之戰無疑也具有了這種歷史的共同性。人們總把「不以成敗論英雄」掛在嘴上，為什麼在淝水之戰這個問題上又不能免俗呢？

其二，從苻堅發動戰爭的動機和部署看，他是有明確的統一意識的。

晉太和五年（三七〇年）秦滅燕，燕主慕容暐降；咸安元年（三七一年）仇池氐主楊纂降，吐谷渾入貢；寧康元年（三七三年）秦取梁、益二州，以楊安鎮成都，毛當鎮漢中，姚萇鎮仇池，東晉軍只得退據巴東。至此，北方統一之勢已成。這一點，前秦君臣都已看到。寧康三年（三七五年）七月，秦丞相王猛在臨死前，語重心長地對苻堅說，東晉「雖僻陋吳越，乃正朔相承」，不要圖謀攻打。正是看到了「以晉為圖」之勢已成。而苻堅三次前往痛哭王猛之死，則實話實說：「天不欲使吾平一六合耶？何奪吾景略（王猛字）之速也！」換言之，苻堅認為王猛如不早死，終將助己滅晉以「平一六合」。

太元七年（三八二年）十月，苻堅在太極殿召見群臣廷議，說：「承大業已經快三十年了，四方大致平定，只剩下東南一隅還沒有接受王道的教化。」他迫不及待地說：「吾每思天下不一，未嘗不臨食輟哺，今欲起天下兵以討之。」

秘書監朱彤趁機拍馬：「陛下奉行上天的懲罰，肯定是有征無戰，晉朝皇帝不是投降，就是出逃，葬身江海之中。這是千載難逢的好機會！」

苻堅興奮地說：「你跟我想的一樣！」

尚書左僕射權翼說：「過去商紂無道，只因朝中有微子、箕子與比干三位仁人，周武王尚且回師，不去討伐；如今晉朝只是衰弱，沒有作惡。況且謝安、桓沖又是江南出類拔萃的人才，君臣和睦，內外同心，不可圖謀。」

苻堅的臉色一下子沉了下來，默然不語。

太子左衛率石越馬上說：「陛下，如今歲星鎮守斗宿，這是福臨吳地的徵兆，討伐他們，必遭天禍。況且晉朝佔據長江天險，百姓歸附，恐怕不宜討伐。」

苻堅反駁道：「天道幽遠，很難說清楚。周武王伐紂，也是迎著歲星的方向，也違背了占卜的結果。夫差、孫皓都佔據江湖之險，也未能逃脫滅亡。」這裡，苻堅所舉的伐紂、伐吳，都是統一的大戰。對於「天險論」，他豪邁地說：「我有雄師百萬，即使投鞭長江，也足以斷流。他們又能依賴什麼天險！」

石越說：「陛下說的這三個國家，國君都淫虐無道，所以容易攻取。晉朝並無大罪。希望陛下按兵不動，等待時機。」

群臣爭論得十分激烈，除鮮卑將軍慕容垂和羌族將軍姚萇支持外，大多數人都反對南進。苻堅歎口氣說：「古語云，『築舍道旁，無時可成。』看來我必須自己決斷了。」

散朝後，他單獨留下陽平公苻融，對苻融說：「自古決定大事的人，不過一兩個臣子。廷議莫衷一是，我和你決定吧！」

苻融是苻堅的弟弟，也是前秦的謀主，他剴切陳詞：「討伐晉朝有三難，一是天道不順，二是晉朝無隙，三是我們征戰頻繁，百姓有畏敵之心。反對伐晉的人都是忠臣，希望陛下能聽他們的意見。」

苻堅臉色一變，生氣地說：「你也這麼說，我還能指望誰！」

苻融見他如此固執，便流著淚說：「晉未可滅，是極明顯的事實。而且臣之所憂，不止於此。陛下寵信鮮卑、西羌，讓他們散居在京師周圍。陛下一旦出征，後方空虛，只怕變生肘腋。」最後苻融甩出了「王牌」：「陛下常把王景略比成諸葛武侯，難道忘了他的臨終遺言嗎？」

這一席話的說服力夠強了，提醒苻堅回憶王猛的話，更是有力，但苻堅根本聽不進去。

苻堅最寵信一個名叫道安的僧人。當年前秦攻打襄陽時，道安正在城中。苻堅對權翼說：「朕以十萬大軍攻取襄陽，只為得到一個半人。」權翼問是指誰，苻堅說：「道安是一個人，習鑿齒是半個人。」可見道安在其心中的分量。群臣就委託道安勸說苻堅。

十一月的一天，苻堅與道安同車遊覽東苑。苻堅興致勃勃地說：「朕要和道安公南遊吳越，泛舟長江，親臨北海，那該多快樂啊！」

道安趁機進言：「東南一帶低窪潮濕，瘴氣瀰漫，虞舜遊而不歸，大禹往而不返。這種地方有必要勞動御駕親征嗎？」

苻堅微微一笑，說：「上天養育了萬民，並給他們確立了君主，確立了君主就是為了統治萬民，朕怎敢怕苦呢？像道安公說的那樣，古代帝王都不用征伐了。」

他寵幸的張夫人和最心愛的小兒子苻詵都勸他不可伐晉，他都拒絕了他們的勸告，一心一意地準備南進。

以上這些材料都來自於《晉書》本傳及其他列傳，也就是說都源於正史，從這些材料可以看出，正是「平一六合」的堅定信念和勝利渴望，促使苻堅力排眾議，堅決發動這場南北戰爭。

其三，苻堅為南進所做的軍事部署，都是師法西晉滅吳戰爭的調度。當年西晉以征南大將軍羊祜鎮守襄陽，籌畫攻吳。羊祜以王濬為益州刺史，密令修舟楫為順流之計，並設計了五路出兵的方略。苻堅則在太元七年改授苻融為征南大將軍，以苻朗為使持節都督青、徐、兗三州諸軍事，鎮東將軍，青州刺史，並以裴元略為巴西、梓潼太守，命他密具戰船，作順流東下之計。這些部署透露了在苻堅心中，此戰即是西晉滅吳的翻版。

淮南戰役打響以後，苻融受命督益、梁諸軍事。《晉書・姚萇載記》記載苻堅對姚萇說：「朕本以龍驤建業，龍驤之號未曾假人，今特以相授，山南之事一以委卿。」這幾句話可以說是語重心長，苻堅的潛臺詞是：西晉王濬以龍驤將軍率水師為奇兵，「王濬樓船下益州，金陵王氣黯然收」。今天你姚萇受龍驤之號入蜀，希望能效法王濬，建功立業。太元八年，苻堅下詔宣布南征時，還鄭重地說：「戰勝後任司馬昌明（東晉孝武帝）做尚書左僕射，謝安做吏部尚書，桓沖做侍中。可先為他們造住宅。」這些話絲毫也不是嘲謔，而是表現出對人才的尊重，流露出一代雄主的博大胸懷。

歷史學家田餘慶先生指出：「直到二十世紀初年為止的中國皇朝歷史上，在分裂時期，不管局勢中是否摻雜民族因素，也不管民族矛盾是否十分嚴重，重新統一的任務總是由北方當局完成。即令南方經濟力量與北方趨於平衡甚或超過北方，這一事實也不曾改變。」（《東晉門閥政治》第一九六頁）苻堅發動淝水之戰，從以上三個方面考察，應該是以統一南方為目的的統一戰爭。試想如果淝水之戰以苻堅的勝利而告終，那麼也就沒有以後的宋、齊、梁、陳，南北分裂的局面將提早二百年結束。可是，苻堅輸了。

苻堅是一位悲情英雄。

4 敗因種種

淝水之戰的過程已在前文中敘述，所據材料全部來自《晉書》謝安、謝玄列傳和苻堅、苻融、慕容垂等的載記，應該說是可信的。本文對苻堅發動戰爭的動機及該次戰爭的性質已有敘述。從以上兩個前提出發，自信當可窺見不同俗論的敗因。

前人多認為淝水之戰失敗的主因是苻堅沒有處理好北方諸民族的關係，沒有強大的統一的政治力量。產生這樣的誤識主要根源有二。一是看到淝水之戰前前燕宗室將軍慕容垂對南進的支持，還有後來慕容垂的立國，羌人的反水，乃至苻堅最後被羌帥所擒殺。此外，苻堅還定有一項常受人指責的措施，即將氐人十五萬戶，使宗親率領，散居方鎮。當時即有歌唱道：「遠徙種人留鮮卑，一旦緩急當語誰。」論者認為此舉分散種人，產生了削弱國力的後果。二是注意到苻堅的亂性。苻堅厚待慕容垂，看重其文武兼材，這是對的，然而同時把慕容的段夫人引做情婦，則又與上述目的背道而馳了。後來反叛的慕容沖剛到前秦時，還是個十二歲的俊俏少年。苻堅把慕容沖的姐姐清河公主納入後宮，對她非常寵愛。而且，苻堅對慕容沖又有龍陽之寵，這當然是惡德。當時姐弟倆專寵，引起朝野上下的紛紛議論。長安城流傳的歌謠唱道：「一雌復一雄，雙飛入深宮。」丞相王猛聽到後急忙勸諫苻堅，苻堅這才讓慕容沖離開長安。其後，慕容沖反叛，自立為西燕皇帝，算是惡德的報應。後來，苻堅的亂性愈演愈烈，甚至荒唐到「使宮人與男子裸交於殿前，引群臣臨而觀之」的地步。

其實上述兩點都不是淝水之戰的敗因。眾所共知，苻堅統治北方的二十多年（約佔十六國時期的五分之一），是十六國時期最好的一個階段。苻堅度量寬宏，採取民族綏撫政策，不濫殺被征服民族人民，還盡量禮遇優容他們的統治階層人物。在此同時，他還抑壓氐族不法豪強，重用漢人士族，崇尚儒學。這些措施，對於穩定前秦統治，統一中國北方，促進氐族社會的進步，組織大規模的南進戰爭，無疑都起著重大的作用。至於將本族人分駐要地，從苻堅的角度看來則是一項加強統治的措施，與後來清代八旗駐防並沒有區別，不能用「成則王侯敗則寇」的眼光看待。亂性當然是惡德，亦是歷代帝王的通病。但綜上兩點，至少從淝水之戰之前、之中考察，前秦的力量是統一而有效的，羌和鮮卑均臣服苻堅。戰鬥中苻堅身中流矢，逃到淮北，身邊只有千餘騎兵。當時，只有慕容垂一軍三萬人沒有潰散。苻堅投到他的營裡，慕容垂念苻昔日的恩惠，不聽子侄輩請求趁機殺苻自立的建議，把全軍交還給苻指揮。至於羌和鮮卑的反叛都是淝水之戰以後的事。換言之，因淝水之戰失敗，苻堅一蹶不振，羌和鮮卑才反叛。

還有不少人認為，淝水之戰失敗的主因是苻堅兵力分散，軍事調度失誤。誠然，苻堅南進之軍有前後脫節之弊。苻堅發全國之兵南進，全軍步兵六十萬，騎兵二十七萬，聲勢極為浩大。九月，苻堅到了項城（今河南沈丘），涼州的兵才到咸陽，幽、冀二州的兵才到彭城，只有陽平公苻融的部隊三十萬人到了潁口，即潁水進入淮河之口，在今安徽潁上縣東南。參加淝水之戰的秦軍，實際上只有苻融軍，約當全軍的三分之一。其餘或在遙遠的後方，或在沒有積極行動的西線。這當然是一個失誤，但是也不是戰爭失利的主因。試想：苻融軍三十萬，而謝石、謝玄軍才八萬，軍事對峙中秦軍仍佔絕對優勢。

那麼，導致苻堅在淝水之戰中崩潰的主因是什麼呢？我以為是以下兩個看似甚微的因素。就是這些「小因」釀成大禍，「千里之堤，潰於蟻穴」。

一是秉寬容之性，偶爾用人不當，以致犯了致命的錯誤。苻堅自幼誦讀儒家經典，嚮慕聖賢，因此他待人寬容。苻堅即前秦王位後，王猛勸他殺掉苻生的五個兄弟，但苻堅不聽，反將他們封為公爵。晉太和二年，諸苻果然一齊造反，苻堅擊斬苻雙、苻武、苻柳，最後擒獲了苻廋，責令其自殺，卻赦免了其子。行事留有餘地，這是他為人寬厚之處。

太和四年，前燕慕容垂來降，苻堅高興地親自到郊外迎接。王猛說慕容垂是龍虎般人物，不如趁早除之。苻堅哈哈一笑說：「我正招攬各路英雄，準備廓清四海，為什麼要殺他們呢？況且我已經接納了他們，怎能自食其言呢？」

他沒有採納王猛的意見，反而任命慕容垂為冠軍將軍，對慕容垂的親屬也都給以優厚的待遇。等到滅燕後，對慕容暐和燕的后妃、王公、百官都不斷殺，只令其遷居長安。

前秦圍攻襄陽，從太元三年（三七八年）四月打到四年二月，達十個月之久，戰鬥十分慘烈。東晉襄陽守將朱序的母親韓氏親自上城巡視，見西北角不很堅固，就率領一百多個婢女及城中婦女在裡面加築新城，後來果然靠新城才守得這樣長久。襄陽人因而都把這座新城叫作夫人城。最後，督護李伯護降秦做內應，秦軍才打破襄陽，擒獲朱序。苻堅最恨不忠之臣，他殺死李伯護，用朱序做度支尚書。苻堅重用被俘之人，而且盲目信任，實在是很不明智的寬宏。後來兩軍對峙時，又讓朱序去晉營勸降，則更是犯了兵家大忌。就是這個朱序，「身在曹營心在漢」，將重要的軍事情報告訴了晉軍，又在臨陣時製造混亂，最後還是回到了東晉的懷抱。朱序在淝水之戰中是一粒重要的棋子，幾乎左右勝利，而這枚棋子不是謝安所投，恰恰是苻堅自己「誤投一子」。

二是臨陣應變失之大意。前文已分析，即使與後軍脫節，以三十萬之師對付八萬軍隊，應該還是穩操勝券的。但兩軍隔淝水列陣，謝玄要求秦軍略為後移，讓晉軍渡河決戰，而苻堅允許，打算讓晉軍渡到半途，用鐵騎摧擊。此計本來不錯，半渡而擊之，歷史上用這個策略取勝的戰例很多。問題是這是臨時決定，而不是既定方針，「時間差」讓三十萬大軍前後混亂，加上內部有奸細（朱序等）搗亂，中間、後面的隊伍誤信謠傳，狂逃急奔，亂作一團。加上北府兵快速渡河以後，「置之絕地而後生」，如猛虎般撲殺上來，狂追三十里，前秦軍全線潰亂，苻融戰死，苻堅也帶箭而逃歸。阻擊渡河戰役的失敗，結果卻是整個軍事系統的土崩瓦解。這也不是謝安的「神算」，而只能歸咎於苻堅自己的疏於細節。

此外，對主將苻融的任用也不適當。苻融雖然忠於苻堅，而且文采出眾，但軍事經驗欠缺，沒有指揮過前秦「平燕定蜀，擒代吞涼」幾個大戰役中的任何一役，淝水之戰充分暴露了前秦主將的無能。當然，前面所敘兩點是苻堅的主要敗因。

淝水之戰後，北方大亂，相繼出現了後燕、後秦、西秦、後涼，加上西燕和前秦，同時並存著六七個小國。太元十年（三八五年）戰敗且受傷的苻堅帶幾百名騎兵與張夫人出奔到五將山（今岐山縣東北），被後秦姚萇所擒。八月，姚萇派人將他縊殺，張夫人自殺。苻堅時年四十八歲，他與東晉謝安死在同一個月裡，可謂巧合。

【第十二章】

祖逖、桓溫與劉裕

渡江天馬南來，幾人真是經綸手？長安父老，新亭風景，可憐依舊。夷甫諸人，神州沉陸，幾曾回首！算平戎萬里，功名本是，真儒事，公知否？

—— 辛棄疾《水龍吟・甲辰歲壽韓南澗尚書》

1 「北伐」一詞實出現在東晉

劉琨、祖逖、桓溫和劉裕都是南朝出類拔萃的將領，他們的功績都與北伐緊密地聯繫在一起。

西晉末年，戰亂頻仍，中原失鹿的司馬睿攜百家士族渡江，進駐江南，這就是以後的晉元帝。驚魂甫定，他們君臣立即被秦淮河綺麗的風光所陶醉，燈紅酒綠，笙管竽琴，演繹起霓裳羽衣的風流故事來。而且，以後的南朝統治者承其餘緒，一演繹就是五朝三百年，偏安之局成，蹈厲之志弭。北伐，成了與偏安相始終的光榮的夢幻。

《世說新語・夙慧》說，晉明帝九歲時，有次坐在元帝膝上，恰好有人從長安來，元帝因向來客打聽洛陽淪陷以後的情況。講到悲慘的地方，不覺傷心落淚。明帝問大人們為什麼要哭，元帝才把南渡逃難的往事告訴他。接著便問明帝：「你說長安離我們遠，還是太陽離我們遠？」回答說：「太陽遠。因為從來沒聽說過有人從日邊來，由此便可知道。」元帝以為自己養了個神童，大奇之。第二天向群臣講起這件事，講罷之後，為證實此事，又喚出明帝，重新問昨天的問題，而明帝卻回答說：「太陽近。」元帝為之失色，說：「你怎麼改變了昨天的看法？」回答說：「因為抬頭只看得見太陽，而看不見長安。」此語一出，滿朝淒然。的確，對恢復感到無望而又侈言北伐，是東晉以後歷代偏安朝野普遍的狀態，他們有一根敏感的神經，輕輕觸動，就戰慄不已。所以「新亭對泣」座中既有無望的哀歎，更有慷慨的陳詞，中心只有一個：北伐、恢復。這當然是極富煽情性的。偏安朝野好談恢復，好喊北伐，似乎成了一個定例，建康城裡的儒生們，就喜歡將其作為精神消遣。《太平廣記》卷一百九十八載，梁時文士吳均好為慷慨軍旅之作，如《劍詩》云：「何當見天子，畫地取關西。」表達了強烈的立功豪情。後來，梁武帝召見他，問他：「天子今見，關西安在焉？」吳均無言以對。後來梁武帝被圍臺城，吳均也在圍城之中，梁武帝再次問計於他，吳均惶恐萬分，不知所答，躊躇半晌，畏畏葸葸地說還是投降為好，遭到雖然低能、雖然身陷重圍但又倔強不屈的梁武帝一頓痛罵。

吳均的癡人說夢固然滑稽，但畢竟反映了一般世風時議。其實，對於偏安王朝來說，維持一隅的局面已經捉襟見肘、勉為其難，又遑論匡復呢？如晉元帝，他只想做個偏安皇帝，遠離刀刃血光；雄才大略的王導也只想劃江而治，建立一個由王氏當權的小朝廷，所謂「王與馬，共天下」。他們的目光專注在江東內部權利的分配上，從來不認真做北伐的準備，而且還害怕乃至於反對有人主張北伐。晉元帝將要稱帝，周嵩上書勸他整軍講武，收復失地，到那時稱帝還不算遲。結果晉元帝大怒，周嵩幾乎被殺死。熊遠不識時務，要求朝廷改正過失，說不能遣軍北伐是一失，朝官們忘記國恥，以遊戲酒食為正務是二失。結果朝廷不納，熊遠則丟了京官，被貶作地方官。可見北伐之遭遇尷尬。

然而，東晉南朝近三百年間，畢竟還算有幾個血性男兒進行了幾次北伐。而且，用語源學的角度考察，「北伐」一詞，雖然始出於《左傳》僖公九年「故北伐山戎，南伐楚」，但那是指一般意義上的向北方征戰，而帶有統一、匡復意義的「北伐」一詞實出現在東晉南朝。用歷史的冷峻目光審視，不以成敗論英雄，東晉南朝的幾次北伐還是有可圈可點之處的。

2 悲壯的中流擊楫

最初一次北伐是晉室南渡之初由大將祖逖領導的。這是一次悲壯的進軍。這之前則有劉琨的堅持敵後的鬥爭，而祖逖和劉琨則是好朋友。

祖逖，字士稚，范陽遒（今河北淶水）人。出生於官僚世家，他的父親祖武曾擔任過西晉的上谷太守。祖逖十四五歲時不好好讀書，父兄都為他擔憂。而劉琨也是一個紈褲子弟，他字越石，中山魏昌（今河北無極）人，出身士族，從小尚清談，好聲色，與石崇等諂事賈謐，是臭名昭著的「二十四友」之一。幸而他們長大後幡然醒悟，許身社稷。他們都輕財好俠，曾經一起為司州主簿，兩人一同就寢，半夜聽到雞叫，祖逖將劉琨喚醒曰：「此非惡聲也！」於是兩人起床舞劍。這就是所謂「聞雞起舞」，是一千七百餘年來的勵志經典。

晉懷帝永嘉元年（三〇七年），劉琨受任并州刺史進駐晉陽後，在複雜的民族鬥爭中，苦苦撐持，先後和匈奴族的劉淵、劉聰鬥，和羯族的石勒鬥，時遭挫敗，不屈不撓。後被鮮卑段匹磾殺害。在囚禁中，劉琨自知必死，寫下風骨峻峭的《重贈盧諶》，後六句云：

朱實隕勁風，繁英落素秋。狹路傾華蓋，駭駟摧雙輈。何意百煉鋼，化為繞指柔！

詩中說自己遭逢挫敗和艱險，有如繁英和朱實遭受秋風嚴霜的摧殘，也像有華麗篷蓋的馬車在狹路傾覆，轅折馬驚。後兩句追念既往，自己少年時「以雄豪著名」，自信具有百煉之鋼那樣堅強，沒有料到，而今竟然變得柔可繞指了。英雄失路，令人心碎！

同樣是悲壯的英雄，祖逖所走的道路與劉琨不同。應該說，青年時的祖逖不僅有大志，而且有異志。他從小就經常散穀帛以周貧乏，收買人心，因此不僅在宗族中威信很高，而且身邊也聚集了不少暴徒勇士。當時吳地遇到饑荒，祖逖的部下夜晚常常在南塘一帶做些掠奪盜竊的勾當，祖逖總是笑著問他們：「剛才幹了南塘一出沒有？」如果這些人被官府捉住了，祖逖還多方解救。他曾與密友劉琨議論世事，有時中宵起坐，說：「若四海鼎沸，豪傑並起，吾與足下當相避於中原耳。」細玩語意，除了表面上用《左傳》「退避三舍」的典故外，未嘗沒有趁亂而起、逐鹿中原之意。大概唐代房玄齡也看到了這一點，他在《晉書・祖逖傳》的末尾加上了一段寓意深刻的「史臣曰」：

> 劉琨弱齡，本無異操，飛纓賈謐之館，借箸馬倫之幕，當於是日，實佻巧之徒歟！祖逖散穀周貧，聞雞暗舞，思中原之燎火，幸天步之多艱，原其素懷，抑為貪亂者矣。及金行中毀，乾維失統，三后流亡，遞縈居彘之禍，六戎橫噬，交肆長蛇之毒，於是素絲改色，跅弛易情，各運奇才，並騰英氣，遇時屯而感激，因世亂以驅馳，陳力危邦，犯疾風而表勁，勵其貞操，契寒松而立節，咸能自致三鉉，成名一時。古人有言曰：「世亂識忠良。」蓋斯之謂也。

的確，劉琨從一個浪蕩子弟變成一個孤懸敵後、鞠躬盡瘁的忠良之將，祖逖從一個野心勃勃的「貪亂者」變成一個矢志北伐的中流砥柱，是因為「世亂」的玉成。異族的入侵，河山的殘破，人民的流離失所，傳統文明的瀕臨滅絕，使這些男兒一下子意識到肩頭的責任，痛改前非，然後義無反顧地將自己的生命投入這場保家衛國的決鬥。

早年，祖逖在擔任豫章王從事中郎時，曾跟隨惠帝北伐，不過很快晉軍在蕩陰大敗，又退回洛陽。雖然這次只是短暫的進軍，但淪陷區百姓的痛苦生活以及收復失地的喜悅，給祖逖留下了刻骨銘心的印象。

後來，東海王越徵召祖逖為太守，他以母喪不就。這時中原大亂，祖逖率親友數百家過江來投琅琊王司馬睿。晉愍帝繼位後，下詔命在江東的司馬睿率兵赴洛陽勤王。司馬睿當時致力於確保江南一隅不失，根本無意（也確實沒有足夠的力量）進行北伐。這時，大英雄祖逖站了出來。風情萬種的秦淮笙歌並沒有軟化這個剛烈男兒，相反，他時刻牽掛著遭受異族蹂躪的中原，從中原的民心向背中看到了北伐取勝的希望，他自告奮勇，向司馬睿懇切請纓北伐。他說：「大王誠能發威命將，使若逖等為之統主，則郡國豪傑必因風向赴，沉溺之士欣於來蘇，庶幾國恥可雪！」（《晉書．祖逖傳》）司馬睿聽了祖逖擲地有聲的陳詞後，亦不免怦然心動。然而，當時江左草創，財政情況極為可憐；更重要的是元帝對北伐沒有信心，生怕賠本，只給了祖逖一千人的食糧和三千匹布，任他為豫州刺史，叫他自己去募兵、造兵器，進行北伐。這對於隔江的石勒的虎狼之旅，真無異於以肉飼虎、以卵擊石。

然而，祖逖卻將小氣的晉元帝口頭批准的北伐變成了轟轟烈烈的實際的行動。他帶領著隨他南遷的部曲，踏上了渡江北伐的不歸之路。船至中流，祖逖擊楫發誓說：「祖逖不能清中原而復濟者有如此江！」辭色壯烈，應和著滔滔江聲，眾皆感奮。在淮陰，祖逖鑄造兵器，又募得二千餘人，開始北進，就在江淮河漢之間開闢了戰場。

祖逖軍紀嚴明，銳不可當，深得廣大民眾的愛護。當時，長江以北地區屬於大亂過後的三不管地區，各處流民和當地住民紛紛建立塢堡武裝，自封刺史、太守，看誰的力量大就依附誰，完全亂了「王法」。祖逖縱橫捭闔，擊潰塢主張平、樊雅等人。太丘之戰勝利後，祖逖又攻克譙城。後來，蓬陂塢主陳川叛歸石勒，並引來後趙悍將石虎的五萬羯族精兵。祖逖出戰，與趙兵相持。雙方緊張相持四十天，糧草都到了精光的境地。

祖逖派人用布囊盛滿沙土，假裝是食用的大米，派千餘人運至晉兵據守的東臺。然後，他又派數人挑著真正的大米（也是用同樣的布袋盛裝），佯作累壞了躺在道旁喘氣歇息。西臺的後趙兵望見，馬上派精兵來襲，擔夫都假裝驚懼狀棄擔而逃。後趙將士打開袋子，見裡面全是上好的大米，推斷晉軍糧食充足，「以為（祖）逖士眾豐飽，甚懼」。古代人打仗，尤其是相持仗，拼的就是糧草，見敵方糧多士飽，自然心中洩氣。

石勒遣大將以千頭壯驢運糧，支持浚儀城西臺的後趙兵。祖逖在汴水設伏，盡得其糧。後趙兵無糧，不支退走，此後祖逖軍憑據封丘、雍丘，多次出兵攻打石勒的後趙軍，使石勒的力量在河南一地迅速地萎縮。

與此同時，祖逖還調和河南諸晉將和塢堡頭目之間的矛盾，示以禍福，最終使這些人都聽從他的節度。對於河南一帶的塢堡堡主，祖逖對他們送質子於後趙的權宜之計也表示理解，靈活處理政治紛爭，不僅常對他們施以德惠，還不時遣小股軍隊假裝擊擾這些塢堡，讓後趙方面想當然地認為這些塢堡地主是忠於自己的隊伍。

感激之餘，塢堡堡主常常向祖逖暗通消息，把後趙軍隊的行軍意圖和路線一一提前報告。就這樣，祖逖依據情報，屢次擊敗石勒軍，收復黃河以南的全部土地。在戰鬥中，祖軍也變成了一支擁有數萬人的勁旅。

對於祖逖收復河南，老朋友劉琨感慨系之，在與親舊的書信中盛讚祖逖的文治武功。河南的父老鄉親更是作歌讚頌祖逖的恩仁德政：

幸哉遺黎免俘虜，三辰既朗遇慈父。
玄酒忘勞甘瓠脯，何以詠恩歌且舞。

尤為難得的是，祖逖還以軍紀嚴明和英勇善戰贏得了對手的尊重。在祖逖北伐之前，號稱攻無不取、戰無不勝的羯胡主帥石勒一度進逼江北，準備渡江，只是為連月的陰雨所阻才作罷，可知江淮岌岌可危。祖逖在幾乎沒有東晉政府支援的情況下，以自己的才幹和堅毅的精神，逐漸收復失地，不僅保障了江淮，而且「黃河以南盡為晉土」，造成了進逼河北的態勢。在這樣的情勢下，殺人不眨眼的魔王石勒停止了進軍，並派人在成皋縣修葺祖逖母親的墳墓。石勒還親筆寫信給祖逖，要求「通使交市」。祖逖雖然不回信，卻聽任軍民與河北的羯胡互市，交換各自所需，「收利十倍，於是公私豐贍，士馬日滋」。這時軍事形勢向著有利於晉王朝的方向傾斜，如唐人胡曾《詠史詩》所云：

策馬前行到豫州，祖生寂寞水空流。

當時更有三年壽，石勒寧為階下囚。

的確，當時中原雖然大亂，但是在北方擁晉的力量還是不小的。晉愍帝在部下的擁戴下一直堅守長安，在關中、西涼等地西晉還有很大的勢力。并州刺史劉琨也一直在敵後活動，牽制趙國的兵力。而江南穩定，沒有遭到戰火。這時，祖逖軍威正盛，歷史仍給了晉室以機遇。如果晉室能專委祖逖經營，「推鋒越河，掃清冀朔」，完成統一大業，也並非沒有可能。

後來，趙軍俘殺了晉愍帝，司馬睿在建康即皇帝位，這就是東晉的開國皇帝晉元帝。疑忌器小的司馬睿對手握重兵的祖逖卻不放心，怕尾大不掉，危及苟安，於是，便派戴若思去任總督。真正出征的祖逖官職是鎮守，根本不出征的戴若思官職卻是總督出征，而且祖逖已收復的和未收復的州都歸戴若思統轄。在祖逖眼裡，出身吳地的戴若思對中原本無感情，根本就不可能成為自己經略中原的支持者。更加上此時王敦和晉元帝暗中較勁，內亂一觸即發，祖逖看到自己的一生追求行將化為泡影，憂憤成疾，帶著巨大的遺憾辭世了。那年他才五十六歲。祖逖死後，東晉朝中久懷逆亂的王敦大喜過望，他先前一直忌憚祖逖，不敢有異謀，「至是始得肆意焉」。東晉派祖逖之弟祖約代替其兄統領其眾，卻節節失敗，被祖逖收復的河南大片土地最終又被後趙攻陷。晉室十分難得的統一機會就這樣輕易地失去了。

應該說，祖逖的北伐是一次動機和目的「含金量」都很高的北伐，祖逖並沒有沽名釣譽的企圖，並沒有擁兵自重的野心，千人渡江，擊楫中流，氣吞狂虜，祖逖是真正的大英雄！

毛澤東《洪都》云：「到得洪都又一年，祖生擊楫至今傳。聞雞久聽南天雨，立馬曾揮北地鞭。」一千七百多年來，人們對祖逖幾乎是眾口一詞地稱讚。只有明清之際的大儒王夫之，在《讀通鑑論》中指責祖逖操之過急，不如西晉的羊祜經營伐吳，以德服人。竊以為船山先生此論迂腐，不足當識者一笑。羊祜是謀滅敵國，祖逖是收復失地，豈可一概論之。羊祜為皇帝所信任，朝廷讓其全權經營，而祖逖除了要對付敵人外，還要被朝廷的內爭所牽制。如果硬要比況，則祖逖的北伐與羊祜的伐吳難度相仿，而祖逖的人品以及他留給後人的道德風軌似應在羊祜之上。

3「木猶如此，人何以堪」

東晉後期，政治愈益黑暗。儒生范寧曾說，國庫空虛，民力匱乏，現在民眾服傜役，一年裡幾乎沒有三天的休息，生下兒子不能撫養，鰥夫寡婦不敢嫁娶。好比在著了火的柴草上睡覺，國家危亡就在眼前了。（見范文瀾《中國通史》第二編第五章）然而，東晉終究還是漢族政權，民眾希望朝廷抵禦北方非漢族統治者的入侵，更希望朝廷能夠北伐，收復失地。因此，懷有政治野心的強人往往將北伐視為一張王牌，如果北伐能夠提高自己的威望，加重他們在政壇的砝碼，他們就不妨舉起北伐的旗幟吆喝作秀；如果北伐的進程危及他們的既得利益和政治生命，他們便寧可丟下即將告成的大功，「長安咫尺而不渡灞水」（《晉書·王猛附傳》），回師建康，以武力向朝廷叫板，去除異己趁機篡奪。無疑，這是一種變了味的北伐，其中，東晉政治強人桓溫二十年來竟然北伐三次。

桓溫是個很複雜的人物。房玄齡《晉書》將他和王敦放在同一卷內，史家褒貶之意隱然可見。

雖然終其一生，桓溫並沒有明目張膽的謀反行為，相反，他進行了三次堂堂正正的北伐，取得了空前的軍事勝利，但細加審繹，這種北伐卻又「項莊舞劍，意在沛公」。

桓溫，字元子，是宣城太守桓彝之子。據田餘慶《東晉門閥政治》考證，其先世即是因曹爽「逆黨」而被司馬氏誅殺的桓範，應該屬於與司馬氏政權有殺祖之仇的「刑家」之後。據說桓溫剛出生時，恰巧被太原溫嶠看見，溫嶠說：「此兒有奇骨，可試使啼。」聽到桓溫的啼哭聲後，他又讚歎道：「真英物也！」桓彝見溫嶠如此激賞自己的兒子，十分感激，就將兒子取名為溫。

應該說，桓溫長成以後，相貌雄壯極富陽剛美，這在男性陰柔美佔絕對優勢的六朝社會應該算是鳳毛麟角，劉惔稱讚他：「眼如紫石稜，鬚作蝟毛磔，孫仲謀、晉宣王之流也。」值得注意的是，長相雄偉固不用說，令人有孫權、司馬懿的聯想，就關係到風度氣質方面了。桓溫十八歲時就有手刃仇家三人的駭世之舉，後來以世襲加上軍功，做到都督荊、梁諸軍事，荊州刺史，征西大將軍，開府，成為手握重兵雄踞上游的豪帥。據《晉書》記載，桓溫心儀的人物是堅持敵後抗戰的劉琨。當聽到有人將自己比作王敦一流，桓溫就不高興。後來他在北伐時收得一位做針線的老婢，問之知其原是劉琨的使女。這個老婢一見到桓溫就潸然流淚，問她為什麼這樣，她回答：「公甚似劉司空。」桓溫聽了很高興。過了一會兒，桓溫要外出，整頓了衣冠，又問老婢自己像不像劉琨。老婢卻說：「面甚似，恨薄；眼甚似，恨小；鬚甚似，恨赤；形甚似，恨短；聲甚似，恨雌。」桓溫為此好幾天都悶悶不樂。劉琨感動晉人的事蹟當然是孤懸北方的抗戰，桓溫的渴慕應該也不排除企望抗擊匈奴，建立戰功。事實上，桓溫一生的事功毀譽正是建立在三次北伐上。可以說，北伐左右了永和政局，而桓溫則總攬了這段時期的北伐之任。

誠如史家田餘慶先生《東晉門閥政治》所指出，永和政局是以中樞司馬昱、殷浩為一方，以上游方鎮桓溫為另一方的實力相持。司馬昱、殷浩的中樞秉權集團，基本上是一個名士清談集團，夙有盛名但並無經綸世務的才力。上游桓溫雖自成體系，手握重兵，但也亟須乘時立功以增聲望，才能在與朝廷相持中保持主動地位。相持的雙方藉以自重的主要手段，就是搶奪北伐旗幟。

顯然，司馬昱和殷浩遠非桓溫的對手。

永和五年（三四九年）四月，後趙主石虎死去，來自北方的壓力驟減。大量北方士民越過黃河南遷，依附晉朝。六月，桓溫即引兵出江陵，佯言北伐。虛弱的朝廷不願讓桓溫立功，舉止失措，立即命褚太后的父親褚裒自京口搶先出師北伐，以拒桓溫的出兵要求。但褚裒實在不爭氣，旋即敗歸，慚憤而死，使桓溫少了一個可以與自己抗衡的對手。只是可憐渡黃河南遷的百姓二十多萬人沒有人接應，陷入了絕境，被胡騎追殺殆盡。

如果以為桓溫是一個以北伐為務的熱血兒郎，那就未免天真幼稚。我的懷疑是有根據的，《晉書‧司馬勳傳》就記載了其間發生的一樁事件，實則也是一次小規模的北伐。因石虎死去，後趙雍州豪傑想恢復晉土，約東晉梁州刺史司馬勳率眾入關。於是，永和五年九月，司馬勳率兵出駱谷，兵鋒距長安只有二百里，當時長安遠郊人民多殺後趙守令以呼應。然而，由於孤軍深入，得不到都督荊、梁四州軍事開府儀同三司的桓溫的支持策應，司馬勳不得已又在十月退回，一次極好的機會就這樣錯過了。《通鑑》也記載了這次短命的北伐，胡三省在注中意味深長地說：「使桓溫於是時攻關中，關中可取也。」可謂一言中的。

那麼，桓溫既然無意以其實力投入北伐，他究竟在幹什麼呢？他就像一個老練的獵手，刺激獵物，引而不發，等待時機。果然，褚裒死後，在桓溫的北伐作態下，中輔重臣殷浩被逼出，親自經營北伐，這是朝廷最後一張牌了。殷浩是個清談名士，當然不會帶兵打仗，受命後逡巡不進。於是桓溫於永和七年冬率師下駐武昌，顯示出或北伐或東進的模稜兩可的態勢，逼朝廷表態。朝廷既奈何不了後趙，更懼怕桓溫，只好一面部署防務，一面催請殷浩興師北伐。可憐殷浩談鋒甚健，兵鋒全無，拖延至永和九年十月出兵，才出兵前鋒姚襄就倒戈，引發晉軍完敗。不久，在桓溫的壓力下，殷浩被廢為庶人，精神受到沉重打擊，只落得整天在住地書空，作「咄咄怪事」四個字。這樣一來，朝廷不僅損失了一位宰輔大臣，而且也失去了制約桓溫的軍力。相反，不費一兵一卒，桓溫在靜觀持重中則成了北伐主將，權力和威望日隆。

永和十年二月，桓溫開始了第一次北伐。步騎四萬，從江陵出發，進軍關中。晉軍所向披靡，一路打到了長安城下，耆老感泣，百姓迎勞，居民爭先恐後地帶了牛酒來慰勞將士，說：「想不到今生竟能再見到官軍！」但在勝利的軍事形勢下卻發生了「臨灞水而不渡」的怪事，甚至斬殺了力勸攻取長安的部將，使志士扼腕、父老寒心、舉國失望。謎底卻被前秦謀士王猛揭出：意在江左而不在關中。桓溫認為軍事勝利已足以增益聲威，且看朝廷如何對待自己，不願消耗更多的實力，故下令班師，所收復失地旋即又丟失。第一次北伐就這樣夭折了。

永和十二年，桓溫第二次北伐，在伊水打敗了羌帥姚襄，收復了淪陷胡塵四十年的故都洛陽，取得了空前輝煌的軍事勝利。桓溫隨即修繕了洛都諸陵，上疏說：「自永嘉之亂播流江表者，請一切北徙，以實河南。」就是說，從永嘉之亂以來南遷人士，一律北移，以充實河南。這實質上是對朝廷的要脅。

這道奏疏使滿朝官員大為恐慌，因為那些高門士族南遷後都在江南廣殖田園，佔有山澤，如果一律北遷，財產既遭受巨大損失，且洛陽地處前線，正在戰時狀態，時不時烽火連天，胡笳競作，弄得不好還有生命之虞。

朝廷準備派人去同桓溫商量，勸他收回這個主張。揚州刺史王述卻說：「桓溫不過以虛聲嚇唬朝廷而已，只管答應他好了，這在事實上是無從做起的。」於是下了一道詔書，說對於桓溫收復中原，一切都「委之高算」。不久又加桓溫侍中、大司馬、都督中外諸軍、錄尚書事、假黃鉞。果然相安無事，一場政治風波才算是平穩地渡過。

桓溫認為，既然自己是晉朝最大的實力派，那麼取晉而代之也就是勢所必然。但是，最好是北上中原，打一個大勝仗，然後回來再受九錫，才能真正名實兼收。於是，太和四年（三六九年），桓溫率領步騎五萬，其中包括徐、兗二州的京口勁卒，從姑孰出發北伐。出師之日，百官相送，勢傾朝野。這是桓溫的最後一次北伐，經過金城，見自己早年所栽的柳樹已長成十圍，於是，「攀枝執條，泫然流涕」，慨歎道：「木猶如此，人何以堪！」感傷時光流轉，而政治企圖難以實現。桓溫哀木與祖逖擊楫，都是具有文學意味的細節，然考其行止，高下判然！

這次北伐一開始還算順利，晉軍接連攻城掠地，然而節節勝利的晉軍推進到枋頭（今河南浚縣西南）時，遭到秦、燕合兵的猛烈抵抗，燕軍切斷了晉軍的運糧路線，使桓溫陷入孤軍深入的危險境地。由於糧運受阻，桓溫被迫燒掉船隻，拋棄輜重，從陸路撤回。燕軍一路緊追，在襄邑（今河南睢縣西）大破晉軍，斬首三萬級。晉軍退到譙郡，再遭伏擊，又損失了上萬兵力。至此，桓溫的北伐損兵折將，徹底失敗了。

儘管桓溫北伐失敗，但由於此前由他統一調度兵力，徐、豫二州已統統落入其手，他獨攬朝政的軍事障礙，已不復存在了。

對此，歷史學家田餘慶先生在《東晉門閥政治》中冷峻地指出：

對於桓溫的事業來說，敗於枋頭，導致他望實俱損；勝於江左，導致他控制中樞。這同時發生的事情，對桓溫起著相反相成的作用。桓溫儘管控制了中樞，卻由於望實俱損，無力斷然篡代。中樞是不穩定的，但反抗的力量仍然存在。不過，反抗不是來自軍隊，因為可能反抗的主要力量即豫、徐方鎮武裝，已被桓溫消滅或控制起來。反抗來自在朝的王、謝大族，他們以非武裝的政治鬥爭，在關鍵時刻給桓溫掣肘，使桓溫窮於應付。王、謝非武裝的政治鬥爭居然能夠抑制桓溫，這又是由於桓溫有枋頭之敗，望實俱損的緣故。

田先生的論述是極為精審的。後來，桓溫幾次暗示朝廷賜他九錫，謝安、王坦之知道桓有病，就故意拖延。至孝武帝寧康元年（三七三年）七月，桓溫死去，年六十二歲。東晉的一個險惡的政治危機消失了。

桓溫死後，「風流宰相」謝安執朝政，他完全繼承王導力求大族間勢力平衡的方針，「鎮之以和靜」，東晉朝內部出現前所未有的和睦氣象。三八三年，晉兵在淝水大破苻堅的南侵軍。謝安威望日隆，他看到前秦崩潰，北方已亂，便上疏請求親自掛帥北伐，完成統一大業。孝武帝准奏，任命謝安都督揚州、江州等十五郡軍事。謝安即以謝玄為前鋒都督，率劉牢之等猛將向北推進。謝玄是一位「善清談，精名理」的名士，也是一位百戰百勝的青年將領，很快攻克了現在山東、河南的一些城池。

孝武帝以及權臣司馬道子對謝安的疑忌，隨著北伐的勝利進軍而成正比例的增長。他們知道，當年桓溫正是利用北伐來擴大自己的權勢，威懾朝廷，以至於有不臣之心的，他們對謝安也作如是觀。因此，昏君與權臣勾結，合力排斥謝安。三八五年，謝安憂勞成疾，終於病逝。謝玄在前線聽到叔父去世的噩耗，立即奔喪回京。事後，遵照叔父的遺願，又忍淚返回前線繼續北伐，攻克了幾座城池。但司馬道子之流既無收復北方的願望，又猜忌謝玄手握重兵，便藉口征戰已久，命謝玄由彭城退守淮陰。北伐良圖落空，兩年後，謝玄就病逝了。當時他年僅四十六歲，他是帶著「北伐情結」無限遺憾地離開人世的。

4 金戈鐵馬，氣吞萬里如虎

後來，英名蓋世的劉裕也進行了兩次北伐，而且，因為宋代愛國詞人辛棄疾一首《永遇樂・京口北固亭懷古》「想當年，金戈鐵馬，氣吞萬里如虎」，慷慨生悲，令人發千古之浩歎。然而，可惜的是，劉裕的兩次北伐都是功虧一簣，備嘗艱辛取得的勝果，因不同的緣故，一樣在須臾之間喪失殆盡。

劉裕，字德輿，原籍彭城，後遷入京口。幼年家境貧寒，一出生母親就去世了，父親因為家中貧困，養不起孩子，想將劉裕拋棄。劉裕的姨母不得已，給親生兒子斷了奶，為劉裕餵奶，才挽救了一條小生命，他父親也因此給他取小字「寄奴」。劉裕長大後，儀表不凡，侍奉繼母至孝。因家貧曾編草鞋為生，也因賭輸了錢不還，還被人綁起來拷打。後從軍成了東晉精銳的北府軍的將領。值得讚許的是，劉裕富貴後卻不忘節儉，史載其「以儉德先天下，碎虎魄枕，施直腳床，卻入筒布，用葛燈籠」（《六朝事蹟編類》卷一）。結合他的早年生活經歷，應該不是誇飾之詞。

第一次北伐的終止並不是劉裕的過錯。四〇九年，孫恩暴動被鎮壓，東晉政局恢復了平靜。大將劉裕審時度勢，用鎮壓孫恩的得勝之師發動了對中原南燕的戰爭。劉裕精銳的北府兵將驕橫不知機變的慕容超打得只有招架之力。這時後秦主姚興給劉裕寫了封親筆信，信中說：「慕容氏是我的鄰居，現在他們向我後秦告急，我勸你還是早早退兵，不然我將帶領十萬大軍來為慕容氏解圍。」面對姚興咄咄逼人的恐嚇，劉裕毫不驚慌，他反而微笑著對使者說：「我本來打算滅掉南燕後，休息三年，再滅掉你們後秦。既然姚興自己送上門來，那就讓他早死吧！」四一〇年，劉裕破南燕都城廣固（今山東益都縣），滅南燕，收復青州。正當劉裕躊躇滿志，想一鼓作氣底定中原之時，孫恩餘部盧循乘劉裕北伐，率軍向建康進攻，東晉朝野震動。劉裕在朝廷的嚴令下不得不親率精兵勤王，節節勝利的北伐也就中止了。

西元四一六年，劉裕為了擴充自己的勢力，用關中的土地與羌人的鮮血為自己的篡位添置大禮，決定第二次北伐。行前他將朝政託付給忠於他的舊部、文武兼備的劉穆之，又將猛將朱齡石等親信布置在京師附近，以備不測。然後兵分五路，水陸並進，攻打後秦。經過一路激戰，北府兵摧枯拉朽，所向披靡，沿途收復滑臺、許昌、洛陽等重鎮。這時後秦發生內亂，沒有力量對付西進的晉軍了。劉裕抓住戰機，指揮王鎮惡、檀道濟、沈林子三員大將大敗秦軍，攻破潼關，直撲長安。

無路可走的後秦主姚泓率領自己的后妃、皇子以及文武百官齊刷刷地跪倒在城門前，向晉軍請降，曾一度稱霸關中的後秦國滅亡了。這一年是東晉義熙十三年，即西元四一七年。

此次北伐的勝利，真可以說是光芒耀目，劉裕成了東晉政壇無人可與爭鋒的巨星。對此，司馬氏家族喜懼參半。一方面，舊都得以恢復，可以祭告祖先的在天之靈了；另一方面，劉裕坐大，虎視眈眈，魏晉相禪的舊事，說不定哪天又會重演。心懷叵測的劉裕對此當然洞若觀火，他也密切關注晉室的一舉一動。這時他派人回建康，試探性地向朝廷要求加九錫。所謂九錫，是古代帝王賜給有大功或有權勢的諸侯大臣的九種物品，內容有車馬、衣服、弓矢等，象徵著無上的權力。後世權臣在謀篡之前，一般都會向皇帝提出加九錫的要求。留任建康的劉穆之這時才完全明白了劉裕的狼子野心，想到自己一輩子都在為逆臣服務，不禁又愧又怕，居然一病不起。

對於劉裕的要求，軟弱無力的晉廷當然唯命是從，封劉裕為宋公，位在諸侯之上，加九錫。劉裕看出了晉廷的虛弱和自己的力量，試探成功，也就很瀟灑地辭而不受。

正在這個當口，被他派在朝中作為內應的劉穆之突然病死，這使得劉裕感受到了巨大的危懼。中樞失助、孤懸中原、政爭失計……更重要的是，他認為既然已建立了滅秦的大功業，威望已經達到了頂點，可以回去登基做皇帝了。劉裕無心戀戰，決意東歸，於是將自己十二歲的兒子留下鎮守長安，帶著大軍匆匆班師。無疑，在他眼中，建康比中原更為重要。很快，關中地區又被赫連勃勃奪去。於是，因為政客的一己私利淹沒了民族的大義，中國失去了一個很好的統一的機會，「遺民淚盡胡塵裡，南望王師又一年」，中國還須再經歷一二百年分裂割據的折騰。

據說，劉裕東歸的消息傳出後，關中父老到軍門流涕請願，希望他不要走。父老說：「殘民受不到大晉教化，到現在已有一百年（從愍帝建興四年長安陷落算起），才能重新看到上國衣冠，人人互相慶賀，想不到明公竟會丟下我們回去！長安十陵是明公家墳墓，咸陽宮殿是明公家府第。明公為什麼要到別處去呢？」關中父老顯然是希望劉裕遠承西漢的事業，把劉裕看作堪為漢高祖、漢武帝繼承人的帝王了。當然，這也說明了手握重兵的劉裕取晉自代已演成人所共見的必然趨勢了。

然而，劉裕是一員百戰百勝的傑出將領，卻不是一位遠見卓識的政治領袖，他竟口是心非地以「受命朝廷，不敢擅留」謝絕了關中父老的好意。他本來很得關中人心，這麼一來，他也失去了關中人望。

以後事態的發展當然合於劉裕所設計的由權臣至皇帝的歷程。四一九年，劉裕受晉爵為宋王。四二〇年，劉裕受禪為帝，建立了劉宋小朝廷。四二二年，年屆六十的劉裕死了，他實際上只做了兩年皇帝。

但是，假如（注意是假如）劉裕留在長安呢？以晉廷孱弱，使之屈服、使之禪讓是早晚的事，根本用不著劉裕親率雄師東歸。並且，挾積勝之威揮師清理中原，可以進一步廓清「漢家疆土」。彼劉裕將不會是此劉裕，劉宋將是大朝廷而不會是小朝廷，劃江而治的南北朝將不會出現，中國歷史將會改寫。

東晉南朝祖逖、桓溫、謝安、劉裕們的北伐都未能取得圓滿成功，中止的原因雖然各有不同，但無例外地都給歷史留下了巨大的悲壯和遺憾。後人的評說，見仁見智，褒貶不一，但我以為北伐的積極意義應大於消極影響。其一，這幾個血性男兒響亮地喊出北伐的口號，兵發建康，劍指中原，且不問結果如何，這本身就表達了對統一的追求和嚮往。中國歷史無論處於哪一個分裂的歷史時期，統一的呼聲和行動都是值得肯定的。其二，這幾次大的北伐，在軍事上都取得了較大的勝利。如劉裕的第二次北伐，關中雖失去，自潼關東至青州，卻成為宋朝的疆土。後來宋魏之間的戰爭，多在這些土地上進行，使長江流域得到較為長期的安寧。在東晉南朝以前，中國經濟文化的主要基地只有一個黃河流域，經過南朝，長江流域也成為主要基地，中國經濟文化的主要基地從此擴大了一倍，封建社會也就得到進一步的發展，隋唐時期的繁榮相當程度上就是在長江流域這個擴大的基地上產生的。

北伐，不全然是悲壯和遺憾！

【第十三章】

陶淵明

英傑那堪屈下僚，便栽門柳勢蕭條。鳳凰不共雞爭食，莫怪先生懶折腰。

——胡曾《彭澤》

1 人品與文品

要談論六朝人物，實在不可缺少的頭等重要的人物就是陶淵明。

陶淵明（三六五—四二七年），名潛，字元亮，潯陽柴桑（今江西九江市）人，家世儒宦，他的曾祖父陶侃曾官至東晉的大司馬，祖父和父親也做過太守、縣令一類的官，他的外祖父孟嘉是個名士，有次重九登高，風吹得帽子脫落而不自覺，時人羡慕他能脫略行跡，我行我素，「孟嘉落帽」，當時傳為美談。不過到了陶淵明時，家境已經沒落了。

陶淵明從小由於家庭和儒經的影響，有「大濟蒼生」的壯志，想要做一番事業；加上家裡窮得揭不開鍋，於是在二十九歲那年出仕。以後十多年裡，他幾次做官，都不過是祭酒、參軍一類的職務，不僅濟世的抱負無由施展，而且必須降志辱身和一些官場人物周旋。這一切使他感到「志意多所恥」和「違己交病」，於是，斷續從宦十三年後，他結束了仕隱不定的生活，堅決走上了歸田的道路。

陶淵明回家以後，在自己家門前種了五棵柳樹，自稱「五柳先生」。又開墾了一片荒地，種上莊稼、蔬菜、花草，靠自己的勞動來養活自己。關於他歸隱後的生活，昭明太子蕭統寫過一篇《陶淵明傳》，比史書的記載要來得生動傳神。傳中說，陶淵明喜歡到宅外菊花叢中小坐，手上總是把玩著菊花。他還有一張無弦琴，飲酒到微醺時就拿來撫弄，當然不會發出音響，「但得琴中趣，何勞弦上聲」，「以寄其意」而已。如果有人來拜訪，不管來客的貴賤，只要家裡有酒就拿出來款待。如果自己先醉了，就對客人說：「我醉欲眠，卿可去。」有時候碰上家裡釀酒熟了，淵明就取下頭上的葛巾漉酒，漉完了，還滿不在乎地將葛巾戴在頭上。

陶淵明晚年生活困窘，貧病交加。元嘉三年（四二六年）江州刺史檀道濟親來造訪，送給大米和肉食，淵明不受「嗟來之食」，揮他離去。第二年病終，年六十三歲。今存詩一百二十六首，散文十二篇，有《陶淵明集》傳世。

金人元好問《論詩絕句》云：「一語天然萬古新，豪華落盡見真淳。」無疑，陶淵明是魏晉南北朝時期乃至整個中國文學史上最偉大的詩人之一。奇怪的是，他的詩歌在當時並沒有受到注意，到了梁陳時期，鍾嶸、蕭統才開始重視他。然而《詩品》將他僅列中品，《文選》選錄他的作品也不過寥寥數首，評價均十分有限。可是從唐以後，陶淵明卻越來越得到人們的重視，在中國文學史上產生了深遠的影響。首先，陶淵明建立起田園詩創作的優秀傳統，田園詩從此成為中國古代詩歌的主要類別之一。到唐代出現以王維、孟浩然為代表的田園詩派以後，田園詩就成為中國古代詩歌的主要流派之一。其次，陶淵明的藝術影響同樣是廣泛的。從南朝文人鮑照、江淹作了學陶體的詩歌以後，歷代「擬陶」「和陶」相沿成風，除唐代詩人王維、孟浩然、儲光羲、韋應物等是陶淵明田園詩傳統的直接繼承者外，歷代有成就的詩人都表示過對其詩文的企羨。如李白云：「何時到彭澤，狂歌五柳前。」杜甫云：「焉得思如陶謝手。」白居易云：「常愛陶彭澤，文思何高玄。」陸游云：「我詩慕淵明，恨不造其微。」莫不對陶淵明詩文五體投地，禮讚倍加。甚至就因為他寫過「採菊東籬下，悠然見南山」，後代文人就認定「菊以淵明為知己」（張潮《幽夢影》），並且中國菊花也從此平添了文化內涵。

然而，我卻對此悵然若失。五柳先生最精彩的人生、最具魅力的歷史財富難道只有他的詩文嗎？

才華橫溢的北宋才子蘇東坡是陶淵明的「粉絲」，曾一再寫作「和陶」之類的詩篇，以寄千古嚮往。他說：「吾於淵明，豈獨好其詩也？如其為人，實有感焉。」（蘇轍《追和陶淵明詩引》）我以為，這是一句見地非常深刻的話，沒有如此人品，就不會有如此作品，陶淵明一定會首肯並引為異代知音！

2 傲骨、勞力及耕讀

陶淵明最具魅力的性格就是清貧而有傲骨。

唐代的韓愈寫過《送窮文》，沒有幾年，貧窮果然離他而去，換來官運亨通。但陶淵明的窮困是著名的，與生俱來，身死而去，陪伴一生。據他在《五柳先生傳》中自述，他平時身上穿的是破舊的短衣，還打著補丁。他喜歡喝酒，但常常買不起。因為他為人直爽樸實，朋友很多，親朋好友知道他喜歡喝酒，又愛慕他的才學，就常買酒請他喝。陶淵明為人很實在，別人請他喝酒，從不客氣，有請必到，到了就喝，喝醉了告辭回家。

關於生活的貧困，陶淵明是不諱言的。他在著名的《歸去來兮辭》的序中一開頭，就坦誠地說：「余家貧，耕植不足以自給。幼稚盈室，缾無儲粟，生生所資，未見其術。」這是他對於自己從宦動機的解釋，沒有「修齊治平」的說教，沒有慷慨激昂的壯懷，只是老老實實地承認「家貧」。許多古代作家常常為「士不遇」而嗟歎，他卻從來沒有這種表示。這就是陶淵明。

這種清貧的生活，他覺得很愜意，因為遠離了齷齪的官場，靠近了淳樸的鄉親，更因為有時間閱讀自己愛好的書籍。他在《讀山海經》第一首中說：

孟夏草木長，繞屋樹扶疏。眾鳥欣有托，吾亦愛吾廬。既耕亦已種，時還讀我書。窮巷隔深轍，頗回故人車。歡然酌春酒，摘我園中蔬。微雨從東來，好風與之俱。泛覽周王傳，流觀山海圖。俯仰終宇宙，不樂復何如？

細玩「吾亦愛吾廬」「時還讀我書」「摘我園中蔬」諸句，作者的自豪感明顯可感。此詩通過樸素的語言、白描的手法，直率自然地抒寫了自己的情懷，同時也描繪了那種耕讀自樂的生活，其中兀然自樹的就是知識分子的傲骨。

貧困而不乞食討恩，固已難得，不怨天尤人更難得，保持傲骨則尤為難得。高傲於達官是官氣，於富人是財氣，而於無官無勢且清貧之人則是骨氣。人不可有傲氣，但一定要有傲骨。陶淵明妙就妙在處貧困而有傲骨。

義熙元年（四〇五年）冬天，當時陶淵明任彭澤縣（今江西湖口縣）縣令，這時郡守派督郵到彭澤縣來視察。督郵雖然職位低，卻很有權勢，是上司的爪牙，在太守面前說好說歹全憑他的那張嘴了。《三國演義》寫劉備擔任安喜縣尉時，適逢督郵來視察，劉備在道旁鞠躬行禮，督郵只在馬上用鞭梢點答。到縣衙後，又向劉備逼索賄賂。於是惹惱了張飛，燕人圓睜雙眼，怒喝一聲：「害民賊，認得我麼？」將督郵綁在馬樁上，用柳條鞭打。可見漢末以來，督郵仗勢欺人者當不在少數。而義熙元年派到彭澤的督郵正是那種粗俗傲慢而又無知的人，他剛到彭澤，就命人叫縣令來見。

陶淵明在此以前曾做過幾任參軍之類的小官，都因不肯趨炎附勢而告退回鄉，上任彭澤縣令才八十餘天。以淵明的高才潔行，對這個無德無才仗勢欺人的督郵當然是不齒的。但是，因上下級關係，他又不得不去見官。在他動身要走時，縣吏拉住他說：「大人，且慢。按常禮，參見督郵要穿戴整齊，著官服，束大帶，恭恭敬敬地去參見。不然，對您會不利啊！」陶淵明聽了，長長歎了口氣道：「我不能為五斗米折腰向鄉里小兒！」

說完，他索性回衙取出官印，並且寫了辭職信，隨即棄官回家。

「五斗米」，代表縣令微薄的俸祿。「折腰」，即鞠躬下拜。陶淵明雖窮，但不慕榮華；雖職位低，但不巴結上司。「不為『五斗米』折腰」也為後世垂示了一種高潔的不屈服於權勢的維護自我尊嚴的品格。

「歸去來兮，田園將蕪胡不歸！既自以心為形役，奚惆悵而獨悲？悟已往之不諫，知來者之可追。實迷途其未遠，覺今是而昨非。」辭官彭澤以後，陶淵明從此結束了仕隱不定的生活，堅決走上了歸田的道路。此時是晉安帝義熙元年（四〇五年）冬。

自行解印去官，這在當時應該還是有些「轟動效應」的。江州刺史王弘慕名往見，淵明卻託病不見。後來，王弘打聽到陶淵明要上廬山，就請他的老朋友龐通之等備了酒菜，在半路迎候。淵明見了酒，便在野亭上開懷暢飲。在他興致正高的時候，王弘出來相見，就一同盤桓了一整天。王弘邀他同回州衙，他也不推辭。王弘便叫一個門生和自己的兩個兒子（不是用差役）抬起他乘坐的籃輿便走。這種自自然然的處世態度，這種真淳的氣質，又豈是一般文士所能企及的呢？

這以後的二十多年，陶淵明寧可老死戶牖，也不願出山為官。我以為，這是大可探究的。因為在這一段時期內，社會發生了翻天覆地的變化。以鎮壓孫恩起義和桓玄叛亂而起家的劉裕獨攬了東晉的軍政大權，又在北伐南燕、後秦中壯大了聲勢，終於在四二〇年代晉稱帝，國號為宋。偏安江南一個多世紀的東晉王朝終於滅亡了，東晉一百零五年「君弱臣強」的局面終於結束了，出身低等士族的劉裕橫空出世，「斜陽草樹，尋常巷陌，人道寄奴曾住。想當年，金戈鐵馬，氣吞萬里如虎。」劉裕是當時人人景仰的大英雄。

劉裕不僅有武功，而且文治亦頗傑出。雖然這位南朝第一帝只當了兩年皇帝，就得重病駕崩了，但是，在這兩年中，他下令減免賦稅，裁減各地冗余的地方官員，改革苛刻的刑法，恢復學校與考試制度，採取了一系列對於整個社會的安定起到積極作用的措施。這以後到文帝，形成了人所稱道的「元嘉之治」。

而陶淵明卻不為劉裕所動。劉宋建立後，二十多年來，他一直息影家園。後來在元嘉時，他「偃臥瘠餒有日」，江州刺史檀道濟勸他出仕，他也拒絕了。檀道濟贈給他粱肉，他「麾而去之」。

檀道濟何許人也？劉裕是大英雄，而檀道濟則是劉裕手下的一員猛將，文帝的託孤大臣。宋文帝即位以後，戰事較多。檀道濟統帥兵馬，經常跟北魏作戰。此人善於以寡敵眾，連戰連勝，有「萬里長城」之美譽。然而，無論是劉裕，還是檀道濟，五柳先生都心如古井，根本不理睬。因為陶淵明認識到門閥士族的勢力依然存在，黑暗腐敗的社會並未改變，戰亂、篡奪、陰謀、危機，仍在一幕接一幕地上演。在他眼裡，劉裕與檀道濟都不過是唯利是圖的小人，不可能實現自己「大濟蒼生」的理想抱負。他寧可襤褸，寧可凍餓，寧可乞食，寧可在敗廬破屋中編織那美麗的桃花源之夢。

這是一種垂示萬代的品德！這是可令李白、杜甫汗顏的真正傲骨！「李杜詩篇萬古傳」，然而其中又有多少干謁詩、「奉陪」詩、逢迎詩呢？李白以高傲稱世，但就《古文觀止》中所選的《上韓荊州書》慷慨激昂地說什麼「生不願封萬戶侯，但願一識韓荊州」，還不是瞄上了「識荊」背後的「萬戶侯」。杜甫在《奉贈韋左丞文二十二韻》中說：「朝扣富兒門，暮隨肥馬塵。殘杯與冷炙，到處潛悲辛。」當是他旅居京華生活的真實敘述。諸如這樣內容的詩，陶淵明一首也沒有作過！南宋詩人陸游對陶淵明非常讚賞和佩服，曾題詩曰：

寄奴談笑取秦燕，愚智皆知晉鼎遷。
獨為桃源人作傳，固應不仕義熙年。

末兩句是說，陶淵明只對桃花源山民嚮往、讚歎，由此可知他不會理睬劉宋王朝了。「梅花難寫是精神」，陸游就寫出了陶淵明的錚錚傲骨。

陶淵明另一垂示萬代的品德是做一個勞力者。

按東晉政府的規定，每個地方官都可以領得一定的公田，以補充俸祿的不足。陶淵明擔任彭澤令時，也分得一點公田。他說：「我能有酒喝便滿足了！」要將分得的公田全部種上稻米，收穫後便用來釀酒。他的夫人由於考慮到生活，主張分出一部分田來種高粱。這樣，陶淵明才決定將公田分種高粱和粳稻。

陶淵明與手下人一起下田幹活，辛勤耕耘，然而，種下只有八十多天，還沒有等到莊稼收穫，陶淵明就辭職了。這樣，他花了很大的氣力種植的糧食連一粒也沒有嘗到，就連田地帶莊稼被官府收回。

歸田初期，陶淵明家中生活還較富裕，他的心情也是輕快的，他寫作了《歸園田居》之一以抒其快：

方宅十餘畝，草屋八九間。榆柳蔭後簷，桃李羅堂前。曖曖遠人村，依依墟里煙。狗吠深巷中，雞鳴桑樹顛。戶庭無塵雜，虛室有餘閒。久在樊籠裡，復得返自然。

有八九間草屋和十餘畝田地，又種植了桃李果蔬，餵養了雞狗家禽，展望未來，應可得溫飽。他寫了大量的田園詩，著重地細緻地描寫了淳樸、幽美的田園風光，字裡行間流露了作者由衷的喜愛。在這裡，淳樸、寧靜的田園生活與虛偽、欺詐、互相傾軋的上層社會形成了鮮明的對比，具有格外吸引人的力量。

但是好景不長，幾年後，陶淵明家遭遇火災，貧困的日子降臨了。這就迫使陶淵明從此切實地整日參加勞動，以維持其生活。也就從這時，他更貼近了勞動人民，提高了他對勞動人民的理解和認識。於是，有關農事生活的敘寫，就自然地成了他的抒情詩的重要內容了。如《歸園田居五首》

之三：

種豆南山下，草盛豆苗稀。晨興理荒穢，帶月荷鋤歸。道狹草木長，夕露霑我衣。衣霑不足惜，但使願無違。

這首詩寫的是詩人親身參加農業生產勞動的實際情況，表現了一個披著月色、從草木叢生的小徑上荷鋤歸來的勞動者的形象。他在《癸卯歲始春懷古田舍》之二中說：「秉耒歡時務，解顏勸農人。平疇交遠風，良苗亦懷新。」他對農務這樣喜歡，自己拿著工具出發時，還要鼓勵農民努力生產，尤其當在廣闊田野看到農作物欣欣向榮時，他內心的喜悅和農作物充沛的生機融成了一片。又如《歸園田居》之二云：「桑麻日已長，我土日以廣。常恐霜霰至，零落同草莽。」表現了他對農作物收成的密切關懷。《庚戌歲九月中於西田獲早稻》詩云：「人生歸有道，衣食固其端。孰是都不營，而以求自安？開春理常業，歲功聊可觀。晨出肆微勤，日入負耒還。山中饒霜露，風氣亦先寒。田家豈不苦，弗獲辭此難。」不僅體現了鮮明的依靠勞動生活的思想，還有不辭辛苦、堅持躬耕的態度。在這些詩中，彷彿農業生產支配了他的整個精神世界，而農村生活中那種淳樸氣氛也反映得非常真切。

此外，在陶淵明看來，從事農業勞動還有著特殊的意義，那就是可以避開人世禍患。他在《庚戌歲九月中於西田獲早稻》詩中描述了田家耕作之苦後說：「四體誠乃疲，庶無異患干。」這裡所謂的「異患」，即是不測的殺身之禍。魏晉六朝是典型的亂世，在陶淵明以前許多著名的文人如嵇康、陸機、潘岳、郭璞等都慘遭屠殺，即是慘痛的教訓。所以在陶淵明看來，從事農業勞動確是辛苦，卻是最安全的道路。

總之，作為一個農業勞動的親身參與者，以怡然自得的心情，把農村生活包括自己的耕作計畫如實大量地寫入詩中，這是陶淵明在中國詩歌史上的創舉。

從另一方面來說，能寫出這樣的農事詩，是因為陶淵明親身參加了農業勞動。這對於士大夫文人來說，真是一件石破天驚的了不起的大事。封建社會和儒家思想多是鄙視農業勞動的，兩晉南北朝士族尤其如此。顏之推《顏氏家訓》就說：「多見士大夫恥涉農務。」《南史・到溉傳》載，到溉先祖曾經擔糞灌園，一直到到溉時，別人還罵他「尚有餘臭」。

之後，在漫長的封建社會中，也有一些進步的知識分子寫過一些描寫農業勞動、同情農民疾苦的詩篇，也就是所謂「憫農」詩。這類詩杜甫、李白、陸游、蘇軾都寫過，李紳、聶夷中還以此名家，其實他們本身都是封建官僚文人，並不曾親自擔糞扶犁的。偉大的現實主義詩人白居易，寫作了《觀刈麥》《村居苦寒》《杜陵叟》等人們耳熟能詳的詩篇，將諸多農民問題敘述得非常到位。然而，寫作這些悲天憫人的詩歌的白居易先是當杭州刺史，後又當蘇州刺史，錦衣玉食肥馬輕裘固不消說，「偉大詩人」的一大嗜好是縱情酒色，他蓄妓與嗜酒無厭，直到暮年。白居易家裡蓄的妓不少，最出名的美女有小蠻和樊素，所謂「櫻桃樊素口，楊柳小蠻腰」。他還有首詩，叫作《小庭亦有月》，云：

小庭亦有月，小院亦有花。可憐好風景，不解嫌貧家。菱角報笙簧，谷兒抹琵琶。紅綃信手舞，紫綃隨意歌。……左顧短紅袖，右命小青娥……

自注曰：「菱、谷、紅、紫，皆小臧獲名。」臧獲，即家姬。詩中的菱角、谷兒、紅綃、紫綃等女子都是他的侍妾，可見其生活之奢侈。我總覺得，處於軟玉溫香的懷抱中的白居易寫憫農詩，多少有點滑稽。

在饑寒中奮鬥，自胼胝以生存的唯有陶淵明。因為他走的是躬耕自給的道路，這樣他的思想就起了一系列的變化。他減弱了剝削階級鄙視勞動的態度，在一定程度上認識了勞動的價值；也在與農民共同勞動、平等交往的生活中，對農民產生了親切的感情，培植了平等的思想。他本來認為勞動可以自養，所謂「力耕不吾欺」，但是，自己辛勞終歲，生活卻和一般農民一樣，不斷地走著下坡路，經常受到饑寒的威脅，有時甚至不得不乞食以延續生命，這也促使他不能不從別的方面去尋求貧困的原因，不能不沉潛到思想的更深處。於是，在饑寒中也就產生了桃花般絢爛的夢幻。

最後，耕讀作為一種生活方式，也是陶淵明垂示萬代的優秀品德。

耕讀，又叫耕學，即一邊耕作一邊讀書。耕讀這種生活方式應該是由來已久的了。大約古人多是聚族而居，家族因繁衍越來越大，家族傳代本身是一種不斷分裂、異化、自立的生命過程，而一切有歷史跨度的文化事業（首先是讀書）最適合家族傳代，因此只有讓子孫讀書，知恥明禮，才能使龐大的家族人群產生奇妙的凝聚。於是，不少古人選擇了耕讀這種生活方式。《後漢書・袁閎傳》就記載「閎居處側陋，以耕學為業」。據說諸葛亮青年時在南陽隱居讀書，「躬耕壟畝」。一直到清末民初，還有一些鄉村大屋門聯標榜：「一等人忠臣孝子，兩件事耕田讀書。」誠如清季一位耕讀者詩云：

卓午鋤茴壟，炎蒸汗不乾。
有時休樹下，猶自帶書看。

耕讀充滿了汗水和艱辛，又洋溢著芝蘭之室的香遠益清。然而，在漫漫封建社會中，有些人的耕讀卻是另有目的的。唐代流傳的「終南捷徑」「此中自有佳處」當然暴露了某些耕讀者的市儈心機，就是高明如諸葛亮，在劉皇叔的「三顧之恩」下，也翩然出山，客觀上也就永遠背離了耕讀生涯。

只有陶淵明，自己樹桑養蠶，種秫釀酒，而又研經讀史，且「讀書不求甚解」，就連讀書也沒有功利目的。他在去世前兩個月，寫了篇《自祭文》，這是他的絕筆。俗話說：「人之將死，其言也善。」文章的真實性是毋庸置疑的。其中第二段說：

茫茫大塊，悠悠高旻，是生萬物，余得為人。自余為人，逢運之貧。簞瓢屢罄，絺綌冬陳。含歡谷汲，行歌負薪。翳翳柴門，事我宵晨。春秋代謝，有務中園。載耘載耔，乃育乃繁。欣以素牘，和以七弦。冬曝其日，夏濯其泉。勤靡餘勞，心有常閒。樂天委分，以至百年。

這一段文章是說，茫茫宇宙，悠悠蒼天，萬物從這裡生長，我得以成為萬物之靈。自從我來到人世，正交上貧困的命運。食具飲具經常空空如洗，冬天還穿戴著麻布做成的衣巾。但是我仍然愉快地到山谷裡取水，背著柴火樂呵呵地邊唱邊行。在陰暗無光的陋室裡，度過了無數個夜晚和清晨。春去秋來，園林中有幹不完的事情。我一邊除草一邊培土，只望菜蔬生長得更加繁盛。興致勃勃地飽覽群書，優雅和諧地彈奏古琴。冬天裡在陽光下取暖，夏日裡在山泉中濯洗身心。勤勞而不過度，心中閒適而安靜。樂於順從天意，聽其自然，就以這種達觀的方式度過一生。

文章真切地再現了陶淵明的純而又純的耕讀生活，令人肅然起敬。我以為，漫漫千年的封建社會中，陶淵明完全稱得上是耕讀第一人！

自《左傳・襄公二十四年》提出「太上有立德，其次有立功，其次有立言」以後，中國人就往往把「立德」「立功」「立言」這「三不朽」作為衡量古往今來成功人士的尺規。然而，我總是不滿足在「立言」這把尺規下，將陶淵明和李白、杜甫、蘇軾們比較，甚至還和白居易比較。我要說的是，在文人的傲骨和文人親身參加農業勞動這兩方面，陶淵明實在高出於李杜儕輩，實在屬於「立德」的範疇。他的傲骨、勞動及耕讀作為三大品德確實是前無古人、後乏來者的。

3 桃源之戀

伴隨著莊稼、耒耜、農人、草屋，陶淵明的生活是真淳的、厚樸的，然而，作為一個士大夫文人，他的思想卻是複雜的，甚至是出格的，其犖犖大者有兩端。

其一是表現男女間的愛戀浪漫熾烈，描繪大膽，令人瞠目結舌。這方面的證據是陶淵明的抒情小賦《閒情賦》。他在小序中說，此賦是受張衡《定情賦》、蔡邕《靜情賦》的啟發，在閒暇中寫成。此賦赫然列於《陶淵明集》中，確然無疑是陶淵明的作品，但歷來評價紛紜，褒貶不一。

昭明太子蕭統曾寫作《陶淵明傳》，首先選錄陶作進入他主編的《文選》，自認為是陶的「異代知音」。但他在《陶淵明集序》中說：「白璧微瑕，惟在《閒情》一賦。」表示：「惜哉！無是可也。」言外之意，當然是否定此賦。明人張自烈輯《箋注陶淵明集》，認為「此賦托寄深遠」，別有寓意。在肯定此賦另有寓意的前提下，當然也認為五柳先生不應該這樣表現愛情。只有蘇東坡在《東坡題跋》中認為《閒情賦》描寫愛情，無傷大雅，算是幫陶淵明說了幾句話。

其實，《閒情賦》正表現了陶淵明生活和思想的另一側面，是陶淵明熱愛生活、坦蕩真誠、性情幽默的明證。閱讀《閒情賦》，令人齒頰生香，情思飛揚，而最動人心魄者，則是中間所發「十願」：

> 願在衣而為領，承華首之餘芳；悲羅襟之宵離，怨秋夜之未央。願在裳而為帶，束窈窕之纖身；嗟溫涼之異氣，或脫故而服新。願在髮而為澤，刷玄鬢於頹肩；悲佳人之屢沐，從白水以枯煎。願在眉而為黛，隨瞻視以閒揚；悲脂粉之尚鮮，或取毀於華妝。願在莞而為席，安弱體於三秋；悲文茵之代御，方經年而見求。願在絲而為履，附素足以周旋；悲行止之有節，空委棄於床前。願在晝而為影，常依形而西東；悲高樹之多蔭，慨有時而不同。願在夜而為燭，照玉容於兩楹；悲扶桑之舒光，奄滅景而藏明。願在竹而為扇，含淒飆於柔握；悲白露之晨

零，顧襟袖以緬邈。願在木而為桐，作膝上之鳴琴；悲樂極以哀來，終推我而輟音。

所謂「十願」，譯成現代語體即是：我願化作美人身上的衣領，承受她脖子上的餘香；我願化作美人身上的裙帶，繫在她那柔軟纖細的腰上；我願化作美人頭上的油膏，使她披肩的黑髮油亮發光；我願化作美人眉上的青黛，伴隨著她的美目而張揚；我願化作美人的莞席，讓她那柔弱的身體在秋天裡舒適地臥躺；我願化作美人的繡花鞋，緊緊地附在她那白藕似的腳上；我願化作美人的影子，依伴著她的形體走遍四方；我願化作黑夜的蠟燭，映照著美人那如花似玉的模樣；我願化作竹製的小扇，在她那柔軟的手中扇出陣陣清涼；我願化作樹中的梧桐，製成鳴琴置於美人的膝上。

這「十願」一氣呵成，一往情深，淋漓盡致，天真爛漫，深摯熱烈的感情出以華豔精美的語言，雖然明白表示要親近愛人的肌膚（注意：是肌膚，而不是一般文人侈談的心或情），卻無絲毫輕薄猥褻氣。如果沒有真切而熾烈的愛情體驗，是寫不出這樣的至情至美的文字的。透過這段文字，展現在人們面前的是一位有溫度的陶淵明。我想，要容許五柳先生也沐浴在人性的煦陽之中，這樣的形象難道不是更可親嗎？

其二，談到陶淵明的思想，陶淵明並不是一個純儒，他在《神釋》詩中說：「縱浪大化中，不喜亦不懼。應盡便須盡，無復獨多慮。」《連雨獨飲》中說：「形骸久已化，心在復何言。」分明承認了自己頭腦中儒、釋、道的融合。

陶淵明的詩歌語言是通俗平淡的，而陶淵明的思想則是深刻複雜的。如千古奇文《桃花源記》，記述在晉朝末年，武陵（今湖南常德一帶）有個漁夫在江上打魚，順著江水往上游走，走著走著，無意之中發現了一片神奇的土地。「世外桃源」這個成語就源於此文。此文寫得聲情搖曳，駢散相間，唐以後的幾乎各種古文選本都有收錄，本書不忍割愛，茲移錄於次：

晉太元中，武陵人捕魚為業，緣溪行，忘路之遠近。忽逢桃花林，夾岸數百步，中無雜樹，芳草鮮美，落英繽紛；漁人甚異之。復前行，欲窮其林。林盡水源，便得一山。山有小口，彷彿若有光；便捨船從口入。初極狹，才通人；復行數十步，豁然開朗。土地平曠，屋舍儼然，有良田美池桑竹之屬；阡陌交通，雞犬相聞。其中往來種作，男女衣著，悉如外人；黃髮垂髫，並怡然自樂。見漁人，乃大驚；問所從來，具答之。便要還家，設酒殺雞作食。村中聞有此人，咸來問訊。自云先世避秦時亂，率妻子邑人來此絕境，不復出焉；遂與外人間隔。問今是何世，乃不知有漢，無論魏晉。此人一一為具言所聞，皆歎惋。餘人各復延至其家，皆出酒食。停數日，辭去。此中人語云：「不足為外人道也。」既出，得其船，便扶向路，處處志之。及郡下，詣太守說如此。太守即遣人隨其往，尋向所志，遂迷不復得路。南陽劉子驥，高尚士也；聞之，欣然規往。未果，尋病終。後遂無問津者。

世外桃源不知吸引了歷朝歷代多少探奇者的目光。然而，它究竟在神州的何處呢？有人說，就在廬山附近；也有人說，在湖南的桃源縣；還有人說，在湖南新化與溆浦交界的山林深處。我就在一個桃花盛開的時節，探訪過湖南桃花源，在那個秀美的山窩裡，感受了淳樸的村民世世代代對五柳先生的崇敬和熱愛。

當然，此文是傳奇筆法，借虛構的故事以寄託作者的社會理想，據陳寅恪先生《桃花源記旁證》所載，「世外桃源」極有可能是五柳先生根據北方現有的塢堡，發揮想像而建造的「烏托邦」。它描繪了一幅沒有壓迫、沒有剝削、人人勞動、平等自由的社會生活圖景。這種理想在當時是肯定不可能實現的，然而卻反映了作者思想的深邃。

陶淵明雖然出身儒宦世家，「少年罕人事，遊好在六經」，以儒家思想為主，但也摻雜了一些道家思想，這只要讀讀他那些間或閃現出「真意」「道」「神」等字眼的詩篇即可得知。親身參加勞動和不拘囿於儒家教義，使陶淵明避免成為酸溜溜的腐儒，而成為與阮籍、嵇康遙相嗣響的真正的一代名士。《廬山記》卷二記載，廬山有清泉繞寺而過，湍流成溪，僧人慧遠每次送客到這裡便停步，老虎隨即就大聲吼叫，因此人稱「虎溪」。據說，有一次慧遠送陶淵明和著名道士陸修靜下山，邊走邊談，到虎溪時談得忘情，不知不覺走過了路頭，等到驚覺，三人不由同時大笑，笑聲伴著虎吼聲迴盪山谷。這便是著名的「虎溪三笑」的故事。有人指出，陸修靜晚出許多年，不可能和陶淵明、慧遠交往。在此我不想拘泥於「虎溪三笑」故事的真實性，只想體會其中的象徵意義。儒、釋、道三家融入一笑，水色山光，笑聲虎吼，陶淵明真正是名士風度！淵明親自種秫、釀酒，並採擷菊花服食，在齷齪、黑暗的社會中始終保持了高尚的節操，是六朝名士中一抹燦爛的晚霞。

【第十四章】

顧愷之與張僧繇

何年顧虎頭，滿壁畫瀛州。赤日石林氣，青天江海流。

—— 杜甫《題玄武禪師屋壁》

1 虎頭金粟影，神妙獨難忘

中國繪畫進入魏晉六朝，簡直發生了一場劇烈、深遠的地震！這時期的繪畫，從動的行為的描摹，深入到靜的精神的刻畫。人物畫名家輩出，山水畫獨立成科，花鳥畫開始起步，構成立體的中國藝術美的因素之一的題款也開始出現在顧愷之等人的畫卷上。此外，在技術上，從彩繪到白描，從壁畫到紙畫，從巨幅到扇面……這時突然一股腦湧現出大量令人欣喜的革命和革新！同時，一大批理論著作也登上了中國古代文藝理論的殿堂。顧愷之的傳神論，宗炳、王微的山水畫論，謝赫、姚最的繪畫品評，如里程碑似的矗立在中國繪畫史的崎嶇道路上。

前衛的理論又反射到作品上。其中，顧愷之與張僧繇是同樣傑出而畫風又截然不同的兩位大師。

顧愷之（約三四一—四〇七年），字長康，小字虎頭，生於晉陵無錫，出身士族，與上層社會名流桓溫、桓玄等過從密切，晚年曾任散騎常侍。他是東晉最偉大的一位畫家，也是早期的繪畫理論家。

顧愷之的繪畫注重表現人物精神面貌，尤其重視眼神的描繪。據《世說新語》《歷代名畫記》以及《太平御覽》等記載，他作畫數年不點眼睛，人問其故，他回答：「哪可點睛，點睛便語。」又說：「四體妍蚩，本無關於妙處，傳神寫照，正在阿堵中。」認為繪畫中人物形體的美醜對繪畫的意義不是最緊要的，而傳神的關鍵是描繪眼睛，眼睛能讓畫中人物鮮活起來。在繪製表現竹林七賢中，他體會到「手揮五弦易，目送歸鴻難」。在準備繪製生有目疾的殷仲堪肖像時，他也對如何表現對象的眼睛提出了高妙的處理方法。同時他也擅長於以繪畫藝術的語言來著意刻畫物件的心理特徵與精神風貌，他畫過大量同時代人物的肖像，都能悉心體驗，以微小的細節襯托出人物的個性、風貌。如他畫裴楷像時，在面頰上加了三根毫毛，頓時神采殊勝；又曾有意識地將謝鯤畫在山岩的環境中，用以襯托人物氣質。現在，我們從僅存的三件摹本《女史箴圖》《洛神賦圖》和《列女傳》中，可以感受到顧愷之將「傳神寫照」發揮到完美無缺的境界。

在顧愷之的作品中，最為知名的則是在瓦官寺繪製的維摩詰壁畫。相傳瓦官寺（在今江蘇南京）初建時，慧方和尚請朝士捐錢，士大夫落筆沒有超過十萬錢的，顧愷之卻寫上百萬錢。大家知道他並不富有，以為不會真的拿出來。不料他要求寺裡撥借一間屋子，並空出一面牆壁，每天到屋裡關上門畫畫。一個多月後，畫的維摩詰像只需要點眼睛了。這時他告訴慧方：第一天來看的要布施十萬錢，第二天五萬，第三天起照常例。開門後，光彩奪目，看客雲集，沒有多少時候，就收到了百萬錢。這故事見於張彥遠《歷代名畫記》引的《京師寺記》。元黃之在《瓦官寺維摩詰畫像碑》中指出這幅維摩詰像的形象特徵是「目若將視，眉如忽，口無言而似言，鬢不動而疑動。」張彥遠曾借用《莊子》的「清羸示病之容，隱幾忘言之狀」來加以概括。這正是探究玄理，又在追求恬淡寂寞的勝流名士的真實寫照，是一代名流的概括，這種表現內心恬淡的心理刻畫和秀骨清像的類型描寫是時代的特徵，也是時代的產物。難怪幾百年後，杜甫見到此畫還讚歎道：「虎頭金粟影，神妙獨難忘！」

2 癡癖

魏晉六朝士人留給後世印象最深刻的，莫過於他們所特有的才情風貌了。其中，一些人的癖好極具特點，充滿了「六朝人物」的強烈魅力。只要翻閱《晉書》《南史》《宋書》《南齊書》《梁書》《陳書》及《世說新語》，就不難發現，魏晉六朝士人的癖好花樣百出且驚世駭俗。如著名書法家王羲之長子子獻對俗務漠不關心，而對自然山水卻充滿喜悅，尤其醉心於猗猗搖曳的綠竹，自訴「何可一日無此君」，人稱「竹癖」。此外，王濟有「馬癖」，和嶠有「錢癖」，杜預有「《左傳》癖」。這是以「癖」名而見之於典籍的。癖者，《辭海》解釋為「積久成習的嗜好」。那麼，魏晉六朝士人有這種積習者就舉不勝舉了。如嵇康喜歡鍛鐵，夏天盛暑時，引渠水環繞庭院，他則在柳樹下揮錘打鐵，鄰里中有誰看上了他打造的農具，盡可以拿走；何晏好穿婦人的衣服，「胡粉飾貌，搔頭弄姿」（《晉書．何晏傳》）；王粲生前喜歡聽驢子叫，他死之後，魏文帝到墳上去憑弔，讓手下人各學一聲驢叫以表哀悼，墓地上一時「驢聲」大作（《世說新語．傷逝》）；晉文帝喜歡察看鼠跡，床榻上的灰塵不能讓人擦去，只要看到上面增添了老鼠行走的新爪跡，當天他的心情就特別舒暢；王子敬兄弟喜歡穿高齒的木屐；謝玄「好著紫羅香囊，垂覆手」（《世說新語．假譎》）；宗炳喜歡躺著觀畫，名曰「臥遊」。種種奇好怪癖，不一而足，構成了魏晉六朝三四百年奇異的社會生活風景線。

顧愷之無疑是一個有鮮明癖好的人，不過，此公之癖是「癡癖」。《晉書》本傳說他時有「三絕」之稱：才絕、畫絕、癡絕。才絕，當指他博學有才氣，鍾嶸《詩品》稱愷之善詩，「文雖不多，氣調警拔」。畫絕極好理解，前文已介紹，顧愷之是六朝第一流的大畫家。謝安說：「顧長康畫，有蒼生來所無。」他還是中國繪畫史上偉大的理論家，以三篇畫論奠定了中國畫論的基礎。癡絕，則指他因醉心藝術而疏於世故，有癡癖。

顧愷之癡癖的故事是很多的。他的住所就在瓦官寺附近，後世稱為「顧樓街」。據說，他為了專心作畫，特地住在樓上，平時把樓梯抽去，經日不下樓。《晉書》說，愷之每次食甘蔗，都是自尾部嚼到根部。別人怪問，他卻說：「我這種吃法，越吃越甜，叫『漸入佳境』。」

別人知道他癡，都喜歡捉弄他。如愷之自以為有先賢風範，常自吟詠。有一次與謝瞻鄰居，一天夜裡，皓月當空，愷之對月吟詩。謝瞻在房子裡聽一首讚賞一句，愷之頗為得意。時間長了，謝瞻感到累了，要去睡覺，就叫僕人代讚，而愷之不覺，打起精神吟誦，直至天明也沒發覺謝瞻已悄悄溜走了。

顧愷之有不少好畫，放在一個小櫃櫥裡。他一次出遊，將那個畫櫥櫥門貼上封條，寄放在好友桓玄家裡。不料桓玄愛畫心切，又貪心，竟啟封後把畫偷走了。後來，顧愷之取回，啟封開櫥後發覺自己心愛的畫沒了，而櫥門上的封條卻完好無損，他不急、不怒、不氣，也不責怪桓玄，竟說：「妙畫通靈，變化而去，如人之登仙矣！」人們聽了，都取笑他太癡。

還有一次，一位朋友想與他開個玩笑，就悄悄地對他講了個「秘密」：一隻蟬整日在樹上鳴叫，它的天敵挺多，但哪個也發現不了它。原來是樹上有一種神奇的葉子，不論是蟬還是人，只要躲到這種葉子後邊，就看不到了。顧愷之聽了，信以為真，因為，他就特別煩別人總是追著他。他想，如果能得到那片神奇的樹葉，讓自己隱藏起來，那有多好。桓玄知道愷之的想法後，笑得前俯後仰。他到顧愷之家裡，故作鄭重地送給他一片柳葉，騙他說這就是蟬翳以翳身躲藏的神葉，帶在身上可以自隱。愷之輕易地就相信了。當他將柳葉舉到眼前時，桓玄便大呼小叫，說看不見愷之了，還故意裝著旁若無人的樣子對著他小解。愷之還以為他真的看不見自己，愈加珍視那片柳葉。當然，這一次又是癡名遠揚，人們都笑他是個才子加傻子。

還有，顧愷之愛上一個女子，「挑之弗從」，很傷心，就繪了她的像，用針去釘畫中人的心，以為「畫能通神」，那個女子會心痛的。

顯然，顧愷之在種種世事上的癡絕，正說明了他以全部精力投入了藝術追求。繪畫如何臻於妙境，如何「傳神寫照」，時時困擾著他。有這樣的藝術追求的人，怎麼能不會癡癡呆呆地遺落世事呢？

魏晉六朝當然是一個文學藝術空前繁榮的時期，然而要形成這種繁榮局面，需要有一批熱愛生活、醉心藝術、執著追求的文學家和藝術家。需要專注一物，心無旁騖，如癡如醉，醉心要醉成癖好，方有可能進入審美的境界。毋庸諱言，顧愷之以巨大的實力和魅力，統治著六朝畫壇。

3 蓬門今始為君開

本來顧愷之、謝赫等提出的「傳神」，是專指當時肖像畫和人物故事畫中對象的精神氣質和風韻而言，可是宗炳等人將「神」擴展到山水畫、花鳥畫等各個領域，其內涵亦主亦客，縹緲恍惚，不可捉摸，令人感到十分神秘而又十分親切，有如春江月夜，花樹朦朧。至此，中國畫已變得「神乎其技」了！魏晉六朝的畫家們用自己的睿智、才華和膽識，用自己的彩筆蘸著心血汗水，在中國這塊觀念文化的王國築成了一座座雄關重鎮。在它們的庇護下，我們的民族藝術繁衍生息，我們的民族感情「其樂也融融」！

然而，別人要打進來，固非易事；自己想走出去，也舉步維艱。這些雄關重鎮從一個意義上說是固若金湯，而從另一個意義來說，則是關塞重重了。

西元前三三四年，亞歷山大飲馬印度河，鼙鼓震動了中國西陲，以印度河上游犍陀羅地區為代表的佛教美術在遠征軍的衝擊下迅速希臘化，並且，作為佛教的先行者，滲透到了華夏腹地，敲響了中國藝術家的柴扉。當時西僧如迦佛陀、摩羅菩提、吉底俱等都精繪佛畫，他們都先後挾筆東遊，來到中土。

對於這充滿異國情調的外來文化，有沒有人應聲而起，「蓬門今始為君開」呢？翻檢塵封埃積的典籍，我們要感謝唐人許嵩，在他寫的《建康實錄》中提到了一個閃光的名字——張僧繇，記錄了張僧繇的不朽業績。誠然，張僧繇在中國繪畫史上聲名赫赫，史書畫籍都不乏記述，所謂「張（僧繇）得其肉，陸（探微）得其骨，顧（愷之）得其神」。並且《歷代名畫記》將他與顧愷之、陸探微、吳道子並稱為「畫家四祖」，甚至唐代還有「凡人間藏蓄，必當有顧、陸、張、吳著名卷軸，方可言有圖畫」的說法，但是，人們大多稱道張的「張家樣」和疏體畫，而忽略了他的凹凸畫法。只有《建康實錄》記敘了這一凝聚了千古浩歎的「壯舉」：

一乘寺，梁邵陵王綸造，寺門遍畫凹凸花，稱張僧繇手跡，其花乃天竺遺法，朱及青綠所成，遠望眼暈如凹凸，就視即平。世咸異之，乃名凹凸寺。

從上引可以看出，張僧繇所作具有強烈的透視感。此外，唐人張《朝野僉載》也說：「潤州興國寺，苦鳩鴿棲梁上汙尊容，僧繇乃於東壁上畫一鷹，西壁上畫一鷂，皆側首向簷外看，自是鳩鴿等不復敢來。」又《歷代名畫記》說，張僧繇在金陵安樂寺畫了四條白龍，不點眼睛，說：「點睛即飛去。」大家以為荒誕，堅持要張點睛。僧繇剛點睛二龍，「須臾雷電破壁，兩龍乘雲騰去上天，二龍未點眼者現在。」畫龍破壁而飛當屬子虛烏有，但可以參證這位怪傑畫作極富立體感，別有淵源，與中國傳統花鳥技法異趣。

4　隔代的嘉惠

張僧繇，吳中（今江蘇蘇州）人，梁武帝時畫家，據唐張彥遠《歷代名畫記》所載，天監（五〇二—五一九年）中為武陵王（蕭紀）國侍郎，直秘閣知畫事，歷右將軍、吳興太守。按照《南史》及《梁書》的體例，官至太守者當為列傳，而二書均無傳，他大約不會是右將軍、吳興太守，張彥遠恐怕弄錯了。

《歷代名畫記》又云：「武帝飾佛寺，多命僧繇畫之。」這是為許多典籍所印證的。如《貞觀公私畫史》記載：

晉瓦官寺，有顧愷之、張僧繇畫壁，在江寧。
梁惠聚寺，張僧繇畫，在江陵。
梁延祚寺，張僧繇畫，在江陵。
梁高座寺，張僧繇畫，在江寧。
梁開善寺，張僧繇畫，在江寧。
梁天皇寺，張僧繇、解蒨畫，在江陵。
隋淨域寺，張僧繇畫，自江外移來，亦有孫尚子畫，在長安。

《歷代名畫記》還記載有定水寺、天宮寺、甘露寺等寺廟有張僧繇畫。又《南史‧梁武帝諸子傳》記載，梁武帝最愛第八子蕭紀，曾派蕭紀西鎮巴蜀，「太清（五四七—五四九年）初，帝思之，使善畫者張僧繇至蜀，圖其狀」。畫像傳呈到建康，由於張僧繇畫得精妙傳神，武帝就像面對著愛子一樣。如此看來，張僧繇應該是梁武帝的御用畫家，太清初，他大約六十歲了，仍然是武帝的御用畫家。

張僧繇既「天才橫溢」「思若湧泉」，又「手不釋筆，俾晝作夜，未嘗倦怠」。他的繪畫藝術是在繼承傳統藝術和借鑑外來形式的基礎上發展起來的。在六朝畫壇的衮衮諸公中，只有張僧繇採擷了西方透視法的他山之石。姚最《續畫品》說張僧繇畫的人物「奇形異貌，殊方夷夏，實參其妙」。所謂「妙」處，大可玩味。

為什麼張僧繇能夠接受西洋畫法呢？

除了他的卓識、天才以外，其交遊也是一個極其重要的原因。從張僧繇作品的畫題中可以看到，有描繪胡僧、番奴形象的《掃象圖》，也有屬於肖像畫的《維摩詰圖》《二胡僧圖》，可見張僧繇與外國僧侶來往頻繁，並且有意擷取其「奇形異貌」「詭狀殊形」來豐富自己的藝術形象。在這個基礎上，他學習並掌握立體透視法是很自然的。關於張僧繇筆下外國人之精妙，唐代著名詩人劉長卿《張僧繇畫僧記》記敘了一個故事：張僧繇曾經畫了天竺二胡僧圖，因為侯景之亂，圖幅被割裂為二，唐右常侍陸堅得到了其中的一個胡僧，陸堅非常珍視此畫。後來陸得了重病，夢見那個畫中胡僧告訴他：「我有同侶，離散很久了，現在他在洛陽李姓人家。如果您想法讓我們重合，一定用法力幫助您。」陸堅於是千方百計找到洛陽李家，果然藏有另一胡僧圖像，陸以重金購之，將二畫彌合，他的病就好了。這個故事生動地說明了張僧繇畫的外國人肖像是形神兼備的，而且在當時頗有影響。

據《六朝事蹟編類》卷九載梅摯《亭記》說，梁天監中，有個叫曇隱的胡僧住在建業蔣山，當時山中乏水。有一次，有位龐眉叟對他說：「我是山龍，知法師口渴，辦成此事不難。」於是忽聞絲竹之聲，俄而出現了一泓碧水。這泉水一清、二冷、三香、四柔、五甘、六淨、七不饐、八蠲痾，人稱「八功清水」。後來有位西僧雲遊到此，說：「本域八池已失其一，似竭彼盈此也。」南宋詩人曾極曾作《八功德水》以詠其事：「數斛供廚替八珍，穿松漱石瑩心神。中涵百衲煙霞氣，不染齊梁歌舞塵。」我以為，張僧繇就像那位龐眉叟，引進了西方清甘的藝術之泉。

可惜，人們並沒有給予張僧繇的引進之功以應有評價。千餘年來，觀念文化根深蒂固的中國畫壇嘖嘖樂道的是他的「張家樣」和疏體畫法。所謂「張家樣」，指張僧繇所畫人物形體豐滿，面圓而多肉，但又與唐代樣式的肥胖健碩有別。在張家樣之前，一直流行陸探微式的瘦骨清樣，張僧繇「得其肉」變之為「面短而豔」（米芾《畫史》）。以後唐代「畫聖」吳道子得其精微，發揚光大。所謂「疏體畫法」，張彥遠指出：「張僧繇點、曳、斫、拂，依衛夫人《筆陣圖》。一點一畫，別是一巧，鉤戟利劍森森然。」「離披點畫，時見缺落，此雖筆不周而意周也。」張懷瓘讚歎說：「（僧繇）筆才一二，而像已應焉。」歷來都認為，張僧繇獨具風格的疏體畫法突破了從顧愷之、陸探微以來以密體畫法為唯一技法的局面，為中國繪畫藝術奠定了疏與密兩種基本表現手法的基石。至於他的凹凸畫法，則遭到了歷史的冷落。張氏以後，竟成絕響，再也無人問津。雖然唐代以後中國畫的「石分三面」受到了隔代的嘉惠，但是對此人們卻不作盤根究底的研究。

5 千古的冷落

柴扉依然關閉了。

不僅如此，「愛國心」強烈的人們還加築堤防，保護「國粹」。

我認為，這是張僧繇的悲劇，也是歷史的一個遺憾。其形成原因有以下數端：

一曰觀念美術的局限。中國是一個觀念美術大大強盛於寫實美術的國家。與別國文明從一開始便是寫實性的美術不同，中國繪畫起源於觀念。從仰韶彩陶到商周青銅器，蘊含在抽象圖紋中的，只是神秘或神聖的觀念。如一九七八年在河南臨汝縣出土的一件仰紹文化時期的彩繪陶缸，上面繪有鸛魚石斧。為什麼把這幾種形象組合在一起呢？有人以為石斧代表這個地方原始民族所崇拜的徽號，白鷺則是一種性情溫順，能給人類帶來吉利、祥瑞的益鳥，它嘴裡銜著一條大魚是面向石斧奉獻祭品。有人以為這些圖案與圖騰崇拜有關。眾說紛紜，莫衷一是，才悟新解，旋又生疑，充分展示了藝術符號作為原始藝術的魅力。以後，雖然發展到寫實圖紋，但繪畫形象本身的感染力尚未得到有意識的開拓，當人們創作或感受一幅畫時，並不是著眼於形象的繪畫，而是更多地注意到它的宗教性、政治性、倫理性意義。因此中國傳統美學以為「夫言，心聲也。書，心畫也」「畫之為說，亦心畫也」。現存的四川成都鳳凰山畫像磚和長沙馬王堆帛畫、洛陽卜千秋墓室畫都說明了這一點。誠如《宣和畫譜・花鳥敘論》所云：「花之於牡丹、芍藥，禽之於鸞鳳、孔翠，必使之富貴；而松竹梅菊、鷗鷺雁鶩必見之幽閒；至於鶴立軒昂，鷹隼之擊搏，楊柳梧桐之扶疏風流，喬松古柏之歲寒磊落，展張於圖繪，有以興起人之意者，率能奪造化而移精神遐想，若登臨覽物之有得也。」不管是「以形寫神」的「神」也好，「自娛暢神」的「神」也好，都是一種觀念上的意緒、精神、風姿，適合了中國人觀念美術的心理，當然奉之若金科玉律了。反之，西方民族在脫離蒙昧狀態後，其注意力轉向光影、色彩、焦距透視等現象的物理性真實描繪。張僧繇所引進的凹凸畫法，用純客觀的立體透視方法摹仿自然，在中國人眼中，就覺得等而下之，恥為之繼了。

二曰崇尚簡約的繪畫審美觀的扼殺。簡約是中國文人畫的一大特徵。也許由於華夏民族的民族性所決定，中國古代哲學思想是崇尚簡約的。儒家要求人們「溫良恭儉讓」，劉寶楠《論語正義》云：「儉，約也。」《禮記・經解》引孔子云：「廣博易良，樂教也。」孔穎達云：「簡易良善，使人從化，是易良。」可知儒家教化為主簡約。老、莊進而講究「絕聖棄知」「為道日損」，於一片空白中去領略「無狀之狀，無象之象」，這當然是簡約到極點了。禪宗則主張「靜穆」，以少勝多，以少答為答，以不出言為「不二法門」。這正是禪宗的機鋒之一。在這個問題上，可以說是「紅花綠葉白蓮藕，三教原是一家人」了。

儒釋道三家哲學思想都崇尚簡約，必然促進了古代文藝簡約風格的形成。《樂記・樂論》首先提出「大樂必易，大禮必簡」，認為至樂是淡泊平和的。魏晉六朝時，劉勰在《文心雕龍・物色》中已經提出了「以少總多，情貌無遺」，要求以精練的筆墨概括豐富的內容。繪畫作為一種藝術形式，與音樂、文學等姊妹藝術一樣，也深深為簡約所激動。繪畫是通過線條、色彩等藝術手段來反映生活、表達作者的思想感情的。不管畫幅多大，線條和色彩總是有限的，很難完全地、準確地窮盡生活內容，並把主體的情感和審美理想完全表達出來。對畫家來說，線條、色彩等必不可少的表達手段，同時又妨礙了畫家的盡達情意，因此中國畫家們在深深的創作苦惱中，乾脆主動拋棄一些線條和色彩，返璞歸真，用簡練的筆墨表達出無窮的意境。實境是有限的，虛境才是無限的，虛實結合，才是意境構成的整體。在這種美學思想的指導下，張僧繇創造的「離披點畫，時見缺落，此雖筆不周而意周」的疏體畫法當然大受歡迎。陸探微甚至創造一筆畫，連綿不斷。宗炳繼之，曾作《一筆畫百事圖》，後來開闢了中國文人畫「簡筆墨戲」的新天地，並由此而生發出水墨韻味、乾筆勾勒等許多中國後期繪畫理論的普遍法規。唐代大畫家李公麟在《宣和畫譜》中就感歎說：「筆愈簡而氣愈壯，景愈少而意愈長也。」這種繪畫思想與審美理想與立體透視畫法是扞格不入的，無怪乎張僧繇以後，凹凸畫法「天荒地老無人識」了。

三曰書法藝術的作用。書法晚生於繪畫，卻早熟於繪畫，魏晉時，已形成了中國書法史上的第一座高峰。書法對繪畫的影響是極其明顯的。一是六書中的象形文字有如繪畫，人們以為書畫產生的初期「同體未分」。二是使用的工具——毛筆和水墨相同，人們以為「書畫同法」。基於書畫同源同法的認識，謝赫六法中提出「骨法用筆」，正說明了繪畫自覺地向書法藝術「尋根」。從書法角度講，結眾畫為一字，叫結體，結體講「計白當黑」；結眾字而成篇，叫章法，章法講「分間布白」。書法家認為黑是字，白也是字；有字的地方固然重要，無字的地方更為重要。古人論書云：「書在有筆墨處，書之妙在無筆墨處。有處僅存跡象，無處乃傳神韻。」繪畫不是主張「傳神」嗎？書法的實踐正無異於神明的示範。正如有的學者所說，正因為這完美而早熟的書法，以其感召力，荒廢了繪畫通向真正寫實的道路；以其威懾力，堵塞了繪畫通向絕對抽象的道路。

在書法藝術的回饋作用下，人們對於張僧繇，往往稱道他的「點、曳、斫、拂」得力於衛夫人《筆陣圖》，是書法藝術在繪畫藝術上創造性的運用，而對其引進西方透視立體畫法的驚神泣鬼的壯舉，則冷漠地視而不見，不多言及。

四曰詩歌的作用。中國是詩的國度。「悲落葉於勁秋，喜柔條於芳春。心懍懍以懷霜，志渺渺而臨雲」，似乎已經成了我們民族共同的感情。而對於中國畫來說，題款（當然大多是詩）、書法、繪畫、金石是一個綜合的立體的美的幾個側面，「詩是無形畫，畫是無形詩」，繪畫必然受到詩歌的內在的牽引。中國詩歌強調意境和神韻，總是著眼於表現主體精神，而對於客體面目的寫實描摹卻往往不屑一顧。中國的繪畫正是在詩歌的巨大磁場裡，隨著意境、神韻而轉動，放棄了對自己獨有的繪畫語言（線條、色彩）的探索。這是中國畫傳統性魅力之所在，也是中國畫劣根性之所在。六朝時，顧愷之提出「以形寫神」，認為「畫『手揮五弦』易，『目送歸鴻』難」；宗炳主張「自娛暢神」；到後來宋代蘇東坡甚至說「論畫以形似，見與兒童鄰」。我以為，基於這種審美認識，造成了六朝人對張僧繇凹凸畫法的輕視。

五曰南方文化基因的影響。我認為，在先秦，南方文藝與北方文藝存在著浪漫與寫實的對比，南方畫家和中原畫家在創作理論及方法上是大相逕庭的。請看下面兩段材料：

客有為齊君畫者，問之畫孰最難者，曰：「犬馬難。」「孰易者？」曰：「鬼魅最易。夫犬馬人所知也，旦暮罄於前，不可類也，故難。鬼魅無形，無形者不罄於前，故易也。」（《韓非子·外儲說》）

齊起九重之台，國中有能畫者則賜之錢。敬君常饑寒，其妻端正。敬君工畫，貪賜畫錢，去家日久，思念其婦，遂畫其像，向之喜笑。（《說苑》）

齊國的畫家暢論寫生之難易；敬君想念其妻，竟然畫出唯妙唯肖的肖像，我們從中不難窺悟到戰國時北方的繪畫理論和方法。南方的繪畫卻與此截然不同。雖然文字材料缺乏，但我們從現在能看到的兩幅楚畫——長沙繒書和鳳夔人物畫，仍能強烈地感受到浪漫思潮的衝擊。尤其是鳳夔人物畫：一個用墨線勾畫的長裙細腰女子亭亭款立，上面還有一鳳一夔，似乎作角鬥之狀。此畫從長沙楚墓中出土後，釋家蜂起，莫衷一是，簡直成了司芬克斯的面容之謎，誘人幻想，令人尋思，充滿了巫風，挾帶著鬼氣，這才是十足的浪漫主義！

魏晉六朝中吳、東晉及宋、齊、梁、陳都定都於江南，在文化傳統上，必然受南方文化的影響至深。在南方這片神奇的土地上升騰而起的文化觀念，必然輕視透視立體畫法這樣的工細的寫實美術。

以上，我們探討了張僧繇引進凹凸法遭到歷史冷落之原因。需要指出的是，第一，張僧繇是一個特立獨行的畫家。《歷代名畫記》說，武帝要張僧繇在江陵天皇寺柏堂畫盧舍那佛像，而張畫了佛像，還畫了仲尼十哲像。「武帝怪問，釋門內如何畫孔聖，僧繇曰：『後當賴此耳。』及後周滅佛法，焚天下寺塔，獨以此殿有宣尼像，乃不令毀拆。」我以為這個故事還不在於說明張僧繇明悉身後事，料事如神，而在於說明他儒佛同崇，有自己獨特的見解。第二，六朝畫壇的榜樣是影響深遠的。雖然氣宇恢宏的唐代人對西域畫家尉遲父子採取了熱情歡迎的態度，但愈到後來，六朝的遺傳基因愈表現出來，明清人對外來藝術卻是防範和排斥的。鄒一桂非難西畫「筆法全無，雖工亦匠，故不入畫品」；趙之謙把西洋紅引進中國畫，結果受到人們的冷誚。一代又一代的畫家，用牛車將中國畫這位國粹先生愈拉愈遠，這難道不足以發人深思嗎？

悲乎哉，張僧繇！悲乎哉，丹青之殤！

【第十五章】

劉義慶

問興亡，成底事，幾春秋。六朝人物，五湖妖霧不勝愁。休學楚囚垂淚，須把祖鞭先著，一鼓版圖收。惟有金焦石，不逐水漂流。

——趙善括《水調歌頭·渡江》

1 傳世奇書

最初以唐寫本出現的南朝《世說新語》乃風流之寶典，名士之奇書。全書卷帙既混雜浩繁，體例尤堪稱「前無古人」，凡三十六門，一千一百三十條，內容涉及政治、經濟、軍事、文化、風尚，反映了南北亂世的思潮風尚，上層社會的生活面貌，儼然中古文人之水墨長卷，魏晉六朝之百科全書。但揃其意義，歸根結底顯然是名士風流。因此陳寅恪說它是「清談之全集」（陳寅恪《陶淵明之思想與清談之關係》），魯迅則說它是「一部名士的教科書」（魯迅《中國小說的歷史的變遷》）。善矣大師之言也！該書對於風靡三百年的怪現狀——清談，記載頗為豐富真實，有助於讀者了解當時士人所處的時代狀況及政治社會環境，更再現了這些「社會精英」沉溺其中的舉手投足醺醺醉意。毫無疑問，《世說新語》是研究魏晉六朝歷史文化以及士人心態最值得研讀的一部珍貴文獻。錢穆曾經說過，《世說》一書最重要的是能表現出當時的「時代特性」。每一時代同別一時代不同，正因為各有其特性，能表現歷史特性的書，就是歷史上一部重要的書，清談就是那個時期的歷史特性。（錢穆《中國史學名著》，三聯書店一九七三年版）

至於《世說新語》的作者，《隋書・經籍志》、新舊《唐書》及《南史》記載由南朝宋劉義慶編撰，《宋書》劉義慶本傳則沒有提及。而且《隋書・經籍志》、新舊《唐書》及《南史》記錄書名都是《世說》。宋黃伯思《東觀餘論》說：「《世說》之名，肇於劉向，其書已亡，故義慶所集名《世說新書》，段成式《酉陽雜俎》引王敦澡豆事可證。不知何人改為《新語》。」然而宋朝的晏殊、黃庭堅家本都作《世說新語》，可見此名亦由來已久。我懷疑此書本名《世說》，後人為避免與劉向書同名，故增字以為區別。至於「新語」還是「新書」，或二者孰先孰後，文獻闕如，只得存疑了。

2 王爺本色是文人

《世說新語》的作者劉義慶（四〇三－四四四年）字季伯，彭城（今江蘇徐州）人，世居京口，宋武帝劉裕之侄，長沙景王劉道憐之次子，十三歲時被封為南郡公，因其叔臨川王劉道規無子，後過繼給道規為嗣，故道規亡故後義慶得以襲封臨川王贈任荊州刺史等官職。

史稱劉義慶自幼聰明過人，受到伯父劉裕的賞識。劉裕曾誇獎他說：「此我家之豐城也。」以寶劍相喻，足見其器重。年輕時曾跟從劉裕攻打長安，回來後被任命為東晉輔國將軍、北青州刺史，徙都督豫州諸軍事、豫州刺史。宋文帝劉義隆即皇帝位，義慶為丹楊尹，時年廿一。元嘉九年，三十歲，出為平西將軍、荊州刺史。當時「荊州居上流之重，地廣兵強，資實兵甲，居朝廷之半」。因為劉義慶被認為是宗室中最優秀的人才，所以朝廷才委派他承擔如此顯要之職。義慶鎮守荊州八年，後又改授散騎常侍、衛將軍、江州刺史、南兗州刺史、開府儀同三司等一系列重要職務。元嘉十六年三十八歲，遷江州刺史。十七年遷兗州，一年薨。時年僅四十一歲，宋文帝哀痛不已，贈其謚號為「康王」。

劉義慶一生雖歷任要職，但政績卻乏善可陳，除了本身對權勢不熱衷外，最重要的就是忌憚捲入劉宋皇室血雨腥風的權力鬥爭。然而透過錦衣玉食檀板鳴鐘，他骨子裡是個不折不扣的文人。

《宋書》本傳說劉義慶「為性簡素，寡嗜欲，愛好文義，才辭雖不多，足為宗室之表」。文帝博涉經史，「每與義慶書，常加意斟酌」。劉義慶十五歲宦居京城，其中任秘書監一職，掌管國家的圖書著作，有機會接觸與博覽皇家典籍，為《世說新語》的編撰奠定了良好的基礎。義慶在荊州任內，曾奏薦庾實、龔祈、師覺授等知名人士。「招聚才學之士，遠近必至」。不少文人雅士集其門下，當時名士如袁淑、陸展、何長瑜、鮑照等人都曾受到他的禮遇。劉義慶擔任江州刺史與南兗州刺史，仕居江南，與當時的文人、僧人往來頻繁，此時即開始編撰《世說新語》。因為劉義慶當時人在揚州，聽說了不少當地的人物故事、民間傳說，所以在《世說新語》中，也記載了一些口耳相傳的發生在當時揚州的佚聞。如後世熟悉的成語「咄咄怪事」，就是說曾擔任建武將軍、揚州刺史的中軍將軍殷浩被廢為平民後，從來不說一句抱怨的話，每天只是用手指在空中寫寫畫畫。揚州的吏民順著他的筆劃暗中觀察，看出他是在反覆畫寫「咄咄怪事」四個字而已。大家這才知道，他是借這種方法來表示心中的憤懣不平。顯然，《世說新語》中的類似內容不是源於典籍的爬梳，而是源於鮮活的生活記錄。

因此，《世說》作者完全可以肯定下來，劉義慶無論學養抑或才華抑或財力，完成這樣一部著作，不存在任何問題。然而，「五四」以後出現了新說，魯迅《中國小說史略》稱：

> 《宋書》言義慶才情不多，而招聚文學之士，遠近必至，則諸書或成於眾手，未可知也。

這就是說，《世說》有可能是臨川王門下文學之士的集體創作。劉義慶自幼才華出眾，愛好文學。除《世說新語》外，還著有志怪小說《幽明錄》《宣驗記》（皆佚）。《世說新語》是由他組織一批文人編寫的。這種說法，頗近情理，而且歷史上不乏先例，如《呂氏春秋》《淮南鴻烈》皆是。不過，即使是集體創作，臨川王劉義慶居於「主編」的地位則是確然無疑的。魯迅之說實在有標新立異之意。

3 小說乎，史書乎

我以為，較之作者，《世說新語》一書的性質尤為奇怪。歷來目錄學家都無例外地把它歸入「小說類」，從唐初《隋書・經籍志》至清末《書目答問》，莫不如此。以至於現在無論是哪個版本的《中國文學史》都赫然記載，《世說新語》是中國魏晉南北朝時期「志人小說」的代表作，為言談、軼事的筆記體短篇小說。

對此，我是持審慎的反對態度的。我的理由撮其要者有如下四端：

其一，考察文學史，所謂「志人小說」此前竟沒有先例，而《世說新語》卻應該是成熟之作，作者巧費經營，以孔門四科開其端，以三十門為類型框架，而每一類型又大致以時間順序為線索結構成書，顯得成熟，紋絲不亂。中國文學史上尚沒有這樣「越世高談」、突如其來的現象。

其二，細讀《世說》，便可發現作者動筆時是當作確有其人其事來寫的，而且絕大多數是屬於第一手資料，力求真實，拒絕虛構，與街談巷議、道聽塗說的小說以及神仙怪異的傳聞有著嚴格的區別。這當然影響到對《世說》一書的性質的判定。

其三，《世說新語》問世之後，歷代多有注本，其中尤屬南朝梁劉孝標的注本影響最大。劉孝標《世說新語》注和裴松之《三國志》注、酈道元《水經》注、李善《文選》注歷來為世並重，有「四大名注」之稱。劉孝標（四六二—五二一年），名峻，字孝標，南朝梁學者兼文學家。劉孝標《世說新語》注的主要特點，一是糾正了劉義慶原文的謬誤，二是注文引用的材料廣泛豐富，旁徵博引，具有珍貴的史料價值。劉孝標是當世大學者，注書時態度極為嚴肅認真，也是以信得過的歷史資料來要求、來審視《世說》的。事實證明，劉義慶所記一千一百三十條，為劉孝標所糾謬之事不過百分之一而已。後來唐人編纂《晉書》，許多材料就直接引自《世說新語》。以至於我們現在撰寫學術論著（包括本人寫作文史論著），引用《世說新語》如同引用其他史料一樣是允許的。記得曩年隨先師吳林伯先生攻讀漢魏舊籍時，先生說此書與《文心雕龍》《昭明文選》互為表裡，言下之意，也認為此書是記錄魏晉六朝的信史。

其四，考察漢魏舊籍，可知為名士立傳，當時極為風行。《名士傳》《高士傳》《海內名士傳》《正始名士傳》《兗州先賢傳》《襄陽耆舊傳》《益都耆舊傳》，不一而足。劉義慶生當魏晉之後，玄風未泯，在寫《兗州先賢傳》《江左名士傳》前後，因受了裴啟《語林》與郭頒《世語》的啟發和影響，撰寫了以人物為中心、以清談為主要內容的《世說新語》。《世說》當然與上述諸傳一樣，至少是野史一類，應屬於史書的範疇。

綜上所述，我們認為《世說》是一部生動的歷史資料彙編。此書應該不是作者理想中的終極成果，劉義慶及其門下文人們當年應該有一個宏大的計畫的，因為各種原因，他們初期的工作只留下這部原生態的文本。這是一堆令人唏噓的文化碎片，過於散亂而無法從根本上進行意義銜接和歸屬，因此和其他整肅的史書相比，《世說新語》無疑呈現出隨意散漫的原生態屬性。這是其遺憾所在，也是其價值所在。總之，這是一部有別於其他一般著作的奇書。

需要說明的是，我反對將《世說新語》當作「志人小說」，絕對不是否認其文學價值。像《左傳》《史記》是史籍也是文學範本一樣，《世說新語》一般都是很質樸的散文，有時用的是口語，而意味雋永，表達傳神，是頗具特色的晉宋人文章，在藝術上有較高的成就。魯迅先生曾把它的藝術特色概括為「記言則玄遠冷雋，記行則高簡瑰奇」（《中國小說史略》），是為的論。《世說新語》涉及各類人物共一千五百多個，魏晉兩朝主要的人物，無論帝王、將相，或者隱士、僧侶，都包括在內。它對人物的描寫有的重在形貌，有的重在語言，有的重在才學，有的重在心理，但集中到一點，就是重在表現人物的特點，通過獨特的言談舉止寫出獨特人物的獨特性格，使之氣韻生動、活靈活現、躍然紙上。《世說》是魏晉社會的忠實記錄，同時又是當時著名人物的傳神寫照，簡直可以說是中國歷史從二世紀到四世紀時期的一幅人物長卷。並且，《世說新語》全書一千一百三十條，長短不一，彼此獨立，看似散亂而又聲息相通，如珍珠般在各自的角落裡熠熠發光，組成一道令人眼花撩亂的風景。這種真正意義上的片斷寫作，開拓了後世札記片斷小語的寫法，如近代鄭逸梅的札記就明顯承襲了《世說新語》的文風。

我以為，在快節奏的當代社會，《世說新語》也是人們特別是文化人最值得放在案頭和枕邊賞玩的一部怡情之作。試想，酒後茶餘，乘興翻檢，看阮籍的迷途哭返，看王猛的捫虱而談，看嵇康的柳下鍛鐵，看劉伶的縱酒裸裎，看王子猷的興盡而返，及至王羲之毫無顧忌地坦腹東床，「超男」衛玠被粉絲的眼球看殺，嵇康與鍾會關於「何所聞」與「何所見」的脫口秀，郝隆於烈日下光著肚皮「曬書」的行為藝術……這碎片與碎片的堆積、連接、衝撞會摩擦、生發出無數資訊，人們在對碎片的翻檢和晾曬中會領略到更真實更多元的文化景觀，其文化領悟與心性滋養勝過讀端嚴方正的史書又何止萬千？這也是《世說新語》歷來深受讀者喜愛的原因之一。

劉義慶生有五個兒子，長子劉燁襲封為臨川王。後來孫輩牽涉謀逆，招致殺身之禍，結局是很悲慘的。

【第十六章】

劉 勰

只歎雕龍方擅價，不知赬尾竟空回。

—— 羅隱《縣齋秋晚酬友人朱瓚見寄》

1 夜夢孔子

要議論六朝人物，劉勰是必不可缺的。原因很簡單，他撰寫的《文心雕龍》實在是太偉大了。《文心雕龍》是中國古代文論中體系最完整、結構最嚴密的巔峰之作。多年來，它像一座神秘的寶山，散發著絢爛的光芒。清人黃叔琳曾讚歎說：「劉舍人《文心雕龍》一書，蓋藝苑之秘寶也。」魯迅曾將其與古希臘亞里斯多德的《詩學》相媲美，並稱「為世楷模」。梁昭明太子在編纂《文選》時，即根據《文心雕龍》選文定篇。稍晚的蕭繹所著《金樓子》和唐代劉知幾的《史通》、唐代王昌齡的《詩格》等，都是受《文心雕龍》影響而撰成的。《文心雕龍》研究歷來是學術中的顯學，尤其近代如范文瀾、黃侃、劉永濟、王利器、楊明照、詹鍈、吳林伯等博學通儒，更是窮畢生精力致力於斯，以各自的皇皇力作，使「龍學」蔚為大觀。對於筆者，「龍學」更是難捨的情緣。劉永濟先生是筆者的伯外祖父，吳林伯先生是筆者的研究生導師，筆者的學位論文《〈文心雕龍〉釋名》就曾得到過楊明照、詹鍈、王利器先生的悉心指教。「哲人日已遠，典刑在夙昔。風簷展書讀，古道照顏色」。今天，這些大師都墓木早拱了！

當然，《文心雕龍》的指導思想是傳統的儒家思想。劉勰一生是跨越宋、齊、梁三個朝代的。據《梁書》和《南史》本傳記載：「劉勰，字彥和，東莞莒人。」這是指他的祖籍是山東莒縣。其實從東晉以來，五馬渡江，百族南遷，已經在京口（現鎮江）僑置南東莞郡。劉勰的祖父劉靈真，是宋朝司空劉秀之的弟弟。他們早已世居京口，成為南朝的文化世家。劉勰的父親劉尚，事蹟不明，只知道他做過越騎校尉這樣一個低級武官。在劉勰早年，劉尚就死去了，沒有留下財產。劉勰自幼家境貧寒，可算是一個沒落士族子弟。稍長，「篤志好學」，他也一直沒有結婚。永明元年，齊武帝下令消除沒落士族子弟的免役權，可能是為了逃役，劉勰就投奔南京附近的定林寺做和尚去了。這一年，他大概二十歲不到。

定林寺坐落在鍾山南麓獨龍阜，為「南朝四百八十寺」中的名剎。劉勰在定林寺一住就是十幾年。那裡有位高僧僧佑，學問精深，除佛經外還收藏了不少儒家經典，劉勰幫助僧佑整理佛經之餘，塵心未泯，癡迷儒家典籍。他自稱：剛過三十歲，有一夜夢見了孔子。自己在夢中手捧紅漆的禮器，隨著孔子向南走。早上醒來，他回味這聖潔的夢境，非常高興，以為聖人在向他招手，忘情地讚歎道：「自古以來，未有如夫子者也！」他以為「敷贊聖旨，莫若注經」，再次勃發注經的念頭。可是轉念又想，漢儒馬融、鄭玄注經在先，「弘之已精，就有深解，未足立家」。無奈只得放棄注經，另闢蹊徑。他想到文章的功用，可以「羽翼經典」，「論文」同樣可以「敷贊聖旨」，弘揚儒學，於是更堅定了著書立說宣揚儒學的決心。於是他提起筆來，開始寫《文心雕龍》。這部書雖然標著「梁通事舍人劉勰撰」，實際上是他在齊朝末年完成的。書寫時，他還是一個沒沒無聞的人，他的著作得不到重視。他看到中書郎、黃門侍郎沈約當時無論從政還是治學都是聲名赫赫，於是就背上自己寫的書卷，裝作一個貨郎，站在街頭等沈約外出時，在車前叩伏求見。沈約命人把《文心雕龍》取來，讀後大為欣賞，常把這部書稿放在自己的几案上，劉勰也就跟著出名了。

到了梁朝，大約三十八歲的劉勰才走出禪寺，步入仕途。最初做的是「奉朝請」。這個職位官階很低，並不是實缺，只是使這個沒落的士族子弟，藉此機會恢復他「清流」的地位，取得進一步做官的資格而已。果然不久他就兼任了臨川王蕭宏（梁武帝蕭衍的第六個弟弟）的記室，掌管書記，相當於現在的秘書。後遷任車騎倉曹參軍，又曾出任太末（今浙江龍游）縣令。在任為官清正，頗有政績。後來又回到南京，做仁威將軍南康王蕭績（蕭衍的第四個兒子）的記室，還兼任昭明太子蕭統的「東宮通事舍人」，掌管「呈奏案章」。梁朝對通事舍人這個官職是很重視的，總是選用有才學的人，不限資歷，而且多半以別的官兼任。劉勰在做東宮通事舍人時，有機會接近風雅的太子蕭統。梁武帝天監十八年，因向蕭衍上表有功，升任步兵校尉，掌管皇家園林上林苑的警衛軍，仍舊兼任通事舍人。

蕭統自幼喜歡文學，在他周圍集聚了一批文人學士。這時東宮藏書近三萬卷，蕭統常和文人學士討論詩文，從事著述，並且由他親自主持，編成了一部在中國文學史上影響巨大的詩文選集《昭明文選》。《昭明文選》亦簡稱《文選》，三十卷，共收錄作家一百三十家，上起子夏、屈原，下迄卒於當時（梁普通七年）的陸倕，收錄了從先秦到梁初的代表作品五百一十四篇，是中國現存最早的詩文總集。舊諺云：「《文選》爛，秀才半。」唐宋年間，《文選》成為士人學習詩賦、謀取功名的必讀之作。而作為一部文學作品的精粹選本，更被人們重視，研究者日趨增多，發展成一門專門的學問——「文選學」。而此時出入東宮的劉勰，正是蕭統非常器重的人物，可以想像劉勰的文學主張對於在蕭統主持下編選的《文選》，是很有影響的。實際上，《文心雕龍》的論文標準與《文選》的選文標準互為表裡，這也是很多前輩學人指出的。

過了一年，蕭統死去，劉勰不僅升官無望，而且梁武帝還命他回定林寺整理佛經。於是他看破紅塵，在完成校訂經卷的任務後變服出家，改名慧地。五二三年左右，五十九歲的劉勰卒於上定林寺。

這就是劉勰的孤寂人生。

觀其一生，其思想是複雜的。但劉勰寫《文心雕龍》的時候，正是他入世思想佔上風的時期，夜夢孔子就清楚地說明了這一點。《序志》篇說，他自己本來想注釋儒家經書，可是看到漢代的馬融、鄭玄已經注釋得很精當，才轉而論文的。書成之後，他想方設法將書獻給沈約，目的也是想通過沈約的獎賞提拔，走上從政的道路。從《文心雕龍》的內容來看，立論主要站在儒家的立場上。就是在文字上，也多引儒典成詞，盡量避免運用佛書中的詞語。這是學者的共識。

然而，《文心雕龍》博大精深，劉勰一生雖孤寂，思想卻複雜，又豈是一個「儒」字所能涵蓋的呢？

2 古佛青燈

梁武帝蕭衍「雅好儒術」，利用儒家教義來鞏固他的統治，而他又迷信佛法，曾三次捨身於寺，「與眾為奴」，還規定佛教為「國教」。在這樣亦儒亦佛的世風薰染下，劉勰的出入寺廟就不足為奇了。

劉勰出家的定林寺在建康風景幽美的鍾山。定林寺分上、下兩剎，下定林始建於劉宋元嘉元年（四四二年），齊時已毀。元嘉十六年（四三九年），禪師竺法秀又在下定林寺的後面，建了一座上定林寺。劉勰出家就在上定林寺。此處綠樹遮掩，鳥鳴聲聲，適宜修行，也適宜讀書。劉勰之後千年，住在鍾山半山園的王安石時常騎著毛驢，來此休息、讀書，曾作詩云：

定林自有主，我為林下客。
客主各有心，還能共岑寂。

有幸的是，當年劉勰投靠定林寺僧佑時，此寺堪稱南朝之佛教中心，藏書宏富，而且不限佛典，藏有大量的經史子集書籍。僧佑俗姓俞，不僅是精通佛理的佛學大師，而且留意文史，其《弘明集》中就有許多文史論著。齊永明年間，僧佑奉命到江南宣講佛學，並修建廟宇，收藏佛經。劉勰依僧佑生活十多年，除學問精進外，應該還培養了向佛之心，而且將佛學邏輯引入了學術研究，並最終成為一個佛教徒。我的認識是基於以下四點：

其一，十幾年的寺院生活異常清苦，除解決溫飽外，支撐他的當有信仰追求。果然，幾十年後，僧佑死去，其晚期收藏的經卷很多，需要整理，而在當時對於這些佛經最熟悉的莫過於劉勰了。於是武帝命令劉勰又回到定林寺和慧震和尚一塊整理經卷。在整理佛經的過程中，劉勰信佛益篤，編輯完工之後，他便申請出家做和尚，並且先燒掉自己的鬢髮，立誓非出家不可。經武帝准許，劉勰遂在定林寺脫去官服，換上僧袍，改名慧地，做了和尚。

其二，劉勰終生未婚娶。亞聖孟軻曾說過：「不孝有三，無後為大。」劉勰在《文心雕龍》中雖反對「棄孝廢仁」，自己卻「不婚娶」，說明他很早就有出家念頭，而且這種念頭在從仕生涯中也沒有放棄。早年的未婚娶，可能是因為貧困，而從仕歲月的不婚娶，就應該涉及信仰了。

其三，劉勰精通佛理。在他成名以後，南京的很多寺院都請他做碑誌，有名的佛教大師死後，眾僧也請他撰寫碑文。可惜劉勰的文集已經散佚，現存的除《文心雕龍》一書外，只剩下後期的兩篇文章：一篇是《滅惑論》，顯示他信奉佛教，還利用儒家學說來宣傳佛教教義；另一篇是《梁建安王造剡山石城寺石像碑》。

其四，《文心雕龍》一書體大慮精，取精用宏，與以前文論迥然不同的一個主要特徵即是邏輯推理，這顯然是受了佛學特別是般若學的影響。支持我的觀點的材料是「上有所好」「引領有時尚」。按《六朝事蹟編類》卷九載，梁武帝皇后郗氏亡故後，武帝常追憶她，以致晝夜鬱鬱。有一天夜晚，有一條大蟒盤踞於寢殿，武帝與之對語，知道是郗氏現身。郗氏說：「托醜形陳露於帝，祈一功德，以見拯拔也。」次日天明，梁武帝諮詢沙門，於是「搜索佛經，錄其名號，兼親抒睿思，灑聖翰，撰悔文，共成十卷，皆採摭佛語，削去閒詞，為其懺禮。」不久，果然郗氏又現身美人，殷勤致謝。以上內容見於梁武帝的懺序，雖十卷懺文已佚，但可以想見其宏構中佛理之運用。劉勰與武帝同時，搦翰構思，當亦受其啟迪，當亦受般若學的影響。般若學是魏晉時期與禪學並行的佛學兩大流別之一。禪學偏重宗家修持，主要流行於南方，劉勰所師從的僧佑雖嚴持戒律，但畢竟鑽研學術，當屬於般若系統。這種學說以支讖、支謙最先介紹的《般若經》為根據。此經認為整個宇宙世界都是假名，無有實體，和當時盛行的玄學「貴無」有許多類似之處。劉勰在《文心雕龍·論說》中說：

> 次及宋岱郭象，銳思於幾神之區；夷甫裴頠，交辨於有無之域。並獨步當時，流聲後代。然滯有者，全繫於形用；貴無者，專守於寂寥；徒銳偏解，莫詣正理。動極神源，其般若之絕

境乎？

劉勰認為「貴無」與「滯有」都具片面性，其中「貴無」神乎其玄，其實就是般若學的絕境。劉勰在《文心雕龍》中還採用了「圓照」「圓通」等佛典用語。雖然他將這些詞語都賦予了文學理論上的新義，但受到了佛家影響則是確然無疑的。

3 捫虱雕龍

劉勰的《文心雕龍》思想成分是複雜的，除了以上所敘儒家思想和佛家思想的影響以外，還存在著玄學、清談的影響。

玄學發生於魏正始年間。當時，一批門閥士族地主階級執政者和知識分子以《老子》《莊子》和《周易》為論理的基本思想資料，崇尚虛無，出言玄妙，因而人們又稱這種清談為「玄談」，有所謂「正始玄風」之稱。

清談作為魏晉時期崇尚虛無、空談名理的一種風氣，上承漢末清議，從品評人物轉向以談玄為主，兩晉大盛，延及齊、梁不衰，是貫穿劉勰一生的世風。當時記錄清談的書不少，現在傳世的只有宋劉義慶的《世說新語》了。據記載，當時的士人對此廢寢忘食，揮麈捫虱，如癡如狂。其中有些是高談玄理的閒聊天，但不少清談實質上是一種逐漸形成的准正規的學術討論。誠如宗白華先生在《美學漫步》中所說：「中國美學竟是出發於人物品藻之美學。美的概念、範疇、形容詞，發源於人格美的評賞。」透過那瀟灑不群、飄逸自得的魏晉風度，我們可以窺見《文心雕龍》的生長土壤。這是很有意義的工作。

《文心雕龍》中「風骨」「寫送之致」等概念在清談中往往還不是文論的概念，不過即將成為文論的概念。通過對清談的考察，可以看出這些概念的產生和演變。如「風骨」，清談中所謂「舊目韓康伯，捋肘無風骨」「羲之風骨清舉」（均見《世說新語》），可見「風骨」原指人的內在的精神世界和外在的體態形貌兩方面，然而在劉勰筆下，「風骨」已被賦予了新的生命，表示具有感染力與說服力的剛性美的風格，從而和諧地融化在其宏偉的文論體系中了。

如果說「風骨」等概念在清談中還未與文論發生關係，那麼，所謂「寫送之致」則是劉勰直接從清談中掇拾。按《詮賦》云「亂以理篇，寫送文勢」，《附會》云「克終厎績，寄深寫送」，均指文章結尾時的韻味。由於前人不解「寫送」之義，遂有臆改舊文者。如通行本《文心雕龍》（即黃叔琳本）《詮賦》作「送致文契」，馮本《附會》作「克終厎績，寄深寫以遠送」。其後範文瀾、劉永濟兩先生雖據唐寫本更正，范先生《文心雕龍注》更舉出《世說新語・文學》注引《晉陽秋》桓溫評論伏滔讀賦「今於『天下』之後更移韻，於寫送之致，如為未盡」，但亦有知其然不知其所以然之嫌。其實，「寫送」即誦佛經的拖腔詠歎。《高僧傳》卷十三《釋曇智傳》云：「既有高亮之聲，雅好轉讀。雖依擬前宗，而獨拔新異。高朗清澈，寫送有餘。」又同卷《釋慧忍傳》云：「釋曇調寫送清雅，恨功夫未足。」晉宋時，玄、佛合流，清談家從佛教吸取了很多營養，將「寫送」帶入談詩論賦，以拖腔詠歎助其談鋒，而劉勰又將其記入文論，抓住清談這一契機，其間遞嬗甚明。可惜前人忽略，遂使其用心，千載淹沒。

《文心雕龍》從清談中掇取的概念還有「風格」「才藻」「新奇」「形似」等，劉勰在不違背清談本義的基礎上加以改造，作為文學理論概念而豐富了自己的文論語言。

除了新的概念之外，更重要的是，劉勰還注意從清談中吸取新的觀點，構成自己完整的文學理論體系。

《文心雕龍》是中國古代文論中第一個注意到自然美的。《原道》揭櫫「自然之文」，《明詩》肯定「極貌以寫物」的「近世之所競」，全書中觸及山水之美的論述比比皆是。在《物色》的讚中，劉勰甚至還充滿激情地寫道：「山沓水匝，樹雜雲合。目既往還，心亦吐納。春日遲遲，秋風颯颯。情往似贈，興來如答。」簡直就是一首情景交融的山水詩！這可以看作是當時文壇上的新品種——山水文學的總結。但是這種山水文學發展的美學基礎，正是建立在社會對自然認識的提高上。在此以前，對於山川的欣賞，有孔子的「比德」說（《說苑．雜言》）和荀子的「致用」說（《荀子．王制》），然而，他們都忽略了景物的自然屬性，也就更談不上領略景物的藝術美。從《世說新語》所記錄的清談中，我們可以看到魏晉士大夫眼中的自然美，已是和孔、荀所論截然不同了。

顧長康從會稽還，人問山川之美。顧云「千巖競秀，萬壑爭流，草木蒙籠其上，若雲興霞蔚」。

王子敬云：「從山陰道上行，山川自相映發，使人應接不暇。若秋冬之際，尤難為懷。」

這裡，有的是活潑的盎然生機，有的是誘人的藝術魅力，恰恰是前引《文心雕龍》的論述的注腳。我們聯繫到王徽之「何可一日無此君（竹）」的居宅要求，聯繫到《宋書・謝靈運傳》所載謝靈運及閒客數百「鑿山浚湖」的「山澤之遊」，聯繫到這一時期出現的江南園林，就不難明白，《文心雕龍》關於山水風景的論述，正是當時社會風氣的反映。在那個自然美覺醒的時代，不能談山論水就算不上名士風流；不在著作中辨析山水之妙，從而表現自己的素養，如何能在高士中爭取讀者呢？

清談中的言意之辨對《文心雕龍》基本觀點的形成，也有很大的啟發作用。按《世說・文學》載：「王丞相過江，止道聲無哀樂、養生、言意之辨三理而已。」其中，言意之辨涉及言詞與意念的關係和意與物的關係，所以它直接與文學批評發生了聯繫。《世說新語・文學》記載的另一次清談則大可玩味：

> 庾子嵩作《意賦》，成。從子文康見問曰：「若有意邪，非賦之所盡；若無意邪，復何所賦？」答曰：「正在有意無意之間。」

言意之辨是魏晉玄學中主要的論題之一。關於這個問題，有三種不同意見：言不盡意論、得意忘言論和言盡意論。上引文康是個言不盡意論者，他認為「意」是文辭表達不盡的。對此，庾子嵩表示不贊同，委婉地表示了自己得意忘言的觀點。《世說新語・棲逸》還記載了另一個清談的材料：

阮步兵嘯聞數百步。蘇門山中忽有真人，樵伐者咸共傳說。阮籍往觀，見其人擁膝岩側，籍登嶺就之，箕踞相對。籍商略終古，上陳黃、農玄寂之道，下考三代盛德之美以問之，仡然不應。復敘有為之教、棲神導氣之術以觀之，彼猶如前，凝矚不轉。籍因對之長嘯。良久，乃笑曰：「可更作。」籍復嘯。意盡，退還半嶺許，聞上猶然有聲，如數部鼓吹，林谷傳響，顧看，乃向人嘯也。

真人的「仡然不應」，實則是一種無言之美，這也是得意忘言的另一種形式的體現。無獨有偶，《六朝事蹟編類》卷五「邀笛步」條還記載了稍晚於此的一個清談材料：

《晉書》云：桓伊善樂，盡一時之妙，為江左第一。有蔡邕柯亭笛，常自吹之。王徽之赴召京師，泊舟青溪側。伊素不與徽之相識，自岸上過。船中客稱伊小字曰：「此桓野王也。」徽之令人諭之曰：「勝聞君善吹笛，為我一奏。」伊是時貴顯，素聞徽之名，便下車，踞胡床，為作三調。弄畢，便上車去，客主不交一言。

「不交一言」實際上已發生了太多的交流，這當然也是得意忘言的體現。

無疑，言意之辨的討論對中國古代文學理論的發展起了促進作用。當時的作家們大多數接受了言不盡意論，因為言不盡意論說出了作家在創作中深切體驗過的一種苦惱。當然，作家們所說的意，已不僅指思想、理念，更多的是指想像、情調等屬於藝術思維範疇的東西，這是更難以言傳的。

在這樣的社會基礎上，《文心雕龍》深入探討了文學創作中的言意關係問題。《神思》云：「方其搦翰，氣倍辭前，暨乎篇成，半折心始。何則？意翻空而易奇，言徵實而難巧也。」當開始執筆創作時，勇氣大大超過了文辭。等到作品寫成了，也不過只達到創作意圖的一半。為什麼會這樣呢？因為作者的意緒是虛空的，就容易新奇，語言要真實地反映事務，就難於精巧了。顯然，劉勰也是承認言不盡意的。但是，劉勰的過人之處是他看到了一篇文章的字句總是有限的，而作者要表達的情意是無限的，有些言不盡意處是「思表纖旨」「文外曲致」，這正是作家要追求的境界。《隱秀》云：「隱也者，文外之重旨者也。」「隱以復意為工。」這裡的「重旨」，就是「復意」，就是說文章要有曲折雙重的意旨，亦即除去表面的一層意思之外，還有言外之意。劉勰進一步解釋說：「夫隱之為體，義主文外，秘響傍通，伏采潛發，譬爻象之變互體，川瀆之韞珠玉也。」也就是說，作品要情意深隱，不把全部內容和盤托出，而用極精練的語言暗示出來，才顯得言有盡而意無窮。可見，劉勰的「隱」，是「言不盡意」，但是它不是消極的「言不盡意」，而是積極的不欲明言。這正是中國詩文有巨大藝術魅力的妙諦。另一方面，劉勰也不同意王弼「得意忘言」的命題。他在文章的寫作上，非常重視「言辭」。《文心雕龍》中不少篇章都證明了這一點，如《麗辭》甚至以「辭」標目。

魏晉六朝在中國歷史上是一個劇變時期，這個時期出現的新事物、新變化，都反映到放浪形骸的清談之中。作為有識之士的劉勰，從中擷取新觀念、新觀點，批判地吸收，在飄逸瀟灑、玄風競煽的土壤上，嘔心瀝血建立了《文心雕龍》這一宏麗無比的文學理論殿堂。對於清談，他為什麼不像對待前代文論典籍那樣，在《序志》篇中承認其影響呢？我認為，這反映了劉勰頭腦中儒學獨尊的思想，而這種思想又代表了一部分士人的時代心理。

誠如一些學者所提出的，殷周之際是自有文字記載以來中國民族文化第一次大轉折時期，戰國時期是中國文化第二次大轉折時期，魏晉六朝是中國文化第三次大轉折時期。我認為，這個時期的特殊的貢獻，一是中國真正進入了「哲學時代」。戰國時期，雖然百家爭鳴，學派蜂起，但是諸子百家莫不圍繞道德、倫理、社會旋轉，所有的學說都是為了修身、治國、平天下的現實需要。因此，諸子百家中絕大多數屬於倫理學家、社會學家、軍事家、法律家以及應用哲學家，而對於自然、宇宙、人生諸問題，他們則視為異端，極少討論。而魏晉時期的知識分子卻對宇宙的本體、人生的真諦進行了認真的探索，何晏、王弼等學者對老子學說中最根本的內容做了純理論的研究，把以概念的方式進行論辯的思維科學推進到了一個最高的階段。這種討論在清談中大量地出現。二是學者們在論戰中（特別是在清談中）採取了平等的態度。這是一種真正的學者的風度，其光輝是炳耀整個中國學術史的。戰國時期，諸子百家互相攻伐，「禽獸」「梟亂」，帽子、棍子亂飛，就是「溫柔敦厚」如孔子，對「非吾徒」也叫嚷要弟子們「鳴鼓而攻之」。魏晉學者則不然。清談中，有人弄通了一個道理，「四座莫不厭心」；有人提出了一個難題，「眾人莫不抃舞」，席終人散，傳美千里。（《世說．文學》）這也就是劉勰在《文心雕龍．序志》中自許的「同乎舊談」和「異乎前論」的態度。

以上兩點，既是魏晉學術的主流，對於儒學獨尊的地位，當然又是一場災厄。所以當時一部分有影響的知識分子，仍然堅持名教。「深患時俗放蕩，不尊儒術」，指斥「清談誤國」。如《春秋穀梁傳集解》的作者范寧就說：「王、何叨海內之浮譽，資膏粱之傲誕，畫魑魅以為巧，扇無檢以為俗。鄭聲之亂樂，利口之覆邦，信矣哉！」《傅子》的作者傅玄也上疏晉武帝，力陳清談是「虛無放誕之論」。到了劉勰寫作《文心》的齊梁之世，對清談的鄙夷，在知識分子，特別是儒生中，已佔上風。對於捫虱揮麈之徒，士人們不再是熱情地欣賞，而代之以冷峻地批判。干寶《晉書・總論》中就對「談者以虛薄為辯，而賤名檢」的現象提出了嚴厲的批評。顏之推《顏氏家訓・勉學篇》也說：

何晏、王弼，祖述玄宗，遞相誇尚，景附草靡，皆以農、黃之化，在乎己身，周、孔之業，棄之度外。……直取其清談雅論，剖玄析微，賓主往復，娛心悅耳，非濟世成俗之要也。

據說，清談家王衍將被石勒所殺，臨刑時對人說：「吾等若不祖尚浮虛，不至於此。」桓溫入洛時，與諸僚屬登平乘樓眺望中原，曾慨歎說：「遂使神州陸沉，百年丘墟，王夷甫諸人不得不任其責！」並把清談誤國的名士斥為「啖芻豆十倍於常牛，負重致遠曾不若一羸牸。」

平心而論，南朝封建王朝頻繁地更換，是封建統治者殘酷的爭奪所致，「清談誤國」的提法是不妥當的。但是，「清談誤國」論已深深銘刻於齊梁儒生頭腦中。他們不加分析地對清談一概否定，即使自己曾經受益於斯。劉勰就是如此。

綜觀劉勰的一生，在他的前期，既依僧佑讀書十餘年，接受了佛教思想的影響，又自認為是孔子的信徒，連做夢都跟著孔丘走，儒家思想和佛家思想在他的頭腦中相互鬥爭著。而他寫作《文心雕龍》時，正是他入世思想佔上風的時期。《序志》云：「敷贊聖旨，莫若注經，而馬、鄭諸儒，弘之已精，就有深解，未足立家。」所以才轉而論文。《文心雕龍》站在儒家立場上立論，其理論根據和評文標準，多依儒家經典。在這樣的情況下，劉勰當然對清談給予自己的營養諱莫如深。因為活潑的辯論、離經叛道的談話，對於一個儒學信徒來說，無異是一種褻瀆。

應該說，清談對於劉勰撰寫《文心雕龍》，無論是在資料的掌握、理論的闡發、作品的分析、作家的品評諸方面，都提供了極為豐富的營養。清談和前所敘及的儒家思想和佛家思想是三種形式的、積澱著不同的時代內容的理論基礎，仔細分辨它們，對它們進行深入探討，對於理解和評價劉勰及《文心雕龍》，都是有意義的。

【第十七章】

陳霸先

玄武湖中玉漏催，雞鳴埭口繡襦回。誰言瓊樹朝朝見，不及金蓮步步來。敵國軍營漂木柹，前朝神廟鎖煙煤。滿宮學士皆顏色，江令當年只費才。

—— 李商隱《南朝》

1 從陳寅恪的精義妙語談起

西元五五六年，梁司空領揚州刺史陳霸先在鍾山大破北齊軍，一舉將北齊勢力驅逐出長江以南，成了梁國在兵火焚毀的宮殿廢墟上得以重生的救世主。不久，「無邊落木蕭蕭下」，梁帝蕭方智被逼遜位。南梁享國五十六年。五五七年農曆十月，陳霸先在建康登上皇位，改國號為陳。

南朝諸國壽命都短促，東吳歷四帝五十九年，東晉歷十一帝一百〇四年，宋歷八帝六十年，齊歷七帝二十四年，陳朝則歷五帝，首尾凡三十三年，在六朝中僅只比齊的壽命稍長一點。陳不僅國祚短促，地域也狹小，比起梁來，「西不得蜀漢，北失淮淝」（《讀史方輿紀要》），被各色地方割據勢力擠壓著、蠶食著、分析著，僅只長江以南統一在陳氏的江東政權之下。兼之後主陳叔寶是個有名的荒淫天子，他耽於酒色，不恤政事，常使寵愛的美人張麗華、孔貴嬪等八人夾坐，江總、孔范等十人參與飲宴，號為狎客，在《玉樹後庭花》的靡靡樂曲中度昏沉歲月。五八九年正月，隋將賀若弼、韓擒虎破陳，後主與張、孔二妃入井躲避，被擒殺。唐代詩人胡曾《陳宮》詩云：「陳國機權未可涯，如何後主恣嬌奢。不知即入宮中井，猶自聽吹玉樹花。」就是感歎後主風流亡國的故事的。對於陳，學術界大都幾句撻伐，一筆帶過，不甚了了。我以為，陳是大可研究的，陳霸先的歷史作用是不可湮滅的。一九四七年，史學大師陳寅恪先生在清華大學歷史研究所用緩慢抑揚的江西口音，講述了南朝的歷史（《陳寅恪魏晉南北朝史講演錄》，黃山書社一九八七年版），他說：

南朝的歷史可分為三個階段，一為東晉，二為宋、齊、梁，三為陳。東晉為北來士族與江東士族協力所建，宋、齊、梁由北來中層階級的楚子與南北士族共同維持，陳則為北來下等階級（經土斷後亦列為南人）與南方土著掌握政權的朝代。

可惜陳先生的精義妙語沒有在學術界引起足夠的反響，如范文瀾《中國通史》、王仲犖《魏晉南北朝史》這些權威著作均將齊、梁二蕭視為庶族。也正因為如此，激起了我「流水人琴，希蹤前賢」的遐想。

2 一代梟雄

陳寅恪先生立論的精確，首先在於對宋、齊、梁、陳統治者社會階級的分析。概略言之，宋武帝劉裕是北府兵的將領。齊高帝蕭道成和梁武帝蕭衍原籍為東海郡蘭陵縣，蕭衍為南蘭陵中都里人，其父蕭順之是蕭道成的族弟，齊、梁二蕭都是過江居於晉陵武進，被《晉書》稱之為「晉陵武進楚」，並不是庶族、寒人。劉裕、蕭道成、蕭衍的先後稱帝，表示晉朝由中州一流文化士族所獨佔的皇權，到南朝轉入了次等士族即擁有武力的淮北流民集團之手。

陳霸先（五〇三—五五九年），字興國，他的祖上是南渡長江的僑民，到霸先時家境已是破敗了。不過，因為他是陳朝的開國皇帝，史書對其當然加上了五顏六色的光環。《陳書》說他是漢太丘長陳寔之後，他的祖上有叫陳達的，為長城令，治地山水佳麗，陳達說：「這個地方山川秀麗，應該有帝王興起。二百年後，我的子孫一定會交上這運氣。」陳霸先「身長七尺五寸，日角龍顏，垂手過膝」，生就一副帝王相。他遊歷義興時，夜晚夢見天上開了一個大口子，有四個穿朱衣的人捧著太陽來到他面前，要他張口吞下去。他驚醒後，還感覺胸口熱乎乎的。顯赫的淵源已十分久遠，就連世數也不能記清，吞日的傳說也是荒誕不經，當然，這都是撰史者的妙筆生花，大概是上古中國巫史不分的胎記吧。其實陳霸先出身寒門。按梁時北來上層士族多聚居在建業附近，如琅琊王氏、陳郡謝氏等，中層階級或次等士族則多來自江淮以北，避難南來，多居住在地廣人稀的江陵一帶。陳霸先為吳興郡長城縣人，據《陳書‧高祖記》：「咸和中土斷，故為長城人。」所謂「土斷」，用現代話解說，就是臨時戶口轉正。這個政策的產生源於永嘉之亂後大量中原流民湧入江東地區。至東晉年間，政府為了安頓流民，採取了僑置州、郡、縣的手段。後來，由於僑民太多，東晉政府為了簡化管理，於是推行「土斷」，逐步撤銷僑置的州、郡、縣，讓僑戶直接併入所在地的州、郡、縣，與土著居民一樣繳租納稅，同等待遇。既然陳霸先祖上在咸和年間經土斷為長城人，據此可知陳家已住長城縣二百年，早已和吳人同化，家世寒微，不在士族之列，甚至也不屬於淮北流民集團。而只是經土斷後被列為吳人的低等北人。他的妻子章要兒也是吳人，史書上並沒有出身名門的記載，當亦為寒人。陳霸先早年當過里司、油庫吏、傳令吏等微職，因為他從小就「倜儻有大志，讀兵書，多武藝」，加上家貧，就走上了從軍的道路。後來得小軍職，以軍功逐漸成了梁朝吳興太守蕭映手下的悍將。再後來蕭映被任命為廣州刺史，陳霸先作為親信也隨同赴任。梁大同初年（五三五年），梁朝新州刺史盧子雄討伐叛亂失敗，被朝廷下詔斬首。盧子雄的兒子和部下心懷不滿，糾集人馬進攻廣州。危急之際，陳霸先帶著三千精兵直撲叛軍，兵鋒所至，「賊眾大潰」。

捷報傳到建康，梁武帝知道了陳霸先的威名，命畫師趕赴嶺南，畫下了陳霸先的畫像，再送回建康供自己觀賞，遙解渴識。並加封陳霸先為直閣將軍，封新安子，邑三百戶。破落子弟陳霸先終於憑藉著自己的戰功成了梁王朝的官場新貴。

梁太清二年（五四八年），爆發了侯景之亂。時陳霸先任高要（今廣東肇慶）太守。土豪侯安都看準了陳霸先是個人物，就全力幫助他招兵買馬。陳霸先得到地方勢力的支持之後，立即帶著南方精兵三萬、戰船兩千艘沿贛江而下，至湓口（今江西九江）與蕭繹大將王僧辯會合。王僧辯的荊州軍缺糧，陳霸先接濟他三十萬石米，軍威因之大振。平定侯景後，梁元帝以陳霸先為司空領揚州刺史，鎮京口，以王僧辯為太尉，鎮石頭城。王、陳兩家過從甚密，並做了兒女親家。

梁太清三年（五四九年），西魏趁火打劫，對孱弱的梁朝發動進攻，江陵陷落，梁元帝被殺。紹泰元年（五五五年）王僧辯、陳霸先在建康擁立蕭繹之子蕭方智為梁王。這時，北齊派兵南犯，並送回被東魏俘虜的蕭淵明，要立為南朝皇帝。在軍事行動尚未開始的時候，往往先進行的是政治賭博。王僧辯戎馬一生，是攻城拔寨的勇將，在政治上卻非常短視。他被北齊的軍威嚇破了膽，居然廢掉自己確立的梁敬帝，迎接北齊的軍隊和蕭淵明進入了建康城。這麼一來，王僧辯就從萬人景仰的平亂功臣，變成了人人唾罵的賣國奸賊，其政治生命實際已經完結。而陳霸先得知王僧辯的所作所為後，審時度勢，決定討伐王僧辯。這當然是深乎民心之舉。同年九月，陳霸先從京口發兵，一舉攻入建康北門，抓住了王僧辯和他的兩個兒子。陳霸先怒斥王僧辯，說：「武帝子孫甚多，只有元帝能復仇雪恥，其子何罪，而忽然廢之；我和你都處於託孤的地位，現在你忽然改變主意，外依北齊戎狄，迎立蕭淵明，這是想幹什麼呢？」於是絞殺了王僧辯父子，廢蕭淵明，重新擁立蕭方智。陳霸先這一行動贏得了政治上的勝利，使梁避免成為北齊的附庸，深得江南人民的擁護。

王僧辯死後，他的黨羽任約等起兵討陳霸先，北齊也出兵南下，兩方勢力聯合起來進攻建康。黑雲壓城城欲摧。江南人民為了保家衛國，堅決支持陳霸先。陳霸先軍糧食不足，江南人民用荷葉裹飯，裡面夾鴨肉，慰勞軍隊。經過一場大戰，陳霸先大破北齊軍，繼取得政治勝利後又取得了輝煌的軍事勝利。後來，陳霸先即帝位，建立了陳朝，既保存了南中國的華夏文明傳統，又結束了士族統治江南的歷史。

陳霸先匆匆稱帝，由於不斷的憂患和戰爭，他筋疲力竭，即位才兩年就因病去世，時年五十七歲，葬於江寧縣萬安陵。陳亡後，仇家王僧辯之子糾集舊部夜掘陳武帝陵，剖棺焚屍，成為轟動一時的大事，並引起後世的無限感喟。清代文人陳文述《陳武帝萬安陵》云：「無復萬安陵寢在，空餘石馬勢騰驍。」一代梟雄死後陵毀屍焚，只剩下孤獨的石馬（石麒麟）守護著殘破的荒塚。

3 南方土著掌權

因為陳霸先出身寒微，所以在永定元年「柴燎告天」即帝位後，「儉素自率」，每餐吃飯不過幾樣菜肴。如果不是宴請客人，餐具一概用瓦器陶盤，菜肴也只求飽腹而已。平定侯景及每次打勝仗後，「子女玉帛皆班將士」，他自己的宮人則「衣不重彩，飾無金翠，歌鐘女樂，不列於前」。文帝陳蒨是他的侄兒，他常愛稱其為「吾家英秀」，也受到他這方面的影響。史載文帝「起自布衣，知百姓疾苦」，每夜命令報時的雞人，報時時將籤投擲在階石上，鏗然有聲，文帝說：「吾雖得眠亦令驚覺。」陳霸先的妻子章要兒，為吳興烏程人，據《陳書・高祖宣皇后章氏傳》，「本姓鈕，父景明為章氏所養，因改姓章」。可知章要兒是一地道的南方土著。此外，陳朝所啟用的大將多為南方的土豪洞主，如傒洞豪姓黃法氍、熊曇朗、槃瓠蠻胡諧之、廩君蠻侯瑱、徐世譜等。特別值得一提的是冼夫人。高涼（今廣東陽江）冼氏「世為南越首領，部落十餘萬家」。（《北史・烈女・譙國夫人冼氏傳》）女為羅州刺史馮寶妻，世稱「冼夫人」。侯景之亂時，馮寶已死，「夫人懷集百越，數州晏然」，成為陳朝在嶺南的重要支柱和以後隋文帝初平江南、穩定珠江流域的重要政治力量。《魏書・僭晉司馬睿傳》云：「巴、蜀、蠻、獠、谿、俚、楚、越，鳥聲禽呼，言語不同，猴、蛇、魚、鱉，嗜欲皆異。江山遼闊，將數千里。」南方各非漢民族，史書統稱「南蠻」。陳朝就是一個由南方蠻建立的朝代。這是一次巨大的歷史變革，士族統治（包括楚子集團）的歷史結束了，原來沒沒無聞的南方蠻族中的土豪洞主，紛紛登上了政治舞臺。

據《後漢書・南蠻傳》章懷注引干寶《晉紀》云：「武陵、長沙、廬江郡夷，槃瓠之後也。雜處五溪之內。」槃瓠蠻即溪族，亦即五溪地域的少數民族。傳說槃瓠是帝嚳時一條五色毛紋的狗，後與少女交，產六男六女，槃瓠死後，自由配偶，發展成後世的南蠻。（《搜神記》卷十四）作為槃瓠之後的「郡邑岩穴之長、村屯塢壁之豪」，當然視士族如嬰兒，棄譜學如敝屣了。

說到士族，到梁陳時，確實已淪落為最沒有出息和最可憐的群體。在西晉末年大亂中，士族為避難而渡江南來，多聚居在建業和江陵。原來江陵士族集團還擁有武力（如劉裕就出自該集團），到了梁朝時，無論是建業集團還是江陵集團都在江南的溫柔山水中加速了腐化。顏之推是由陳入隋時人，他說，江左士族至今已傳入九代，全靠俸祿，不知稼穡，人世事務完全不懂。他們通常寬衣大帶，高冠高底鞋，香料熏衣，剃面搽粉，塗抹胭脂，出門坐車轎，走路要人扶持。（《顏氏家訓》之《勉學篇》《涉務篇》）這種士族中人衰弱得不堪一擊，遇到動亂，就會大量喪生。據《魏書‧島夷蕭衍傳》記載，侯景戲弄梁武帝，說梁「非無菜但無醬」。菜即「卒」字，醬即「將」字。有士卒而無將領，已是不容否認的事實。六朝偏又是一個政治腐敗、動亂頻仍的時代，王室士族間子殺父、弟殺兄的醜劇不斷演出，宋齊時民間有一首歌謠：「遙望建康城，小江逆流縈。前見子殺父，後見弟殺兄。」（《魏書‧島夷劉裕傳》）除自相殘殺外，兵鋒競起更給士族以毀滅性打擊。如孫恩亂後，東方諸郡大饑，很多士族人連掘些草根充饑的本領也沒有，只能披著精製的羅衣，抱著心愛的金玉，關上大門，整家整家地餓死。又如侯景攻破建康後，大肆殺戮，侯景總是告誡部下：「若城破，都殺淨，使天下人知道我的威名！」戰火之後，「京邑大饑，餓死者十八九」。東海徐孝先（徐摛子，徐陵弟）被迫將自己的妻子臧氏（東莞臧盾之女，也是士族）嫁給侯景部將孔景行，換來衣食活命。後來，孝先又剃髮為僧，乞討終世。（《陳書‧徐陵傳》）南朝商業城市發達，士族喜居都邑，尤其集中於建業和江陵。自侯景攻破建業，西魏攻陷江陵以後，梁朝絕大部分士族被消滅了。對於士族的覆滅，顏之推《觀我生賦》曾沉痛地描寫道：

野蕭條以橫骨，邑闃寂而無煙。疇百家之或在，覆五宗而翦焉。

顏之推自注云：「中原冠帶，隨晉渡江者百家，故江東有百譜；至是，在都者覆滅略盡。」在這樣的社會巨變下，南方的土著豪酋才能崛起。

我以為，陳朝以北來下等階級與南方土著共同立國，是其對譜學的態度。

何謂譜學？譜學即研究譜系之學。六朝的譜系之書主要包括家譜、姓氏學和譜學專著三個部分。譜學的宗旨在辨明氏姓貴賤、門第高低，以為當時的封建國家和門閥士族服務。魏晉六朝時期，封建國家主要代表門閥士族的利益，門閥士族在社會上有著特殊的地位。門閥士族中又因郡望和婚宦的不同，形成不同的等級。於是，一種新興的史學門類——譜學應運而生了。有人說，魏晉南北朝的史學，乃是門閥士族的史學。從西晉到齊梁，短短三百多年，「人尚譜系之學，家藏譜系之書」（《通志・氏族略・序》），譜學著作風行於世，譜學顯示出赫赫威儀。然而到陳朝，譜學卻頹勢盡顯。

陳朝對譜學是極其冷淡的。雖然史證缺乏，但是我認為在承認陳朝是南方土著掌權的前提下，結合殘存的零星史料，是可以想見譜學所受到的壓抑和衝擊的。譜學是一種世俗文化與學術文化的多元體，因此以下的分析也就偏於社會性，以便折射出譜學的命運。

首先從政治權利方面來看。晉、宋之間，士庶區別日益嚴格，至齊時已達到僵化的程度。趙翼《陔餘叢考》卷十七「六朝重氏族」條載士大夫拒絕和寒人相接的史實，大多發生在宋、齊時，梁時不多，陳時極少。而且梁武帝時起，還有些寒人官吏公開蔑視士族，如中領將軍、中書舍人朱異就說：「我是寒士。貴族們都依仗門第和世資來輕視我，也就是說靠塚中枯骨來輕視我，倘若我對他們謙恭，他們反而會更看不起我的，所以我要先做出看不起他們的樣子來！」（《南史・朱異傳》）朱異說這番話時，距陳朝的建立不過一二十年。南朝的士族歷來是憑藉世資坐取公卿的，宋、齊、梁政府在法令上明文規定：「甲族以二十登仕，後門（寒門）以過立（三十歲以上）試吏。」（《梁書·高祖紀》）而遍檢典籍，陳朝無此類規定。除前述大量啟用土著將帥外，毛喜以素族、施文慶以吏門、沈客卿以寒流先後任中書通事舍人。《陳書·毛喜傳》稱宣帝陳頊因委政毛喜，「由是十餘年間，江東狹小，遂稱全盛」。《陳書·後主紀》末史臣論云：「施文慶、沈客卿之徒專掌軍國要務，奸黠左道，以裒刻為功，自取身榮，不存國家。」《陳書》作者姚思廉把陳亡歸咎於寒人執政，這當然是錯誤的，但他所言正說明了陳朝重用庶族寒人的事實。

其次從經濟方面來看。宋、齊曾經官修《百家譜》，梁朝沈約上表，奏請由學士們稽考家譜，但是陳朝沒有大規模檢籍過。而且，陳後主所寵愛的寒人沈客卿進而建議打破南朝士族「並無關市之稅」的傳統特權，「不問士庶，並責關市之估」。（《南史·恩倖沈客卿傳》）當然，沈氏所言，在階級性上並無進步可言。無論士族，還是庶族、寒門地主，都是聚斂成性的。《魏書·島夷蕭衍傳》就記載南朝的人民在「百端聚斂」下，被剝削得「肌肉略盡」「骨髓俱罄」。我們以上的分析只是希圖藉六朝譜學之盛衰折射出門閥士族之沉浮，以便能從一個較新的角度重新認識陳朝。這是需要特別指出的。

4 骨肉相殘與性亂

陳霸先是個有作為的人物，但是他創立的陳朝卻是一個短命的王朝。永定元年（五五七年），陳霸先受禪稱帝，是為武帝。永定三年六月，陳武帝就去世了，侄兒陳蒨繼位，是為文帝。文帝在位七年，臨海王陳伯宗繼位，不到兩年，就被叔叔也就是陳蒨的兄弟陳頊奪位，是為宣帝。宣帝在位十三年多，傳位給太子陳叔寶，亦即陳後主。五八九年，隋軍滅陳。陳霸先子孫才傳承三代三十三年。

毋庸諱言，促使陳朝加速滅亡的主要原因一個是骨肉相殘，一個是性亂。

先說骨肉相殘。應該說，陳霸先極有大局觀。當年他率梁軍與北齊打仗，北齊願意講和，但提出以陳霸先的侄子陳曇朗做質子的條件。梁朝因兵糧不足，力促霸先講和，霸先只得同意，他說：「我若不聽大家的意見，一定要以為我捨不得曇朗，不顧國家的難處。現在決心叫他去。齊人不講信用，以為我國孱弱，一定會撕毀盟約。齊寇若來，諸君務必要為我力戰！」後來，果然北齊毀約，梁齊大戰。陳霸先得勝了，但是充當人質的陳曇朗卻被北齊殺害了。

陳武帝去世以後，陳朝就不斷發生骨肉相殘的事件。武帝在位時，北周扣著他的兒子陳昌不放，武帝一死，侄兒陳蒨即位，北周馬上遣返陳昌，這明顯是要挑起堂兄弟之爭位。陳昌出發後，先派人送信到建康，表示他是真正的皇位繼承人。文帝陳蒨很惱火，派忠於自己的猛將侯安都去迎接。於是陳霸先僅存的兒子的命運定了，陳昌渡江的時候，「溺死」在長江中。

天康元年四月，文帝去世，太子伯宗即位，叔叔安成王陳頊（也即是文帝的親弟弟）執政。不久，叔侄之間便發生了矛盾。過了一年多，安成王終於用太皇太后（武帝章后）的名義，把伯宗廢為臨海王，自己即帝位，是為陳宣帝。

陳宣帝在位十四年，臨終時，太子陳叔寶和兩個兄弟叔陵、叔堅一同在宮中侍疾。叔陵要搶帝位，預先關照典藥吏將切藥刀磨快。宣帝剛斷氣，叔寶在靈床前正哭得傷心，叔陵從袖中偷偷取出切藥刀，向叔寶的頭頸砍去，叔寶應聲「悶絕於地」。皇太后和叔寶的奶媽大驚失色，搶上前來護住叔寶。也許是因為藥刀不夠鋒利，也許是因為叔陵慌亂緊張，總之叔寶沒有被砍死。這時，叔寶的另一個弟弟叔堅從後勒住叔陵的脖子，奪過刀去，用袖管代替繩索，把叔陵綁在柱子上，回頭請示太子如何處置。但是陳叔寶被嚇懵了，說不出話來。叔陵力大，掙斷袖管衝出，即回府集結部下，還放出死囚，就要發動兵變。陳叔堅得到太后指示，命令大將蕭摩訶討伐。蕭摩訶是員猛將，輕而易舉就擒殺了叔陵。至此事變平定，陳叔寶這才做穩了皇帝。

促使陳朝加速敗亡的另一個主要原因就是荒淫。荒淫的典型代表當然是後主陳叔寶。然而，性亂的殺傷力，在文帝陳蒨時即已潛伏。

陳朝建立於梁末大亂以後，國土狹小，資源短缺，財用困窘。據徐陵在天康元年寫的文件透露，陳初庫銀極少，於是用賣官來換取錢絹，「致令員外、常侍，路上比肩，諮議、參軍，市中無數」。其國弱民貧，可想而知。陳霸先勤勉奮發，辛苦一生。文帝陳蒨在節儉方面也繼承了其傳統，陳霸先常稱這個侄兒為「吾家英秀」。《陳書・世祖本紀》說陳蒨「起自艱難，知百姓疾苦。國家資用，務從儉約」，應該不是虛語。陳蒨即帝位後，面對政局動盪、國庫空虛、民生凋敝的局面，勵精圖治，平定各地割據勢力，使政局漸趨平穩。同時在輕徭薄賦、勸課農桑、發展生產的同時，反對奢靡，厲行節約。《六朝事蹟編類》卷一說文帝「起自布衣，知百姓疾苦，每雞人伺漏傳籤於殿中者，令投籤於階石上，然有聲，云吾雖得眠，亦令驚覺」。因此，經過七年的統治，陳朝的經濟又呈復興的景象。文帝死時剛四十歲，臨終留下遺詔，其中對其陵墓的營造提出「山陵務存儉速」（《陳書・世祖本紀》）的要求。但是，文帝在性的方面還是把持不住，致有韓子高之亂。

關於文帝與韓子高相狎，野史小說多有生花之筆，此處概不引述，只就《陳書・韓子高傳》做一介紹。韓子高，本名蠻子，會稽山陰人，出身微賤。景平年間，陳蒨做吳興太守，在路上見到十六歲的韓蠻子，韓「容貌美麗，狀似婦人」，富有女性美。於是文帝為其所動，逕直問韓：「能夠伏侍我嗎？」韓許諾。以後，文帝為蠻子改名子高，「甚寵愛之，未嘗離於左右」。文帝身體不適，韓「入侍醫藥」，足令後宮失色。後子高被封右衛將軍，封邑四百戶，恩澤波及，其父親也做了山陰令。然而子高受寵而不安分，高宗時參與謀反，被賜死，時年三十。相同的敘述也見於《南史》。

由此看來，文帝與十六歲的孌童韓子高畸戀應該是屬實的，因畸戀男寵而造成國家的禍亂也應該是屬實的。這種淫亂到後主叔寶益發變得肆無忌憚，以致家破國亡。

陳叔寶即位時剛好三十歲，精力旺盛，又擅長文藝，喜歡舞文弄筆，是一個有才華的年輕人。逯欽立輯《先秦漢魏晉南北朝詩》收有他寫的一些邊塞詩，讀之令人慷慨生悲。如《隴頭水》云：

> 高隴多悲風，寒聲起夜叢。禽飛暗識路，鳥轉逐征蓬。落葉時驚沫，移沙屢擁空。回頭不見望，流水玉門東。

作者彷彿將生命與希望都傾注在自由的飛鳥身上，因為在一望無垠的戈壁，確是只有那自由的雙翼能引起征人無限的豔羡。又，《六朝事蹟編類》卷二載，陳叔寶與張機遊鍾山，「嘗以松枝代麈尾，故梅摯詩有『乾松麈尾』之句」。由此看來，後主未嘗沒有清言善辯之資質。

以陳叔寶之才資，復倡建安風骨亦是可能之事，然而造化弄人，淫亂移情。他與妃嬪群臣遊宴，常常讓宮中的女學士與近臣賦詩作對，相互酬答，然後挑選那些文辭豔麗的詩，譜曲傳唱，名曲《玉樹後庭花》就是在這樣靡麗繁華的環境下產生的，以天子之尊，歌吟的對象竟是最寵愛的美人張麗華：

麗宇芳林對高閣，新妝豔質本傾城。映戶凝嬌乍不進，出帷含態笑相迎。妖姬臉似花含露，玉樹流光照後庭。

這是一首流傳極廣的豔詩，《南史》說此詩「大抵皆美張貴妃、孔貴嬪之容色」。究竟頌張還是頌孔，《南史》語焉不詳。然而唐代張祜《玉樹後庭花》云：「輕車何草草，獨唱後庭花。玉座誰為主，徒悲張麗華。」坐實了後主所歌頌的美人是張麗華。

張麗華出身卑微，父親兄弟都靠編織席子為生。為給家裡減輕負擔，張麗華年僅十歲就進宮了，服侍太子陳叔寶的妃嬪。叔寶一見，春心動搖，幾年後終於要來做自己的妃子。

據《南史》卷十二《后妃傳》下，張麗華有一頭烏黑發亮的七尺長髮，容色端麗，一雙眼睛尤為迷人，顧盼之間，勾魂攝魄。「每瞻視眄睞，光彩溢目，照映左右。嘗於閣上靚妝，臨於軒檻，宮中遙望，飄若神仙。」她不僅長得美麗，而且特別聰慧，極會處理後宮關係。陳叔寶帶她和賓客遊宴，她經常推薦宮中的其他姐妹同行，使她們感激不盡，交口稱讚張貴妃的懿德。陳叔寶聽了，也就對張麗華更加寵愛。

數年前，有學者作駭人之論，說詩歌選集《玉台新詠》為張麗華所「撰錄」。（章培恆《〈玉臺新詠〉為張麗華所「撰錄」考》，《文學評論》二〇〇四年第二期）其論據孤文單證，即徐陵之序。對此，我是不敢苟同的。香草美人，從屈賦起即為常見，徐陵襲用，不過是才子筆法而已。而且無論正史還是野乘，看不到張麗華的隻字片語，其時女子撰述，常見稱引，蔡琰不說，左棻同為宮廷妃嬪，就有詩篇傳世，且常與武帝論文，以張麗華之張揚，又何必要隱埋文才呢？

張麗華實際上是一個美麗的女巫，她邀請了許多妖豔的女巫來宮中擊鼓跳舞，以此迷惑後主。《陳書》卷七云：「張麗華好厭魅之術，假鬼道以惑後主，置淫祀於宮中，聚諸妖巫使之鼓舞。因參訪外事，人閒有一言一事，妃必先知之，以白後主。」張麗華還留心國家政治，派人到外邊打聽朝野雜事回來報告。因此往往有些事朝廷還沒有議論，張麗華就轉達給後主了。陳叔寶以為貴妃能夠為自己分憂，更為驚喜。於是，他讓宦官蔡脫兒、李善度向自己彙報政務，往往讓張麗華坐在自己的腿上，兩人一起決斷。張麗華從此干政，違法亂紀的事情隨之而生，綱紀全壞。這就是《南史》《陳書》所共載的「後主置張貴妃於膝上共決之。由是益加寵異，冠絕後庭」。美人坐在皇帝的膝上治國，這當然荒淫至極了。

張麗華干政得寵，其他妃嬪也紛紛效尤。孔貴嬪不甘寂寞，與後主的寵臣孔范竟結為兄妹。孔范專講好話，報喜不報憂，後主聽了很舒服。他又自以為文武才能，無人可及。他對後主進讒言說：「外間諸將，出身行伍，不過匹夫之勇，沒有深謀遠慮。」後主言聽計從，每見將帥有過失，就讓文官帶兵。這樣就使將士離心，國家武力大大削弱了。

陳叔寶寵愛的妃嬪除張麗華、孔貴嬪外，還有龔貴嬪，王、李二美人，張、薛二淑媛，袁昭儀，何婕妤，江修容，女學士袁大舍等。後主於臺城內修造齊雲觀，窮極工巧，國人歌曰：「齊雲觀，寇來無際畔。」大概受了「金屋藏嬌」故事的影響，叔寶後又建造了臨春、結綺、望仙三閣，都有幾十丈高，連延幾十間，大量使用沉香、檀香等名貴木材，用金玉珠翠裝飾，香氣盈溢，金碧輝煌。閣外則積石成山，引水為池，奇花異卉，錯雜其間。後主自己住臨春閣，張貴妃住結綺閣，龔、孔二貴嬪住望仙閣，三閣間有複道相往來。誠如宋詩人楊修之詩曰：「上界笙歌下界聞，縷金羅袖郁金裙。倚欄紅粉如花面，不見巫山空暮雲。」（《六朝事蹟編類》卷四）後主還召來民女「婦人美貌麗服巧態以從者千餘人」，不分日夜，歌吹淫樂，這樣的昏君還有不滅亡的麼？

就在後主沉迷於美色歌舞、文學辭章，盡情享樂的時候，北方強大的隋朝開始了軍事統一行動。陳禎明二年（五八八年），隋文帝楊堅造了大批戰船，以兒子晉王楊廣、丞相楊素為元帥，賀若弼、韓擒虎為大將，五十萬大軍分為八路，準備渡過長江進攻陳朝。

沿江警報如雪片般飛來，而陳後主依然歌舞昇平。他說：「東南有王氣，從前北齊、北周曾攻打江南，還不都以損兵折將收場？今天隋朝軍隊也一樣！」他的妃嬪寵臣一片附和，以後凡有軍報傳來，後主瞧也不瞧便扔在床下。

陳禎明三年（五八九年）正月，隋軍渡江，賀若弼陷京口，韓擒虎軍襲采石，首先進入建康。遍搜宮苑，發現陳後主和張貴妃、孔貴嬪躲到一口枯井裡，於是隋軍用繩子像吊水似的將其拉了上來。

這口枯井就是唐李白《金陵歌送別范宣》中所謂的「景陽井」。此井起初並不出名，但到宋代，卻突然「聲名顯赫」起來，民間稱之為「胭脂井」，又稱為「辱井」。宋葉寘《坦齋筆衡》卷六云：「建康辱井……以後主、麗華、貴嬪共縛沉其中，故以辱名。世傳二妃墮血淚，漬石闌，故石甃猶如胭脂，禱以香幣，以帛拭之，尚有紅紫色，故俗亦稱胭脂井。」「唐宋八大家」之一的曾鞏還在胭脂井的井欄上刻了「辱井在此，可不戒乎」，以為後世之鑑戒。

由於中國傳統的「女禍亡國」觀念的影響，後主和麗華升井後各自的命運就大不相同了。《陳書》卷七載：「晉王廣命斬貴妃，牓於青溪中橋。」

然而晉王即楊廣，亦即日後的隋煬帝，是歷史上最好色最淫亂的皇帝之一，見到張麗華這樣的絕色名姝，是不忍遽啟殺機的。《隋書‧高熲傳》就透露了其中原委：「九年，晉王廣大舉伐陳，以熲為元帥帳吏，三軍諮稟，皆取斷於熲。及陳平，晉王欲納陳主寵姬張麗華。熲曰：『武王滅殷，戮妲己。今平陳國，不宜取麗華。』乃命斬之。王甚不悅。」宋周應合《景定建康志》卷十二記敘得更詳細：「高熲子德弘為晉王記室，廣使德弘馳詣熲所，令留張麗華。乃斬於青溪。廣變色曰：『昔人云，無德不報。我必有以報高公矣。』」高熲是隋朝開國忠良，由於他不同意晉王廣納麗華為妃，此事得罪楊廣。楊廣當了皇帝後，便找藉口誅殺了高熲，這與高擅殺張麗華，不能說沒有關係。

陳叔寶與亡國的王公大臣被遷往隋朝都城長安，自後主以下，大小官員五百里連綿不絕。押解的官員報告給隋文帝，文帝為之歎息。陳朝君臣到長安後，隋文帝對後主頗為優容。後主每天大吃驢肉，飲酒一石。過了一些日子，他竟然請求隋文帝賞給一個官做。文帝再次歎息：「叔寶全無心肝！」的確，曾經做過皇帝的人卻請求在敵國當官，算是歷史的一絕了。

隋仁壽四年（六〇四年），陳叔寶去世，終年五十二歲。隋朝加謚號：「煬」。按照謚法，「好內遠禮，去禮遠眾，逆天虐民」是為「煬」。這一謚號對於陳叔寶當然是適合的。

歷史往往驚人地相似。捉住陳叔寶的楊廣亦是一代昏君，其謚號亦為「煬」，亦為女色亡國。只不過這兩出隔代的歷史劇中，後主換成了隋煬帝，張麗華換成了蕭后，三閣換成了迷樓。清人鄭板橋有《念奴嬌‧胭脂井》就將陳後主與隋煬帝聯繫起來，議論踔厲，悲涼感人，其後闋云：

過江咫尺迷樓，宇文化及，便是韓擒虎。井底胭脂聯臂出，問爾蕭娘何處？清夜遊詞，後庭花曲，唱徹江關女。詞場本色，帝王家數然否？

總之，陳朝值得大書特書的，不僅是南方非漢民族協調立國，而且它有效地抑制和打擊了士族，有不可抹殺的歷史作用。唐代詩人許渾《金陵懷古》云：「玉樹歌殘王氣終，景陽兵合戍樓空。」的確，花天酒地、檀板春燈埋葬了短促的陳朝，但同時也嚴重削弱了峨冠博帶的魏晉禮法。可以說，沒有寒庶執政的陳朝，就沒有以後隋唐之際睿智勇武的草野英雄，就沒有以後各民族較為協調、較為開朗健康的盛唐氣象。陳朝的三十三年，有墮落，有荒淫，可憎可厭；也有變革，有進步，可歌可泣。

後來，晚唐詩人杜牧在如煙如霧的秦淮月下，聽到歌女吟唱名曲《玉樹後庭花》，遙想陳叔寶的風流亡國，寫下著名的《泊秦淮》：

煙籠寒水月籠沙，夜泊秦淮近酒家。
商女不知亡國恨，隔江猶唱後庭花。

試想如果當年在秦淮聽曲的不是風流才子杜牧，而是叱吒風雲的陳霸先，對於不肖子孫的誤國，他該有多少憤懣、痛苦和悲涼呵！

【附　錄】

六朝年表

本表以魏晉南北朝時期江南政權（習慣稱六朝）為主，「附注」簡列同時期其他封建割據政權之興亡，「人物系年」則記載書中品評的人物的行止，以俾讀者知人論世。

西元	帝王紀年	附注	人物系年
二二二	吳王孫權黃武元年	先是二二〇年魏曹丕稱帝，二二一年蜀漢劉備稱帝	阮籍十三歲。
二二九	大帝孫權黃龍元年	先是二二三年蜀漢後主禪即位，二二六年魏明帝叡即位	先是二二四年嵇康生，二二五年鍾會生，二二七年向秀生。
二三二	孫權嘉禾元年		
二三八	孫權赤烏元年		先是二三四年阮籍二十五歲，遊東平。
二五一	孫權太元元年	先是二四〇年魏齊王芳即位	先是二四四年阮籍為尚書郎，與王渾、王戎父子為友。嵇康遷中散大夫，居山陽，為竹林之遊。阮籍為曹爽參軍，以疾歸田里。又二四七年潘岳生。二四九年石崇生。

二五二	吳主亮 建興元年		
二五四	吳主亮 五鳳元年	魏高貴鄉公髦即位	先是二五三年，向秀佐嵇康鍛鐵，共呂安灌園。
二五六	吳主亮 太平元年		先是二五五年，阮籍為東平相。又訪孫登，作《大人先生傳》。
二五八	吳主休 永安元年		阮籍為步兵校尉，居母喪不拘禮，為何曾所劾。
二六四	吳主皓 元興元年	先是二六〇年魏常道鄉公奐即位。 二六三年蜀漢亡於魏	鍾會被殺。向秀應本群計入洛，作《思舊賦》。先是二六一年嵇康作《與山巨源絕交書》。陸機生。先是二六二年陸雲生。先是二六二年，嵇康被殺。二六三年，阮籍卒。嵇康被殺。
二六五	吳主皓 甘露元年		
二六六	吳主皓 寶鼎元年	魏亡於晉，晉武帝即位，為泰始元年	祖逖生。

二六九	吳主皓建衡元年		
二七二	吳主皓鳳凰元年		左思移家京師，左崇拜修儀。左思作《齊都賦》。271年劉琨生。二七二年向秀卒。
二七五	吳主皓天冊元年	晉武帝咸寧元年	
二七六	吳主皓天璽元年		郭璞生。王導生。
二七七	吳主皓天紀元年		
二八〇	吳主皓天紀四年	晉滅吳，晉武帝太康元年	石崇以伐吳功封安陽鄉侯。陸機、陸雲退居讀書。

三一七	東晉元帝建武元年	先是二九〇年西晉惠帝即位。三〇七年西晉懷帝即位，司馬睿渡江，三一三年西晉愍帝即位。三一六年劉曜攻陷長安，俘愍帝，西晉亡。司馬睿即位於建康，是為東晉元帝	先是二八五年，劉琨為石崇所救。二八九年，陸機、陸雲入洛。二九五年，左思為賈謐講《漢書》。三〇〇年潘岳被害。石崇免官，亦被害。左思退居宜春里。石崇卒。三〇三年，王羲之生。三〇七年，司馬睿渡江，任安東將軍，都督揚州諸軍事。三一二年，桓溫生。三一三年，祖逖為豫州刺史，渡江北伐。
三一八	東晉元帝太興元年		劉琨被段匹磾所殺。
三二二	東晉元帝永昌元年	先是三一九年漢劉曜改國號為趙，史稱前趙。三一九年石勒稱趙王，史稱後趙	鎮東大將軍王敦以討伐劉隗、刁協奸佞為名，在武昌舉兵。王導率子侄待罪朝門。先是三二一年，祖逖病卒。
三二三	東晉明帝太寧元年		
三二六	東晉成帝咸和元年	先是三二五年明帝暴卒。	先是三二四年，郭璞被害。王敦舉兵，後病死。

三三五	東晉成帝咸康元年		
三四三	東晉康帝建元元年	先是三三七年慕容皝稱燕王，史稱前燕	
三四五	東晉穆帝永和元年		先此三四五年，顧愷之生。
三五七	東晉穆帝升平元年	苻堅稱大秦天王。先是三四七年成漢亡。三五〇年，冉閔稱帝，國號魏。三五一年，苻健稱天王，國號秦，史稱前秦	先是三五三年，王羲之有蘭亭之會。三五四年，桓溫以前秦為攻擊對象，第一次北伐。三五六年，以羌族姚襄政權為攻擊對象，桓溫第二次北伐，收復洛陽。
三六二	東晉哀帝隆和元年		
三六六	東晉海西公太和元年		先是三六三年，劉裕生。三六五年，陶淵明生。三六九年，以前燕為攻擊對象，桓溫第三次北伐，在枋頭大敗。
三七一	東晉簡文帝咸安元年	先是三七〇年，前秦滅前燕	

三七三	東晉孝武帝甯康元年		桓溫在荊州病亡。
三七六	東晉孝武帝太元元年	前秦滅前涼，滅代	
三九七	東晉安帝隆安元年	禿髮烏孤稱大單于、西平王，史稱南涼。先是三八四年，慕容垂稱燕王，史稱後燕。姚萇稱秦王，史稱後秦。三八五年，乞伏國仁據苑川，史稱西秦。三八六年，呂光據涼州，稱後涼。三九四年，後燕滅西燕	
四〇二	東晉安帝元興元年	先是三九八年，慕容德稱帝，史稱南燕，三九九年，孫恩起義。四〇〇年，李暠據敦煌，史稱西涼。四〇一年。沮渠蒙遜據張掖，史稱北涼	
四〇五	東晉安帝義熙元年	譙縱自稱成都王。先是四〇三年，後涼亡。桓玄稱帝，國號楚。四〇四年桓玄死	陶淵明辭去彭澤令，歸田自給。

四一九	東晉恭帝元熙元年	先是四〇七年，赫連勃勃稱大夏天王。後燕馮跋擁高雲為天王，史稱北燕。後燕亡。四〇九年，高雲被殺，馮跋自立為燕天王。四一〇年，南燕亡。四一四年，南涼亡。四一七年，後秦亡	先是四〇九年，劉裕率晉軍北伐，隔年滅南燕。四一六年，劉裕第二次北伐，隔年滅後秦，收復長安。
四二〇	宋武帝永初元年	劉裕即帝位，國號宋，東晉亡。	
四二三	宋少帝景平元年		
四二四	宋文帝元嘉元年	魏太武帝拓跋燾即位	
四五四	宋孝武帝孝建元年	先是四三一年，西秦亡。四三六年，北燕亡。四三九年，北魏滅北涼	先是四二六年，江州刺史檀道濟造訪陶淵明。四二七年，陶淵明病卒。
四五七	宋孝武帝大明元年		
四六五	宋明帝泰始元年		

四七二	宋明帝泰豫元年		
四七三	宋廢帝元徽元年		
四七七	宋順帝升明元年		
四七九	南齊高帝建元元年	蕭道成即皇帝位，國號齊，宋亡	
四八三	南齊武帝永明元年		
四九四	南齊鬱林王隆昌元年	北魏遷都洛陽	
四九四	新安王延興元年		
四九四	南齊明帝建武元年		

四九八	南齊明帝永泰元年		
四九九	南齊東昏侯永元元年		
五〇一	南齊和帝中興元年		
五〇二	梁武帝天監元年	蕭衍稱帝，國號梁，齊亡	
五二〇	梁武帝普通元年		
五二七	梁武帝大通元年		
五二九	梁武帝中大通元年		
五三五	梁武帝大同元年	先是五三四年，北魏高歡亂，孝武帝西奔長安。高歡立元善見為帝，是為東魏孝靜帝。宇文泰於五三五年殺北魏孝武帝，立元寶炬為帝，是為西魏文帝	

五四六	梁武帝中大同元年		
五四七	梁武帝太清元年		
五五〇	梁簡文帝大寶元年	高歡子高洋稱帝，國號齊，是為北齊文宣帝。東魏亡。侯景稱帝，國號漢。先是五四八年侯景叛梁	
五五二	梁元帝承聖元年	西魏取梁梁州，蕭繹於江陵稱帝，是為梁元帝	
五五五	梁敬帝紹泰元年	陳霸先等擁蕭方智於建康，稱梁敬帝。先是五五四年，西魏殺梁元帝	
五五六	梁敬帝太平元年		
五五七	陳武帝永定元年	西魏宇文覺稱天王，國號周，是為北周孝閔帝，西魏亡。陳霸先稱皇帝，國號陳，梁亡	
五六〇	陳文帝天嘉元年		

五六六	陳文帝天康元年		
五六七	陳臨海王光大元年		
五六九	陳宣帝太建元年		
五八三	陳後主至德元年	先是五七七年，北周滅北齊。五八一年，楊堅即皇位，國號隋，北周亡	
五八七	陳後主禎明元年		
五八九	陳後主禎明三年	隋滅陳，統一全國	

六朝人物 / 陳書良著. -- 一版. -- 臺北市 : 大地出版社有限公司, 2024.02
面：　公分. --（History：119）

ISBN 978-986-402-385-1（平裝）

1.CST: 人物志 2.CST: 魏晉南北朝

782.13　　113000967

六朝人物

History 119

作　　者	陳書良
發 行 人	吳錫清
主　　編	陳玟玟
出 版 者	大地出版社
社　　址	114台北市內湖區瑞光路358巷38弄36號4樓之2
劃撥帳號	50031946（戶名：大地出版社有限公司）
電　　話	02-26277749
傳　　眞	02-26270895
E-mail	support@vastplain.com.tw
網　　址	www.vastplain.com.tw
美術設計	陳喬尹
印 刷 者	博客斯彩藝有限公司
一版一刷	2024年02月

大地

定　　價：320元